Anonymous

Politische und gerichtliche Organisation der im Reichsrate vertretenen Länder von Österreich: nach amtlichen Quellen zusammengestellt

Salzwasser

Anonymous

Politische und gerichtliche Organisation der im Reichsrate vertretenen Länder von Österreich: nach amtlichen Quellen zusammengestellt

1. Auflage | ISBN: 978-3-84605-026-2

Erscheinungsort: Frankfurt, Deutschland

Erscheinungsjahr: 2020

Salzwasser Verlag GmbH

Reprint of the original, first published in 1869.

Politische und gerichtliche

Organisation

der

im Reichsrathe vertretenen Länder

von

Oesterreich.

Nach

amtlichen Quellen zusammengestellt.

WIEN, 1869.

Verlag der literarisch - artistischen Anstalt von C. Dittmarsch.

Druck von M. Auer, Neubau, Stiftgasse 3.

Inhalt.

Alphabetisch.

— •◦• —

Register

zu den

gegenwärtig bestehenden

politischen und Justiz-Behörden.

A.

S.

Anmerkung.

Die früheren Bezirke, sowie die gegenwärtigen Gerichte, sind in den betreffenden Sätzen des folgenden Textes mit **fetter Schrift** bezeichnet.

Berichtigungen

am Schlusse.

Königreich Böhmen.

Statthalterei, Oberlandesgericht, Landesgericht

in

Prag.

Bezirkshauptmannschaften, Kreis- und Bezirksgerichte.

1. Bezirkshauptmannschaft
Asch.

Asch (Bezirksgericht), Friedrichsreuth , Guttmannsgrün, Haslau, Himmelreich, Hirschfeld, Krugsreuth, Lindau, Mähring, Nassengrub, Neuberg, Neuenbrand, Ottengrün, Reuth (Nieder-), Reuth (Ober-), Rommersreuth, Rossbach, Schildern, Schönbach. Steingrün, Thonbrunn, Wernersreuth.

2. Bezirkshauptmannschaft
Eger.

Albenreuth, Au, Boden, Dobrazen, Dürnbach, **Eger** (Kreis- gericht), Eichelberg, Fischern, Förbe, Gasanitz, Gehang, Gosel, Grün, Hartessenreuth, Harth, Honnersdorf, Kammerdorf, Kins- berg (Alt-), Knöba, Konradsgrün, Kornau, Kötschwitz, Kreutzen- stein, Kropitz, Kulsam, Kunreuth (Ober-), Kunreuth (Unter-),

Langenbruck, Lapitzfeld, Liebeneck, Liebenstein, Lindau (Ober-), Lindau (Unter-), Lindenhau, Lohma (Ober-), Lohma (Unter-), Losau (Ober-), Losau (Unter-), Markhausen, Matzelbach, Mies, Mostau, Mühlbach, Nehanitz, Oberndorf, Ordt, Palitz, Pilmersreuth (Ober-), Pilmersreuth (Unter-), Pirk, Pograth, Rathsam, Reichersdorf, Reissig, Riem, Rossenreuth, Scheibenreuth, Schienitz oder Neuhaus, Schlada, Schöbs, Schönlind, Schön (Ober-), Schön (Unter-), Schüttüben (Gross-), Sebenbach, Seeberg, Seichenreuth, Stubnitz, Stein, Tannenberg, Taubenth, Thuen, Tischnitz, Tobissenreuth, Trebendorf, Treunitz, Trinsenhof, Ulrichsgrün, Wegau, Zettendorf.

Absroth, Altenteich, Berg, Brenndorf, Bruck, Doberau, Döbn, Dürr, Dürrengrün, Emet, Ensenbruck, Ermesgrün, Fasattengrün, Fleissen, Fonsau, Frauenreuth, Grossenteich, Grosslohe, Hagengrün, Haid, Höflas, Hörsin, Kliughart, Krondorf, Mühlessen, Mühlgrün, Neudorf, Nonnengrün, Rohr, Schnecken, Schlossenreuth (Ober-), Schlossenreuth (Unter-), Schönbach (Ober-), Schönbach (Unter-), Schönbach (I. Theil), Schönbach (II. Theil). Sirmitz, Steingrub, Voitersreuth, Wallhof, Watzkenreuth, Watzgenreuth, **Wildstein** (Bezirksgericht), Zweifelsreuth.

3. Bezirkshauptmannschaft

Graslitz.

Altengrün, Eibenberg, Frankenhammer, Graslitz (Bezirksgericht), Grünberg, Heinrichsgrün, Hochgarth, Kirchberg, Konstadt, Lauterbach, Neudorf, Pechbach, Rothan, Schönau, Schönwerth, Schwadenbach, Schwarzenbach, Silberbach, Silbergrün, Stein, Ursprung, Waitzengrün, Waltersgrün.

Brenau, Eibenberg, Frühbuss, Hermannsgrün, Hirschenland, Hochofen, Hohenstollen, Kammersgrün, Koling, Mühlberg, **Neudek** (Bezirksg.), Neuhammer, Oedt, Sauersack, Scheft, Schindlwald, Schönlind, Thierbach, Trinkseifen, Ullersloh, Voitsgrün.

4. Bezirkshauptmannschaft

Joachimsthal.

Arletsgrün, Brand (Ober-), Brand (Unter-), Damitz, Gesmesgrün, Gottesgab, Haidles, Holzbach, Honnersgrün, Hüttmersgrün, **Joachimsthal** (Bezirksgericht), Jokes, Linding, Marletzgrün, Merkelsgrün, Möritschau, Permersgrün, Pfaffengrün, Schönwald, Seifen, Stolzenhan, Triefenbach, Ullersgrün, Weidmesgrün, Wiesenthal, Wikwitz.

Albertham, Bärringen, Breitenbach, **Platten** (Bezirksgericht), Salmthal.

5. Bezirkshauptmannschaft
Karlsbad.

Aich, Altdorf, Dallwitz, Donitz, Donawitz, Drehowitz, Ebersgrün, Elm, Engelhaus, Espenther, Fischern, Funkenstein, Gfell, Gensengrün, Hahngrün, Haydt, Hohendorf, **Karlsbad** (Bezirksgericht), Kohlbau, Langgrün, Lappersdorf, Lessau, Lichtenstadt, Lomnitz (Ober-), Lomnitz (Unter-), Mühldorf, Neudörfl, Ottowitz, Pulwitz, Ranzengrün, Rittersgrün, Radisdorf, Rohlau (Alt-), Rossnitz, Ruppelsgrün, Satteles, Schlackenwerth, Schneidemühl, Schobrowitz, Schönitz, Sittersgrün, Sodau, Spittengrün, Tüppelsgrün, Welchau, Zettlitz, Zwetbau.

Döllnitz, Gabhorn, Grün, Goschowitz, Gossmaul, Gängerhof, Kaunitz (Neu-), Killmes (Böhmisch-), Killitz, Laimgruben, Miess, Müllersgrün, Neudorf, **Petschau** (Bezirksgericht), Pirten, Peschkowitz, Poliken, Poschitz, Pröles, Rading, Sangenberg (Gross-), Sangenberg (Klein-), Sattl, Schönthal, Schönwehr, Teichhäuseln, Theusing, Tiefenbach (Unter-), Tissau, Trossau, Tschebon, Uitwa, Wasserhäuseln.

6. Bezirkshauptmannschaft
Falkenau.

Altsattel, Arnitzgrün, Bleistadl, Birndorf, Bukwa, Dassnitz, Ebmeth, **Falkenau** (Bezirksgericht), Frohnau, Golddorf, Gossengrün, Grasset, Grün, Habersbirk, Hasselbach, Horn, Katzengrün, Kirchenbirk, Kloben, Kogerau, Kohling, Königsberg, Königswerth, Hotigau, Lanz, Lauterbach, Leibitsch mit Neuhof, Leopoldshammer, Liebau, Liebenau, Littengrün, Lobs, Loch, Löwenhof, Mariakulm, Marklesgrün, Maierhöfen, Mülln, Neugrün (Ober-), Neugrün (Unter-), Neuhäuser, Pichelberg

Plumberg, Pochlowitz, Prösau, Pürgles, Prünles, Reichenau (Ober-), Reichenau (Unter-), Reichenbach, Rosengrün, Ruditzgrün, Schaben, Schönbrun, Schönlind, Schwand, Steinbach, Teschwitz, Thein, Theusau, Wehrt, Wöhr, Wudingrün, Ziediz, Zwodau.

Alberndorf, Chodau (Ober-), Chodau (Unter-), Doglasgrün, Dotterwies, Dreihäuser, **Elbogen** (Bezirksgericht), Gfell, Granesau, Griesbach, Grünlas, Höfen, Horn, Janesen, Imligau, Kösteldorf, Kührberg, Lauterbach, Lessnitz, Littmitz, Münchhof, Lalesgrün, Neusattl, Pechgrün, Poschetzau, Poschitzau, Putschirn, Rabensgrün, Rohlau (Neu-), Bossmeisl, Schlaggenwald, Schönfeld, Schwarzebach, Sponsesl, Stelzengrün, Stirn, Taschwitz, Töppeles, Wintersgrün, Zeche, Ziegelhütten.

7. Bezirkshauptmannschaft
Plan.

Brand, Bruck, Damnau, Dürrmal, Elhotten, Gamnitz, Glasau, Glashüttcn, Godrisch (Unter-), Gottschau, Gröna, Gumplitz, Hangendorf, Heiligenkreuz, Hetschigau, Hinterkotten, Hohenzetlisch, Khoau, Kiesenreith, Kuttenplan, Michlberg, Naketendörflas, Neudorf, Oberdorf, Obergodrisch, Ottenreuth, Pawlowic, **Plan** (Bezirksgericht), Premmenhof, Punnau, Schmelzthal (Kuttenplaner), Schmelzthal (Planer), Sahorsch, Schlief, Sinzendorf, Stiebenreith, Stockau, Thein, Tomaschlag (Deutsch-), Triebl, Truss, Waschagrün, Wesigau, Wiedowitz, Wieschka.

Altwasser, Amonsgrün, Dreihacken bei Königswart, Dreihacken (zu Tuchau), **Königswart** (Bezirksgericht), Krottensee, Maiergrün, Markusgrün, Miltigau, Neumugl, Perlsberg, Rockendorf, Sandau (Unter-), Sandau (Ober-), Schanz, Schönschicht, Schüttüber (Klein-), Siechdichfür (Gross-), Teschau, Zeidelsweid.

8. Bezirkshauptmannschaft
Luditz.

Badstübel, Bohentsch, Chisch, Domašin, Dreihöfen (Ober-), Dreihöfen (Unter-), Fürwitz (Gross-), Gessing, Herscheditz, Jablon, Klum, Knönitz, Kobyla, Koleschau, Kosterzan, Kowarschen, Kratzin, Kumerau, Lachowic, Laschin, Libin, Libkowic, Lindles, Lohof, Lubenz, **Luditz** (Bezirksgericht), Mariastock, Mastung, Močidl. Mokrau, Nahořetic, Nebosedl, Passnau, Pohlem, Passles, Prohoř, Protiwic, Přeschtein, Purles, Radotin, Ratiboř, Řepan, Sahoř, Schaub, Scheer, Schmidles, Serles, Semtisch, Sicheritz, Sichlau, Stadthöfen, Stiedra, Tyss, Udritsch, Walkowa, Werscheditz (Gross-), Witkowic, Wladař, Worka, Zoboles.

Alberitz, Bergles, **Buchau** (Bezirksgericht), Budo, Deutsch, Kilmes, Giesshübel, Girschen, Hartmannsgrün, Höfen, Holeditz, Kosslau, Krippau, Langgrün, Lang-Lamitz, Lochotin, Lubigau (Gross-), Lubigau (Klein-), Luck, Miroditz, Mokowitz, Ohorn, Olitzhaus, Pirk, Pobitz, Reschowitz, Schönau, Schwinau, Sollmus, Taschwitz, Teltsch, Tescheditz, Thönischen, Tschies, Tyss, Waltsch, Werscheditz (Klein-), Wohlau.

9. Bezirkshauptmannschaft
Tachau.

Albertsdorf, Alt-Fürstenhütte, Böhmischdorf, Brand, Frauenreith, Galtenhof, Gropitzreuth (Gross-), Hals, Innichen. Langendörflas, Lohm, Maschakotten, Mauthdorf, Neulosimthal, Ostrau, Paulusbrunn, Petlarn, Pirkau, Purschau, Ringelberg, Schönbrunn, Schönwald, Schossenreith, **Tachau** (Stadt), (Bezirksgericht), Thiergarten, Tissa, Uschau, Ullirsreith, Waldheim, Witingreith, Wosant, Zetlisch (Alt-), Zetlisch (Neu-).

Altsattel, Darmschlag, Dehenten, Drissgloben, Elsch, Eschowitz, Godrusch, Gossau-Hayd, Hesselsdorf, Juratin, Katharina, Konraditz, Labant, Liebeswar, Lusen, Malkowic, Maierhöfen (Gross-), Maierhöfen (Klein-), Milles, Molgau, Neudorf, Neuhäusl, Neustadtl, Pabelsdorf, Pernartic, **Pfraumberg** (Bezirksgericht), Rail, Ratzau, Rosshaupt, Speierling, Strachowic, Ströbl. Tholl, Turban, Tutz, Ujest, Weschekun, Widlitz, Wonětic (Gross-), Wonětic (Klein-), Woschnitz, Wurken, Wussleben, Zummern.

10. Bezirkshauptmannschaft
Podersam.

Černic (Gross-), Černic (Klein-), Chmeleschen, Dolanka, Flöhau, Fürwitz (Klein-), Golleschau, Gödesin, Groschau, Kaschitz, Kettowitz, Knöschitz, Kriegern, Ledau, Leschkau, Liboritz, Lischwitz, Lobtetiz, Lubau, Maschau, Michelsdorf, Mohr, Mokottil, Neprowitz, Neudorf, Nenitschau, Oberklee, Oblat, Otschehau (Gross-), Otschehau (Klein-), **Podersam** (Bezirksgericht), Podletic, Pomeisel, Pröllas, Přibenz, Puschwitz, Rudig, Rust (Deutschen-), Schaab, Schelesen, Schönhof, Sirbitz, Skýtal, Stachel, Strojetic, Třebetitsch (Deutsch-), Třebetisch (Hohen-), Třebetisch (Weiten-), Wärzen, Wess, Wiesen, Widhostic, Wišic, Zürau.

Alberitz, Chmeleschen, Dekau, Dereisen, Deslawen, Drahuschen, Fürwitz, Gerten, Gossawoda, Hochlibin, Hokau, Horosedl, Hořowic, **Jechnitz** (Bezirksgericht), Kletscheding, Klumtschan, Kolešowic, Kotieschau, Muckhof, Nedowitz, Pastuchowic, Piaden, Podersanka, Prehoř, Pschoblick, Röscha, Schaar, Scheles, Schmihof, Sossen, Steben, Tlesko, Tschentschitz, Wadaw, Wedl, Weletčin, Wellhotten, Willenz, Wilkau, Woratschen.

11. Bezirkshauptmannschaft
Tepl.

Abaschin, Altsattl, Auschowitz, Besikau, Borau (Böhmisch-), Borau (Deutsch-), Branischau, Dobrawoda, Einsiedl, Enkengrün, Gramling (Unter-), Habakladrau, Hohendorf, Hollewing, Hurschk, Kladerlas, Krips, Kschiha, Kuttnau, Landek, Lusading, Marienbad, Martnau, Müllestau, Neschikau, Nesnitz, Obergramling, Passlas, Pauten, Pern, Pfaffengrün, Pistau, Pobitz, Pöken, Prochomuth, Prosau, Rankowic, Rauschenbach, Royau, Sahrat, Schrikowitz, Stanowiz. **Tepl** (Stadt) (Bezirksgericht), Tepl (Stift), Weserau, Wilkowitz, Wischezahn, Wischkowic, Witschin, Zeberhisch.

Domaschlag (Böhmisch-), Dörflas (Unter-), Fürwitz, Geischowitz, Girsch, Girschowa, Gosolup, Gstom, Hangendorf, Hohenjamny, Honau, Hurz, Kathudowa, Kokaschitz, Křelowitz, Kurschin, Kutsch, Langenradisch, Leskau, Lohm, Malkowie, Mariafels, Müllowa, Neschowa, Neudorf, Neumarkt (Stadt), Planes, Plaschin, Pokezlaw, Polinken, Pollschitz, Polutschen, Potin, Ratschin (II. Theil), Rössin, Saduba, Setzlaw, Scheibenradisch, Schirnik, Schwitz, Skupsch, Stipokl, Strahof, Trahona,

Tscheliw (Unter-), Jamny, Utzin, Wesemin, **Weseritz** (Bezirksgericht), Wojteschin, Wolfersdorf, Wostrowa, Wutsch, Zebau.

12. Bezirkshauptmannschaft
Kaaden.

Ahrendorf, Atschau, Boxgrün, Brunnersdorf, Burberg, Burgstadl, Dehlau, Dörnthal, Drohnic, Endersgrün, Flahä, Fünfhunden, Gehä, Gesseln, Gestob, Gösen, Grupitz, Harkau, Heinersdorf, Höll, Horschenitz, Humitz, **Kaaden** (Bezirksgericht), Kettwa, Kleingrün, Kleinkörbitz, Klösterle, Kojetic, Krondorf, Kudenitz, Lammetitz, Langenau, Laucheau, Leskau, Libotitz, Liesen, Lužic, Männelsdorf, Möretitz (bei Klösterle), Möretitz (bei Winternitz), Merzdorf, Milsau, Mühlendorf, Neudörfl, Niklasdorf, Okenau, Pohlig, Pokatitz, Pröhl, Prösteritz, Pürstein, Rachel, Radigau, Radis, Radonic, Ražic, Redenitz, Reihen, Rodbern, Roschwitz, Rosengarten, Rust (Böhmisch-), Seelau, Schönbach, Schönhof (Klein-), Sosau, Spinnelsdorf (Gross-), Tomitschan, Tschachwitz, Tschirnitz, Tunkau, Tuschmitz, Warta, Weiden, Weinern, Wernsdorf, Weschitz, Westrum, Wiedelitz, Wilken, Willomitz, Winteritz, Wistriz, Wohnung, Woslowic, Wotsch, Würgnitz.

Bettlern, Christophhammer (mit Hegerhaus), Dörndorf (mit Orpus), Köstelwald (mit Wenkau), Kunau (mit Haadorf), Kupferberg (Stadt), Neudörfel (mit Kretschum), Oberhals (mit Unterhals), Pfeil (mit Sorgenthal), Pöllma, **Pressnitz** (Stadt und Hof) (Bezirksgericht), Reichdorf, Rödling, Schmiedeberg (mit Lauxmühle), Steingrün, Tribischl, Weigensdorf, Weiperl (Stadt), Wohlau, Ziberle, Zobietitz (mit Geischwitz).

Dobrenz, Dörfles, Dürmaul, **Duppau** (Bezirksgericht), Gässing, Hermersdorf, Jurau, Koslau, Kunic, Meckl, Molischen, Olleschau, Petersdorf, Promuth, Rednitz, Saar, Sachsengrün, Sebeltitz, Tiefenbach, Totzau, Turtsch, Wobern, Zettlitz.

13. Bezirkshauptmannschaft
Saaz.

Bezděk, Dobričan, Drahomyšl, Dreihöf, Dubšan, Holetic, Horatic, Hraidisch, Kličin, Klutschkau, Kutterschin, Libešic, Libo-

čan, Litschkau, Měcholup, Milošic, Milčowes, Minic, Nečenic,
Neusattl, Pressern, Pröhlig, Presern, Quen, Reitschowes, Ryb-
ňan, Rostial, **Saaz** (Bezirksgericht), Saluschitz, Satkau, Schabo-
glück, Schiesselitz, Schünau, Sedschitz, Selowitz, Selč, Sobiesuk,
Stankowic, Steknitz, Straupitz, Teschnitz, Tronitz, Třeskonic,
Tschehowitz, Čeradic, Tuchořic, Twerschitz, Wakowic, Wedru-
schitz, Weletic, Welmschloss, Wikletic.

Ferbenz, Ferbka, Grosslippen, Imling, Lewanitz, Lippenz,
Lischan, Malnic, Mraiditz, Nehasic, Ploscha, **Postelberg**
(Bezirksgericht), Podscherad, Priesen, Schiessglock, Semenko-
wic, Skupic, Sterkowitz, Tatina, Weberschan, Wiedobl, Wiškowa,
Wittoses.

14. Bezirkshauptmannschaft
Brüx.

Bettlgrün, **Brüx** (Kreisgericht), Einsiedl, Göhren (Du-
ser), Göhren (Kopitzer-), Hawran, Hareth, Hochpetsch, Johns-
dorf, Khau, Kollosuruk, Kammern, Kopitz, Koppertsch, Kreuz-
weg, Krunnerbursch, Launic, Lischnic, Maltheuern, Morawes,
Nemelkau, Niedergeorgenthal, Niederleutensdorf, Oberdorf,
Obergeorgenthal (auf Dux), Obergeorgenthal (bei Neudorf),
Oberleutensdorf, Obernic, Oberpriesen, Paredl, Polehrad, Pillna,
Rascha, Rosenthal, Rudelsdorf, Sabnic, Seidschitz, Schönbach,
Schwetz, Sedlic, Seidowic, Skýritz, Steinwasser, Stranic, Strimitz,
Triebschitz, Tschausch, Tschöppern, Vierzehnhöfen, Welbudic,
Wiese, Wollepschitz, Wteln, Würschen, Zlatnik (Deutsch-).

Brandau, Gebirgsneudorf, **Katharinaberg** (Bezirksgericht),
Kleinhan, Ladung, Nickelsdorf, Rudelsdorf.

15. Bezirkshauptmannschaft
Komotau.

Bielenz, Dörnthal, Domina, Eidlitz, Glieden, Grün, Hagens-
dorf, Hohentann, Holetic, Hoschnitz, Hruschowan, **Komotau**
(Bezirksgericht), Körbitz, Kralupp, Krima, Liebisch, Losan,
Malkau, Naschau, Negranitz, Neosablitz, Nokowitz, Oberdorf,
Petsch, Plassdorf, Platz, Prahn, Priesen, Pritschapl, Retschitz,

Salesel. Schönlind, Skyrl, Sporitz, Strahn, Strössau, Tenetitz, Trauschkowitz, Troschig, Tschermich, Tschern, Černowic, Tschoschl, Wysočan, Wisset, Wičie, Zuscha.

Maerzdorf, Neudorf, Raizenhain, **Sebastiansberg** (Bezirksgericht), Sonnenberg, Ulmbach.

Bartelsdorf, Bernau, Eisenberg, Gabrilahütten, Gersdorf, **Görkau** (Bezirksgericht), Göttersdorf. Hannersdorf, Holtschitz. Kaitz, Kallich, Kienhaid. Kleinpriesen, Kunnersdorf, Natschung, Neuhaus. Neundorf, Pahlet, Pirken, Platten, Pösswitz. Quinau, Rodenau. Rothenhauss, Sadschitz, Schergau, Schimberg, Schössl, Seestadl. Sperbersdorf, Stolzenhan, Türmaul. Trubschitz, Tschernitz, Udwitz. Uhrissen. Ukkern, Ulbersdorf. Wurzmes.

16. Bezirkshauptmannschaft
Teplitz.

Aujezd (Klein-), Boreslau, Dreihunken, Eichwald, Graupen (Stadt), Graupen (Ober-), Grünwald, Kertine, Kundorf, Kosten. Kradrob, Liessnitz, Malhostiz, Moldau, Müglitz, Nechwalic, Neustadt, Niklasberg, Pihanken, Pilkau, Praseditz, Probstau, Quikau, Rosenthal, Schallau, Schicklitz, Schönau, Serbic, Settenz, Soborten, Suchey, **Teplitz** (Bezirksgericht), Tischau, Turn, Ullersdorf. Voitsdorf, Webeschan, Weisskirchlitz. Welboth, Weschen, Wisterschan, Zinnwald, Zuckmantl, Zwetnitz.

Bruch, Deutzendorf, **Dux** (Stadt) (Bezirksgericht), Fleyh, Georgensdorf, Hann, Hegeholz, Jannik, Klostergrab, Kriusdorf (Grünsdorf), Ladowitz, Ladung, Langewiese, Liptitz, Liquitz, Loosch, Matzdorf, Neudorf, Neuosseg, Ratčic, Riesenberg, Schellenken, Sobrusan, Strahl, Utlersdorf, Wernsdorf, Willersdorf, Wschechlab.

Bilin (Bezirksgericht), Biloschitz, Charwatz, Dobšic, Dřewce, Ganghof, Hettau, Hořenz, Hostomic, Hradek, Hrobčic, Jablonic, Kautz, Kramitz, Kosel, Kostenblatt, Křemusch, Kutowenka, Kutterschitz, Kuttowitz, Lahowic, Libšic, Liebshausen, Lukow, Luschitz, Meronitz, Merzliz, Millay, Minichhof, Mirešowic, Mukow, Nognitz, Patogrö, Peratsch, Preschen, Priesen, Prohn, Radowesic, Rasitz, Rissut, Rothangezd. Selřic, Schelkowic, Schichhof, Schiedowitz, Schwarz, Schwindschitz, Skiřina, Steinteynitz, Stěpanow, Stürpitz, Synutz, Třinka, Čenčic, Twrdina, Ujezd, Ujezd (Lang-), Welhenic, Wodolic, Wohontsch, Wšechlap, Zlatnik (Böhmisch-).

17. Bezirkshauptmannschaft
Aussig.

Arnsdorf, **Aussig** (Bezirksgericht), Birnai, Böhmischpokau, Budowe, Deutschkal, Doppitz, Dubitz, Gratschen, Grosskaudern, Grosspriesen, Habrowaň, Hottowies, Kleinkaudern, Kleinpriesen. Kleische, Kojeditz, Kosten, Leissen, Leschtine, Leukersdorf. Lieben, Luschwitz, Malschen, Meischlowitz, Mosern, Mörkau. München, Nestersitz, Nestomitz. Neudörfl, Obersedlitz, Padloschin, Postitz, Pömmerle, Presei, Priessnitz, Prödlitz, Qualen. Salesel, Saubernitz, Schöbnitz, Schreckenstein, Schwaden, Seesitz, Slabisch, Spannsdorf, Staditz, Stöben, Tschochau (Teplitzer), Türmitz, Waltiře, Wannov, Wittal. Wittine, Zibernik.

Arbesau, Auschine, Ebersdorf, Herbitz, Hohenstein, Johnsdorf, Kahn (Klein-), Kahn (Böhmisch-), **Karbitz** (Bezirksgericht), Kninitz, Kulm, Liesdorf, Lochtschitz, Mariaschein, Marschen, Modlan, Neudörfel (Böhmisch-), Nollendorf, Peterswald, Pristen, Raudnig, Šaara, Schande, Schönfeld, Schönwald, Sobochleben, Straden, Streckenwald, Strisowitz, Telnic, Tillisch, Troschig, Wiklic.

18. Bezirkshauptmannschaft
Leitmeritz.

Aujezd (Gross-), Babina bei Grosspriesen, Babina auf Libčschic, Bauschowitz, Brňan, Čalosic, Černosek (Gross-), Drabschitz, Enzwan, Hlinai, Hrdly, Kamaik, Keblitz, Kopist (Deutsch-), Kopist (Böhmisch-), Kninic, Křešic, Kutaslawitz, Kuttlitz. **Leitmeritz** (Kreisgericht), Libochowan, Luppitz, Mallitschen, Maschkowitz, Michelberg, Miřowitz, Mlikojed, Nössel (Ober-). Nutschnitz (Gross-), Pištan, Pickowic, Plahow, Ploškowic, Podčapl, Pohořan, Pohoř, Pokratic, Polep, Probošt, Prosmyk, Řepnic, Repsch (Ober-), Rübendörfl, Ruschowan, Řetaun, Salesel.

Sebusein, Selz, Skalic, Sobenic, Stankowic, Schüttenitz, Sulloditz, Tašow, Tauberwitz, Taucherschin, Těchobuzic, Tenzel (Nieder-), Tenzel (Ober-), Theresienstadt, Třebautitz, Tribsch, Trnowan, Trnowey, Tlutzen, Tschersing, Tünscht, Welbine, Welhota. Winney, Wirbic, Zahořan.

Aujezd (Weiss-), Borec, Chodolitz, Chrastian, Černosek (Klein-), Diakowa, Dlažkowic, Dubkowic, Jenčic, Ječan, Kololeč, Kotemiř, Kotzauer, Lhota, Lichtowitz, **Lobositz** (Bezirksgericht), Lukawic, Mrskles, Mileschau, Nedwědic, Netluk, Opolau, Palič, Podsedic, Praskowic, Priesen, Radzein, Schelchowitz. Schima, Schiřowic, Schöppenthal, Starey, Sulowic, Suton, Tepley, Trebnitz, Třemšic, Třiblic, Čižkowic, Watislaw, Wchynic, Welhota an der Elbe, Welemin, Wopparn, Wrbičan.

Auscha (Bezirksgericht), Bleiswedel, Břehor, Domašic. Drahobus, Drüm, Eicht (Nieder-), Giessdorf, Graber, Haber, Hermsdorf, Hrobitsch, Hubina (Gross-), Jobern (Gross-), Johnsdorf, Kalwitz, Koblitz (Nieder-), Koblitz (Ober-), Konojed, Kuttendorf, Lewin, Libešic, Lišnic, Litnic, Lošowic, Luka, Mladey, Morgendorf, Munkern, Mutzke, Naschowitz, Neuland, Ollhotta, Petersdorf, Petrowic, Prause, Rašowic, Rein, Roche, Řebiře, (Nieder-), Simmer, Skalken, Sterndorf, Straschnic, Tetschendorf, Thein (Alt-), Tirschowitz, Trnobrand, Třebutschka, Wedlitz, Weiskirchen, Wessig (Nieder-), Zierde, Zösnitz.

19. Bezirkshauptmannschaft
Tetschen.

Alt-Böhmen, Altstadt, Arnsdorf, Babutin, Barken, Binsdorf, Birkigt, Bodenbach, Bila (Alt-), Elbleiten, Eulau, Falkendorf, Gleimen, Herrnskretschen, Hortau, Hostitz, Johnsdorf, Kamnitsleiten, Kollmen, Königswald, Krischwitz, Krochwitz, Laube, Loosdorf, Malschwitz, Maxdorf, Merzdorf, Mittelgrund, Neschwitz, Niedergrund, Ohren, Politz, Prosseln, Pschira, Riegersdorf, Rittersdorf, Rongstock, Rosendorf, Schneeberg, Schönborn. Stimmersdorf, **Tetschen** (Bezirksgericht), Tischlowitz, Tissa, Topkowitz, Weiher, Welkotten (Nieder-), Willsdorf.

Algersdorf, **Bensen** (Bezirksgericht), Biebersdorf, Blankendorf, Bocken (Gross-), Bocken (Klein-), Dobern, Ebersdorf

12

(Nieder-), Ebersdorf (Ober-), Güntersdorf, Habendorf, Hermers-
dorf, Mertendorf, Neuland, Parlossa, Reichen, Schokau, Schönau
(Ober-), Tschiaschel, Ulgersdorf, Voitsdorf, Wernstadtl, Wöhlen,
(Gross-), Wöhlen (Klein), Zinken (Gross-).

Dittersbach, Freudenberg, Gersdorf, Hasel, Hüllemühle,
Hohenleipa, Jonsbach, Kaltenbach, **Kamnitz¡(Böhmisch-)** (Stadt)
(Bezirksgericht), Kamnitz (Neudörfel), Kamnitz (Nieder-),Kamnitz
(Ober-), Kamnitz (Windisch-), Kunnersdorf, Meistersdorf, Ohlisch
(Alt-), Ohlisch (Neu-), Preschkau (Nieder-), Preschkau (Ober-),
Rennersdorf, Schelten, Schemmel, Steinschönau.

20. Bezirkshauptmannschaft
Schluckenau.

Ehrenberg, Fugau, Fürstenwalde, Georgswalde, Grafenwalde,
Herrnwalde, Kaiserswalde, Königshain, Königswalde, Kunnersdorf, Rosenhain, **Schluckenau** (Bezirksgericht).

Einsiedl (Nieder-), Einsiedl (Ober-), Grafenwalde, **Hains-
pach** (Bezirksgericht), Hemmehübel, Hilgersdorf, Lobendau,
Neudörfel, Nixdorf, Röhrsdorf, Schönau, Wölmsdorf, Zeidler.

21. Bezirkshauptmannschaft
Rumburg.

Daubitz (Alt-), Ehrenberg (Nieder-), Hennersdorf (Ober-),
Khaa, **Rumburg** (Bezirksgericht), Schönborn, Schönbüchel,
Schönlinde, Wolfsberg.

Georgenthal, Grund (Nieder-), Grund (Ober-), Kreibitz,
Kreibitz (Neudörfel), Kreibitz (Nieder-), Kreibitz (Ober-),
Tannendorf, Tollenstein, **Warnsdorf** (Bezirksgericht).

22. Bezirkshauptmannschaft
Gabel.

Böhmischdorf, Brims, **Gabel** (Bezirksgericht), Grossherrn-
dorf, Grosswalten, Hennersdorf, Hermsdorf, Johnsdorf, Kriess-
dorf, Lämberg, Markersdorf, Pankraz, Petersdorf, Postrum,
Ringelshain, Schneckendorf, Schönbach, Seifersdorf. Spittel-
grund.

Glasert, Kleingrün, Krombach, Kunnersdorf, Lichtenwald (Ober-), Mergenthal (Gross-), Mergenthal (Klein-), Röhrsdorf, **Zwikau** (Bezirksgericht).

23. Bezirkshauptmannschaft
Böhmisch-Leipa.

Dobern, Habstein, Hermsdorf, Hohlen, Hospitz, Jägersdorf, Karsch, Kosel, Künast, Lauben, Leipa, (Alt-), **Leipa (Böhmisch-)** (Kreisgericht), Liebich (Nieder-), Liebich (Ober-), Manisch, Mikenhahn, Neugarten, Neustadtl, Piessnig, Politz (Nieder-), Politz (Ober-), Quitkau, Sandau, Schaslowitz, Schiessnig, Schossendorf, Schönborn, Schwaben, Schwora, Strausnitz, Ujezd, Waltersdorf, Warslowitz, Wesseln, Wolfersdorf.

Altschiedel, Arnsdorf, Blottendorf, Bokwen, Bürgstein, Falkenau, **Haida** (Bezirksgericht), Kottowitz, Langenau, Lindenau, Pihlerbauschtellen, Rodowitz, Schaiba, Schwoika, Sonneberg, Wellnitz, Zwitte.

Barzdorf, Brenn, Gablonz, Götzdorf, Grünau, Halbehaupt Höflitz, Hühnerwasser, Kamnitz, Kruppai (Ober-), Kummer, Luh, Merzdorf, Neuland, **Niemes** (Bezirksgericht), Plauschnitz, Rabendorf, Reichstadt, Schiedel, Schwabitz, Schwarzwald, Strassdorf, Voitsdorf, Wartenberg, Woken, Wolschin.

24. Bezirkshauptmannschaft
Dauba.

Binai, Blatzen (Gross-), Bösig (Schloss), **Dauba** (Bezirksgericht), Dobřin, Draschen, Dubus, Dürchl, Hauska, Heidenmühl, Hirschberg, Hirschmantl, Horka, Jestřebic, Kalken (Alt-), Klum, Kortschen, Kroh, Libowies, Luken, Nedam, Pablowitz, Pawlitschka, Sattai, Sackschen, Sirtsch, Sebitsch, Schedoweitz, Tacha, Töschen, Tuhan, Tuhanzl, Wellkütta, Widim (Ober-), Wobern, Wojetin, Woken, Woleschno, Wosnalitz (Gross-), Wrchaben, Zittnai, Ždar.

Aujezd, Brotzen, Chudolas, Gastdorf, Jeschowic, Kochowic, Křeschow, Liboch, Malschen, Mašnic, Mastiřowic, Medenost, Počeplic, Radaun, Sukohrad, Schelesen, Schnedowitz, Swařenid,

Stratschen, Strachl, Střižowic, Tschakowitz, Tupadl, Walach, Webrutz, **Wegstädtl** (Bezirksgericht), Weleschitz, Zebus.

25. Bezirkshauptmannschaft
Friedland.

Arnsdorf, Bernsdorf, Berzdorf (Nieder-), Berzdorf (Ober-) Bullendorf, Bunzendorf, Buschullersdorf, Christiansau, Dittersbach, Dittersbächel, Ebersdorf, Einsiedel, Engelsdorf, **Friedland** (Bezirksgericht), Göhe, Haindorf, Heinerdorf, Hermsdorf, Kunnersdorf, Liebwerda, Lusdorf, Mildenau, Mildeneichen, Neustadtl, Olbersdorf, Priedlanz, Raspenau, Ringenhain, Rückersdorf, Schönwald, Tschernhausen, Ullersdorf (Nieder-), Weigsdorf, Weisbach, Wiese, Wünschendorf, Wustung.

26. Bezirkshauptmannschaft
Gablonz.

Dalešic, **Gablonz** (Bezirksgericht), Gränzendorf, Grünwald, Johannesberg, Josephsthal, Kukan, Labau, Maršowic, Maxdorf, Neudorf, Polečnej, Proschwitz, Radl, Reichenau, Reinowitz, Seidenschwanz, Wiesenthal.

Albrechtsdorf, Georgenthal, Morchenstern, Polaun, Přichowic, Reidlitz, Schumburg, **Tannwald** (Bezirksgericht).

27. Bezirkshauptmannschaft
Reichenberg.

Althabendorf, Altharzdorf, Altpaulsdorf, Berzdorf, Dörfel, Eichicht, Friedrichswald, Heinersdorf, Jaberlich, Jeřmanic, Katharinberg, Kunnersdorf, Langenbruck, Heubokey, **Maffersdorf** bei Reichenberg, Maffersdorf (Böhmisch-Aicher), Münkendorf, Oberhanichen, Ratschendorf, **Reichenberg** (Kreisgericht), Rosenthal (I. Theil), Rosenthal (II. Theil), Röchlitz, Ruppersdorf, Schimsdorf, Schönborn, Voigtsbach.

Berzdorf (Nieder-), Berzdorf (Ober-), Christophsgrund, Döhnis, Engelsberg, Frauenberg, Görsdorf, Grafenstein, Grottau, Ketten, Kratzau A., Kratzau B., **Kratzau** (Ober-), Kratzau (Unter-) (Bezirksgericht), Machendorf, Mühlscheibe, Neuland,

Neundorf, Weisskirchen, Wetzwalde, Wittig (Ober-), Wittig (Nieder-).

28. Bezirkshauptmannschaft

Turnau.

Aujezd bei Gross-Skal, Aujezd bei Swijan, Běla, Borek, Bukowina, Friedstein, Gross-Skal, Hnanic, Jenčowic, Karlowic, Kleinrohozec, Klokoč, Ktowa, Lauček, Lažan, Leskow, Mašow, Modřic, Paceřic, Penčin, Popol, Přepeř, Přišowic, Rakaus, Rowensko, Stweřin, Scharchen, Troskowic, **Turnau** (Stadt) (Bezirksgericht), Wiskeř, Wodalnowic, Wohrazenic, Wolešnic, Wreha, Wšen.

Aicha (**Böhmisch-**) (Bezirksgericht), Aicha (Alt-), Aicha (Klein-), Bilay, Bössing, Chwalčowic, Drausendorf, Hlawic, Hultschen, Jawornik, Johannesthal, Kameni, Kessel, Kobyli, Krasa, Křiday, Kunnersdorf, Lastibořic, Libenau, Libic, Malčic, Nahlau, Ošic, Pelkowitz, Potrošowic, Proschwitz, Přibyslawic, Radimowic, Radostin, Raschen, Ratschan, Rostein, Sabrt, Saskai, Schellwitz, Sebeslawic, Smržow, Swětla, Wapno, Wičetin, Zetten.

29. Bezirkshauptmannschaft

Münchengrätz.

Bakow (Stadt), Bitauchow, Bosin, Bradle, Branžež, Bratřic (Klein-), Březina, Buda, Bukowin (Ober-), Chudoples, Dalešic, Drahotic, Fürstenbruck, Horka, Hoškowic, Jewina, Kloster, Kopernik, Kozňowic, Kozmic, Laukow, Laukowec, Lhotic, Litkowic, Mohelnic, Mukařow, **Münchengrätz** (Bezirksgericht), Musky, Nasilnic, Neweklowic, Podol, Pleirow, Proskow, Roskow, Sezemic, Sichrow, Solec, Sowenic, Stražišt, Suchrowic, Weisel (Klein-), Weislein, Wesela, Weimanow, Ždar, Žehrow.

Boreč, Bösig (Klein-), Březinka, Čista, Daubrawic, Gruppai (Nieder-), Jezowec, Kadlin, Katusic, Kluk, Kowanec, Krasnoves, Lin, Lobes, Mšeno (Stadt), Neudorf, Nosadl, Plužna, Rokytai (Ober-), Rokytai (Unter-), Skalsko, Skramauš, Stranka, Sudoměř, Trnow, **Weisswasser** (Stadt) (Bezirksgericht), Wiska, Wratno, Zolldorf.

30. Bezirkshauptmannschaft
Jung-Bunzlau.

Auhelnic, Auřec, Bezděčin. Bezno, Březno, Bukowno, Čejtic, Charwatec, Chlomek, Chrast, Ctiměřic, Dalowic, Doubrawic, Hrdlořez, Jabkenic, Jemnik, Iser-Wtelno, Judendorf, **Jung-Bunzlau** (Kreisgericht), Kladerub, Kobylnic, Kolomut, Kosmanos, Kosořic, Krnsko, Lhota, Lhota (Klein-), Němčic, Nemeslowic, Neměřic, Nepřewaz, Pečic, Pětikozel, Plas, Rejšic, Rokytowec, Sejčin, Semčic, Sowinka, Stakor (Ober-), Stakor (Unter-), Strašnow, Střenic, Sukorad, Teynec, Winařic, Winec, Woděrad. (I. Theil), Woděrad (II. Theil), Wšelis (Gross-), Žerčic.

Benatek (Alt-), Benatek (Neu-), (Bezirksgericht), Bratronic, Brodec, Horka, Hrušow, Jiřic, Kbel, Kochanek, Kojowic, Košatek (Alt-), Kuttenthal, Lipnik, Lissa (Alt-), Lissa (Neu-). Luštěnic, Mečeřiž, Milowic, Mlada, Obodrž, Předměřic, Riwno, Sedlec, Sliwno (Klein-), Sliwno (Ober-), Sliwno (Unter-), Stratow, Struh, Sučno, Tuřic, Wrutic-Kropačow, Wrutic bei Benatek, Wustra, Zdětin.

31. Bezirkshauptmannschaft
Jčin.

Aulibic, Butowes, Březka, Brada, Březina, Bukwic, Chomutic (Klein-), Chyjic, Češow, Dilec, Dolan, Dřewenic, Eisenstadl, **Jčin** (Kreisgericht), Jčinowes, Jinolic, Holin, Kbelnic, Kamenic, Konecchlum, Kowač, Kostelec, Lužan, Libunec, Libesic, Lochow (Ober-), Morawčic, Miličowes, Nemičowes, Nadslaw, Podulš, Popowic, Podbrad, Prachow, Robaus, Radim, Soberaz, Studan, Stříbrnic, Starýmisto, Střewač, Statin, Trtěnic, Tušin, Tuř, Welhan, Weliš, Wesec, Witinowes, Wrbic, Wostružno, Wohaweč, Zamez, Zeretic, Zitetin.

Bautzen (Ober-), Bautzen (Unter-), Bechow, Dobšic, Domausnic, Drštěkrey, Hubojed, Kdanic, Lavic, Lhota, (Lang-), Lhota (Rytiřowa), Lhota (Zelenská), Libošowic, Marwartič, Mladějow, Nepřiwec, Plhow, Podkosti, Přepeř, Přichwoj, Rakow, Rowen, Ritonic, Samšin, Skyšic, **Sobotka** (Bezirksgerieht), Spichow. Střelec, **Weselic, Wisopol, Wobrub, Wobrubec, Wahařic, Zamost.**

Auhliř, Aujezd, Aujezd (St. Johann), Auslauf, Aust, Bělohrad, Bilay, Borowic (Gross-), Brdo, Brtew, Bukowina (auf Bělohrad), Bukowina (auf Čistá), Choteč, Čiatá, Jawoř (Nieder-), Kalna (Nieder-), Kalna (Ober-), Karlow, Lewin (Oels), Nedař, Neudorf (Mittel-), Neudorf (Nieder-), Neudorf (Ober-), Paka (Alt-), **Paka** (Neu-) Bezirksgericht), Pecka, Proschwitz (Böhmisch-), Proschwitz (Wüst-), Ratkyn, Roškopow, Ridelec, Slemena, Stankau, Staw, Stikau, Studinka, Stupna, Swojek, Tample, Waldau, Welhota, Widach, Widonic, Wrchowin (auch Rokytnai), Zbož, Ždar, Ždirnic (Hinter-), Ždirnic (Vorder-).

Altenburg, Audrnic, Auṇětic, Bačalek, Bartošow, Běchar (Gross-), Bystřic, Budičowes, Cholenic, Dělenic, Drahoraz, Hejkowic, Ketten, Kopidlno, Křešic, Lahaun, Ledec, **Liban** (Bezirksgericht), Lično, Mlejnec, Podol, Pšowes, Psinic, Rokytan (Unter-), Rožďalowic, Řmenin, Seletic, Slawostic, Tuchom, Wosenic, Wršec, Zliw, Zidowic, Zitaulic.

32. Bezirkshauptmannschaft
Semil.

Altendorf, Beneschau, Bystra, Bitouchew, Bořkow, Boskow, Cikwaska, Haje, Helkowic, Hořensko, Jessenei, Kuchelna, Lhota, Nedwěz, Podmoklic, Přikrý, Přiwlak, Rybnic, Rostok, Rupersdorf, Semil (Bezirksgericht), Slaná, Sitow (Unter-).

Bratřikow, Chlistow, Držkow, **Eisenbrod** (Stadt) (Bezirksgericht), Haratic, Horka (Gross-), Jilow, Jirkow, Kamenic, Lauček, Lhotka, Nabsel, Oberhammer, Skuhrow, Smrě, Sněhow, Stanow, Wolešnic, Wrat, Záhoř, Zásada.

Běla, Bitauchow, Cidlina, Chlum, Holenic, Kyje, Knižnic, Kušow, Koštalow (Oels-), Kotelsko, Libun, Liebstadtl, Lhota-Bradlec, **Lomnic** (Bezirksgericht), Lomnic (Alt-), Neudorf, Plauschnitz, Rudolfowic, Rwačow, Stružinec, Siřenow, Tuban, Weseli, Žernow, Žlabek.

33. Bezirkshauptmannschaft
Hohenelbe.

Forst, Hackelsdorf, Harta, **Hohenelbe** (Stadt) (Bezirksgericht), Hohenelbe (Ober-), Krausebauden, Langenau (Mittel-),

Langenau (Nieder-), Langenau (Ober-), Lauterwasser, Neudorf, Niederhof, Ochsengraben, Pelsdorf, Spindelmühle.

Arnau (Bezirksgericht), Arnsdorf, Arneith, Borowic (Klein-), Döberny (Oels-), Hermennseifen, Kottwic, Königreich (IV. Theil), Mohren, Mönchsdorf, Neustadl, Oels (Mittel-), Oels (Nieder-), Oels (Ober-), Böhmisch-Praussnitz (Nieder-), Böhmisch-Praussnitz (Ober-), Preschwitz, Polkendorf, Swěčin, Žermua.

34. Bezirkshauptmannschaft
Trautenau.

Altstadt (Nieder-), Altstadt (Ober-), Altenbuch (Mittel-), Altenbuch (Nieder-), Altenbuch (Ober-), Bausnitz, Bösig, Burgersdorf, Döberle, Eipel, Gabersdorf, Goldenöls, Hartmanusdorf, Heindorf, Hohenbruck, Jungbuch, Kaltenhof, Keule, Markausch, Nimmerstatt, Parschnitz, Petersdorf, Petrowic, Pilnikau, Pilsdorf (I. Theil), Pilsdorf (II. Theil), Prausnitz (Deutsch-), Quabisch Radowenz, Ratsch, Rognitz (Alt-), Rudersdorf, Sedlowic (Alt-), Silberstein, Slatin, Soor (Nieder-), Soor (Ober-), Staudenz, **Trautenau** (Bezirksgericht), Trautenbach, Trübenwasser, Weigelsdorf, Welhota, Wiltschitz, Wnlta.

Bernsdorf, Bober, Brettgrund, Königshan, Krinsdorf, Lampersdorf, Rotschendorf, **Schatzlar** (Bezirksgericht), Schwarzwasser, Wernsdorf.

Albendorf (Ober-), Albendorf (Nieder-), Aupa (Gross-, I. Theil), Aupa (Gross-, II. Theil), Aupa (Gross-, III. Theil), Aupa (Klein-, Niedertheil), Aupa (Klein-, Obertheil), Dörrengrund, Dunkelthal, Freiheit, Glasendorf, Johannesbrunn, Kolbendorf (Obertheil), Kolbendorf (Niedertheil), **Marschendorf** (I. Theil), Marschendorf (II. Theil), Marschendorf (III. Theil), Marschendorf (IV. Theil) (Bezirksgericht), Rehorn, Schwarzenberg.

35. Bezirkshauptmannschaft
Starkenbach.

Benecko, Branna, Hennersdorf, Hrabačow, Huttendorf, Jestřabi, Křižlic, Kruh, Kundratic, Markelsdorf (Mrklow), Merzdorf (Mártinitz), Peřimow, Ponikla, Raudnic, Rostok, Sitowa (Ober-), **Starkenbach** (Bezirksgericht), Stěpanic (Ober-), Stěpanic (Nieder-), Studenec, Waltersdorf, Wemřitsch, Wichau, Wichauer Lhotta, Witkowic.

Dušnic (Ober-), Franzensthal, Glassersdorf, Harrachsdorf, Hochstadt, Jablonec, Passek, **Rochlitz** (Nieder-), Rochlitz (Ober-) (Bezirksgericht), Sahlenbach, Třič.

36. Bezirkshauptmannschaft
Neu-Bydzow.

Barchow (Gross-), Barchow (Klein-), Bydžow (Alt-), Čerwenowes, Chomutic (Gross-), Chotelic, Chudonic, Hlušic (Gross-), Hlušic (Klein-), Humburg, Hrobićan, Janowic, Kobylic, Kozojed (Gross-), Kozojed (Klein-), Kralik, Křićow, Laučna (Hura), Lhota (Smidarer), Lhota (Wesseler), Lhotka, Liskowic, Mištowes, Měnik, **Neu-Bydzow** (Bezirksgericht), Newratic, Obora, Podolik, Prasek, Šaplawa, Sekeřic, Skřeneř (Alt-), Skřiwan, Sloupno, Smidar, Smrkovic (Alt-), Smrkowic (Neu-), Welešic, Weseli (Hoch-), Winar, Wysočan, Wohništan (Alt-), Wohlanic, Zabědow, Zachrastan, Zadražan, Zechowic, Zbeř, Žlunic.

Altwasser, Aujezd, Bežec, Cheýl, **Chlumec** (Bezirksgericht), Chotowic, Chřcic (Pardubitzer), Chřcic (Podiebrader), Chudešic, Domonovic, Hlavečnik, Hradisko, Karanic, Klumeš, Koles, Komarow, Končic, Kosic (Gross-), Kosic (Klein-), Krakowan, Kundratic, Laučic, Lonkonos, Lewin, Lhota (Uhlirska), Lipec, Lišic (Gross- und Klein-), Lućic, Lukowa, Luzec, Milkoseb, Nepolis, Neustadl, Pisek, Přebejšow, Přebich, Radowesnic, Rasoch, Stit, Strašow, Wapno, Wiklek (Klein-), Wološnic, Žiželic.

37. Bezirkshauptmannschaft
Poděbrad.

Aumyslowic, Chotanek, Chwalowic, Chwalowic auf Radim, Herrmannsdorf, Hradištko, Kanin, Kaut, Kluk, Křečkow, Lhota-Kostelní, Lhota-Piskowá, Lhota-Předni, Lhota-Wrbowá, Libic, Milćic, Odřepes, Opolan (Gross-), Pátek, Peček, Pinow, Pist, **Poděbrad** (Bezirksgericht), Polabec, Předhrad, San, Sadska, Senic, Sokoleč, Wolfsberg, Woseček, Zboží (Gross-), Zwěřinek.

Bobnic, Bošin, Budiměřic, Chleb, Čilec, Drahelic, Dwory, Jesenik, Jikew, Jizbic, Hořatew, Hronětic, Kostomlat (Gross-), Kostomlat (Klein-), Kowanic, Křinec, Lautčin, Mzel, Mečiř, Netřebic, **Nimburg** (Bezirksgericht), Patřin, Podlužan, Rašowic, Skrchleb, Sowenic, Strak, Studeč (Gross-), Westec, Wlkawa, Woskořinek, Wšechlab, Wšejan, Zabrdowic.

Běronic (Gross-), Běronic (Klein-), Břistew, Chotěšic, Chraustow, Čenowes, Dimokur, Dlaukopolsko, Dobšic, Dubecno, Dwořišť, Kamilowes, Kleinseite, Kněžic, Kněžiček, **Königstadtl** (Bezirksgericht), Nauzow, Neudorf, Opočnic, Podmok, Schlibowic, Skochowic, Sloweč, Střihow, Swidnic, Welenic, Wiklek (Gross-), Winic, Wilkow, Wosek, Wrbic, Zahornic, Žehun.

38. Bezirkshauptmannschaft

Braunau.

Barzdorf, **Braunau** (Bezirksgericht), Bodisch, Dittersbach, Grossdorf, Halbstadt, Hauptmannsdorf, Heinzendorf, Hermsdorf, Märzdorf, Ottendorf, Rosenthal, Ruppersdorf, Schönau, Wockersdorf, Wernersdorf, Wiesen.

Adersbach (Nieder-), Adersbach (Ober-), Bielay, Bischofstein, Bösig, Bukowic, Chliwic, Dörrengrund, Dreihorn, Dřewič (Gross-), Dřewič (Nieder-), Dřewič (Ober-), Hottendorf, Hutberg, Jibka, Johnsdorf, Labnay (Gross-), Ledhuj (Gross-), Lhota (Hinter-Machau), Liebenau, Löchau, Machau, Marschau, Matha (Böhm.), Matha (Deutsch), Merkelsdorf, Mölten, Mohron (Nieder-), Mohren (Ober-), Petrowic (Gross-), Piekau, **Polic** (Bezirksgericht), Sichel (Hoch-), Sichel (Nieder-), Skalka, Starkstadt, Wekelsdorf (Ober-), Wekelsdorf (Unter-), Wernersdorf (Ober-), Wernersdorf (Unter-), Wüstrey, Žďár.

39. Bezirkshauptmannschaft

Neustadt.

Bystrey, Bohdašin, Bohuslawic, Černčic, Deschney, Dlouhey, Dobřan, Dolsko, Domkow, Giesshübel, Janow, Jesenic, Jestřebi, Krčin, Lhota, Lipin, Městec, Merles, Nahořan, Neuhradek, **Neustadt** (an der Mettau) (Bezirksgericht), Plasnic, Polom, Prowodow, Přibyslau, Sattel, Scheretz, Šnow, Sendraž, Slawětin, Slawoňow, Sněcney, Spy, Spyta, Tis, Trtschkadorf, Wohnišow, Wrchowin, Wršowka, Zakrawi.

Altstadt, Aujezdec, Babí, Batnowic, Bělowes, Bohdašin, Borowa, Bražec, Chlistow, Čerma (Böhm.), Čerma (Klein-), Čerwena Hůra, Dobrošow, Hawlowic, Hertin, Hořička, Hronow, Jizbic, Kleny, Kostelec (Markt-), Kostelec (Ober-), Lhota (Hinter-Kostelec), Lhota (Unter-Hořička), Lhota řešetowá, Liebenthal, Lipi, Litoboř, Marschau, **Náchod** (Bezirksgericht), Paulišow, Passadorf, Pořič (Gross-), Pořič (Klein-), Radechau (Ober-), Radechau (Nieder-), Rybnik (Nieder-), Rybnik (Ober-), Roketnik, Saugwitz, Schwadowitz, Skalic (Gross-), Skalic (Klein-), Slatina, Stolin, Třtic, Trubějow, Westec, Wysokow, Wolešnic, Zubrodí, Zhečnik, Žďarek, Žernow, Zlicko, Zlič.

Aujezd (Weiss), Bačetin, Běstwin, Bizhradec, Botehošt, Dobrey, Dobruška, Domašin, Hautkowic, Hliney, Hroška, Jilowic, Kamenic, Kaunow, Kloster, Königslhota, Křiwic, Křowic, Lhota, Lom, Mezřič, Mělčan, Městec, Mokrey, **Opočno** (Bezirksgericht), Očelic, Podbřezí, Podol, Pohoř, Prowoz, Přepych, Pulic (Gross-), Rohenic (Gross-), Rowney, Semechnic, Skršic, Spaleništ (Ober-), Sudin, Trnow, Čanka, Wal, Wošetnic, Zadol, Zahornic.

. 40. Bezirkshauptmannschaft
Königinhof.

Brzic, Daubrawic (I. Theil), Daubrawic (II. Theil), Döbernei (Altenbuch), Dubenec, Güntersdorf, Gradlitz, Grossbock, Haatz, Kaschow, Ketzelsdorf, Kladern, Koken, **Königinhof** (Bezirksgericht), Königreich (I. Theil), Königreich (II. Theil), Königreich (III. Theil), Leuten, Liebthal, Lipnic, Mezleč, Nemaus, Niedermaus, Nowoles, Rennzähn, Rejtendorf, Schurz (Dorf) Schurz (Markt), Sibojed, Sirvarleut, Söberle, Stangendorf, Stern, Třemešna (Weiss-), Werdek, Wyhnan, Wölsdorf, Zales, Zismitz.

Benatek, Časlawek, Černožic, Chwalkowic, Daubrawic, Dolan, Ertina, Grabschitz, Habřina, Heřmanic, Holohlaw, Hořenic, Hořinowes, Hustiřan, **Jaroměř** (Bezirksgericht), Jasena, Josefstadt, Libřic, Litic, Lužan, Maslowěd, Neznašow, Ples, Prode, Račic, Rychnowek, Řikow, Rodow, Rostok, Rožnow, Salnei,

Šstowic, Schlotten, Schweinschädl, Semonic, Sendražic, Smiřic, Smržow, Třebešow, Welchow, Westec, Wilantic, Wlkow, Žiželowes, Zwol.

41. Bezirkshauptmannschaft
Königgrätz.

Aujezd, Blešno, Březhrad, Bříza, Bukowina, Chlum, Černilow, Cistowes, Diwec, Freihöfen, Hohenbruck, Jenkowic, **Königgrätz** (Stadt) (Kreisgericht), Königgrätz (Neu-), Krasnic, Krňowic, Kuklena, Langenhof, Ledec, Lhota-Malšowa, Libnikowic, Librantic, Lipa, Lochenic, Malšowic, Nedělišť (Ober-), Nedělišť (Unter-), Nepasic, Pauchow, Piletic, Plačic, Plotišt, Polanka (Ober-), Práskačka, Předměřic, Raudnička, Rozbeřic, Ruzek, Ribsko (schlesische Vorstadt von Königgrätz), Sedlec, Skalic (Gross-), Slatina, Stenkow, Střebeš, Stösser, Swěty, Swinar, Urbanic, Wěkoš, Wlčkowic, Wšestar, Wýrawa.

Aulejow, Aujezd-Silwar, Bašnic, Besnik, Blsko, Bohanka, Borek, Březowic, Břišťan, Bürglitz, Cerekwic, Černín, Černutek (Ober-), Černutek (Unter-), Chlomek, Chlum, Chraustow, Chwalina, Daubrawa, Dehtow (Ober-), Dobeš, Domoslawic, Gutwasser (Ober-), Gutwasser (Unter-), Hněwčowes, Holowaus, **Hořic** (Bezirksgericht), Jeřic (Gross-), Kal, Lanžau, Lhota-Šarowec, Libonic, Lukawec, Miletin, Milowic, Mlasowic, Poličan, Pšanek, Rašin, Rohoznic, Sedlec, Sobšic, Sukorad, Tetin, Trotin, Třebihošt, Třebowětic, Třemešna (Roth), Třemešowes (Gross-), Wojic, Wostroměř, Wotuž, Wrchownic, Wřesnik, Zabřes, Zdobin, Želejow, Zelkowic.

Babic (Gross-), Bohárna, Dobřenic, Dohalic, Hrádek, Klenic, Kratenau, Kunčic, Lhota (Unter-Libčan), Libčan, Lodin, Lubno, Mokrovous, Mžau, **Nechanic** (Bezirksgericht), Nechanic (Alt-), Obědowic, Petrowic (Gross-), Popowic, Přim (Nieder-), Přim (Ober-), Probuz, Puchlowic, Radikowic, Radostow, Rosnic, Roudnic, Sobětuš, Sowětic, Stěžirek, Stračow, Střesetic, Sucha, Sirowatka, Těchlowic, Třesowic, Trnava, Woznic, Zwikov, Zeli.

42. Bezirkshauptmannschaft
Reichenau.

Auřim (Gross-), Auřim (Klein-), Bilay, Brocnay, Černikowic, Domašin, Fridrichswald, Habrowa, Hlaska, Hraštic, Jahodow,

Jamy, Jawornic, Ještetic, Kačer, Kerndorf, Kronstadt, Kunzendorf, Kroasney, Langendorf, Lipowka, Litohrad, Lukawic, Lupenic, Merklowic, Neudorf, Peklo, Prorub, Rambusch, **Reichenau** (Bezirksgericht), Rybnay (Himmlisch-), Řička, Röhberg, Roveň, Saufloss, Schwarzwasser, Slemeno, Solnic, Stiebnitz (Gross-), Stiebnitz (Klein-), Swinnay, Tanndorf, Třebešow, Wamberg.

Adler-Kostelec (Bezirksgericht), Auřenowic, Borovnic, Borohradek, Čerma (Gross-), Čerma (Klein-), Cuclau, Chlen, Častolowic, Čestic, Čičowa, Daudleb, Hoděčin, Horka, Ješkowic, Koldin, Lhota (Gross-), Ledec (Gross-), Lhota, Libel, Lično, Lipa, Petrowic (Gross-), Polom, Pottenstein, Prorub, Rašowic, Rejc, Skraunic (Gross-), Šachow, Seč, Synkow, Swidnic, Tyništ, Tutlek, Woděrad, Wojenic, Wolešnic, Wostašowic, Wrbic, Zaměl, Zdelow, Žďár.

43. Bezirkshauptmannschaft
Senftenberg.

Batzdorf, Bärenwald, Bohausow, Dlauhonowic, Erlitz, Gabel, Geiersberg, Halbseiten, Henic, Helkowic, Herrnfeld, Hohen-Erlitz, Jamney, Kamenična, Klösterle, Kunčic, Kunwald, Lišnic Litic, Lukawic, Mistrowic, Mitteldorf, Nekoř, Niederdorf, Oberdorf, Pastwin, Pěčin, Rybna (Böhm.), Rybna (Deutsch), Rokytnic, Rottnek, Schedowitz, Schönwald, Schreibersdorf, **Senftenberg** (Bezirksgericht), Slatína, Sobkowic, Wetzdorf, Zachlum, Žambach.,

Erlitz (Nieder-), Erlitz (Ober-), **Grulich** (Bezirksgericht) Heidisch (Nieder-), Herrnsdorf, Lichtenau, Linsdorf, Lipka (Mittel-), Lipka (Nieder-), Lipka (Ober-), Morau (Nieder-), Morau (Ober-), Petersdorf (Böhm.), Petersdorf (Deutsch), Rothfloss, Studenei, Ullersdorf (Nieder-), Wichstadtl, Wöllsdorf, Zöllnei.

44. Bezirkshauptmannschaft
Chrudim.

Auherčic, Auřetic, Bezděkau, Bilan, Blato, Bližňowic, Boršic, Brčekol, Chacholic, Chotěnic, Chrasť, **Chrudim** (Kreis-Gericht), Citkow, Čankowic, Čejkowic, Dobrkow, Dřenic, Duban, Dwakačowic, Holešowic, Heřmanměstec, Hombic, Holiček, Horka,

Hrbokow, Hrochowteynic, Janowic, Klešic, Kočí, Kostelec, Kunčí, Lan, Lhota, Libanic, Licomělic, Medlešic, Morašic, Nabočan, Načešic, Nerozhowic, Neudorf, Podlažic, Podol, Pohled, Prachowic, Přestawlk, Radim, Raškowic, Raubowic, Rosic, Rozhowic, Řestok, Sinčau, Skala, Slatinan, Sobětuch, Skupic, Stolan, Stříbřich, Stičan, Sušic, Škrowad, Topol, Trojowic, Tunechod, Westec, Weywanowic, Worel, Wlčnow, Wyžic, Zajezdec, Zajecic, Zbližňowic.

Bezděkau, Bradlo (Ober-), Bitowan, Bojanow, Ctětin, Deblau, Drěwikau, Freihammer, Hlina, Hluboka, Hodonin, Kamenic, Kostelec, Kowařow, Krásný, Křižanowic, Lauka, Lhotic (Böhm.), Lhotic (Deutsch-), Liboměřic, Licibořic, Lipka, Lipkow, Lukawic (Gross-), Miřetic, Možděnic, **Nassaberg** (Bezirksgericht), Petřikowic, Podlejštan, Polanka, Proseč, Prosička, Rohozna, Šwihow, Seč, Smrček, Střiteř (Gross-), Swidnic, Tisowec, Trawný, Trpšow, Wčelako, Weysonin, Wižek, Wochoz, Žumberg.

Babakow (Unter-), Blatno, Čachnow, Chlum, Chlumětin, Cikanka, Dedowa, Hammer, Heralec, **Hlinsko** (Bezirksgericht), Holetin (Ober-), Jenikau, Kameniček, Kladno, Košinow, Křižanek, Lhoty, Ranná, Rwačow, Srní, Stan, Studnic, Swratauch, Swratka, Witanow, Wojtěchow, Wortawa, Wšeradow, Zalibený.

45. Bezirkshauptmannschaft

Hohenmauth.

Aucmanic, Aujezd, Běstowic, Bor, Bošin, Brandeis, Brč, Bučina, Chotěšin, Chocen, Chraustowic, Dobřikow, Domoradic, Dwořisko, Džbanow, Hemž, **Hohenmauth** (Bezirksgericht), Hruschau, Janowiček, Jaroslaw, Jaworniček, Jawornik, Jelení (Ober-), Jelení (Unter-), Jenšowic, Kosořin, Laučky, Lhota-Zářecká, Lhůta, Libecina, Lozic, Luže, Mentaur, Městec, Mostek, Mrawin, Nasawrk, Němě, Nořin, Opočno, Pěšic, Plchowek, Plechowic, Pustina, Radhošt, Řepnik, Rzy, Sct. Georg, Sedlec, Sedlištky, Skorenic, Slatina, Srbec, Srub, Stěnic, Stradanň, Střihanow, Střemošic, Swařeň, Tynisko, Tisowá, Trusnow, Turow, Uhersko, Wanic, Winar, Woletic, Wostrow, Wračowic, Wraclaw, Zadoli, Zalažan, Zaleš, Zamrsk.

Běla, Bor, Daubrawic, Dol, Franzensdorf, Hluboka, Hněwetic, Koschumberg, Krauna, Leština, Lhota, Lhota (Mokrá-), Miřetin, Mrakotin, Neuschloss, Otradow, Peralec, Podměstí, Podhořan, Pokřikow, Prasetin (Ober-), Proseč, Račic, Rybna (Böhmisch-), Richenburg, Richnow, **Skuč** (Bezirksgericht), Skutičko, Stěpanow, Střiteř, Woldřetic, Woldřiš, Wüst-Kamenic, Zaboř, Žďarec, Zderaz, Zdislaw.

46. Bezirkshauptmannschaft
Landskron.

Dittersbach, Herbotic, Hermanic (Nieder-), Hermanic (Ober-) Hermigsdorf, Johnsdorf (Ober-), Johnsdorf (Nieder-), Jokelsdorf, Königsfeld, **Landskron** (Stadt) (Bezirksgericht), Lukau, Michelsdorf, Nepomuk, Neudorf, Olbersdorf, Petersdorf, Rathsdorf, Rybnik, Riedersdorf, Rothwasser, Rudelsdorf, Sichelsdorf, Thomigsdorf, Triebitz, Čenkowic, Tirpes, Waltersdorf, Weipersdorf, Worlička, Ziegenfuss, Zohse.

Friedrichswald, Gerhartic, Gutwasser, Hertersdorf, Hilbeten, Kerhartic, Knappendorf, Landsberg, Langentriebe, Liebenthal, Lichwe (Böhmisch-), Lichwe (Mittel-), Lichwe (Nieder-), Lichwe (Ober-), Nalhütten, Parnik, Přiwrat, Ritte (Gross-), Ritte (Klein-), Rwišt, Schützendorf, Scibersdorf, Sopotnic, Sudislau, Triebau (Böhmisch-), Černowir, **Wildenschwert** (Bezirksgericht), Zhoř,

47. Bezirkshauptmannschaft
Leitomyschl.

Abtsdorf, Aujezd (Ober-), Aujezd (Unter-), Aujezdec, Benatek, Blumenau, Bohňowic, Budislaw, Cerekwic, Chotěnow, Chotowiz, Desna, Dittersdorf, Džbanow, Hermanic, Hermsdorf, Hopfendorf, Horek, Jansdorf, Jaroschau, Jehnědí, Kališť, Karlsbrunn, Kornic, Kötzelsdorf, Kozlau, Lany, Lauterbach, Lažan. **Leitomyschl** (Bezirksgericht), Leznik, Lhotá (Suchá), Lubná, Makow, Mladočow, Morašic, Nedošin, Neudorf, Němčic, Nikl, Osik, Poslich, Pohora, Pořič, Přiluka, Rikowic, Schirmdorf, Sebranic, Sedlišť (Gross-), Seč, Slaupnic, Střenic, Střiteř, Strokele, Swinná, Tržek, Ueberdörfel, Wlčkow, Woděrad, Wolšan, Zahrad.

48. Bezirkshauptmannschaft
Polička.

Baumgarten, Běla (Deutsch-), Běla (Neu-), Bystrau, Bohnau, Borowa, Breitenthal, Březiny, Chrostau, Dittersbach, Ewic, Hartmanic, Heinzendorf, Kurau, Latschnau, Laubendorf, **Polička** (Bezirksgericht), Předměsti, Riegersdorf, Rohozna, Rothmühl (Böhmisch-), Schönbrunn, Sedlišt, Steindorf (Alt-), Swojanow (Alt-), Swojanow (Neu-), Telecí, Trhonic, Trpin, Ullersdorf, Wachteldorf, Wiesen (Böhmisch-), Wüst-Rybný.

49. Bezirkshauptmannschaft
Pardubic.

Aujezd, Barchow, Bohumileč, Borek, Brozan, Bukowina, Bohdaneč, Choteč, Čas, Čep, Čeperka, Černá (bei Bor), Černá (bei Bohdaneč), Čiwic (Alt-), Daubrawic, Dolan, Dražkow, Dražkowic, Droždic, Dřiteč, Hostowic, Hradek, Hradišť (Alt-), Hrobic, Hubenic, Jenitschau (Alt-), Jezbořic, Kladina, Koloděj, Křičen, Kunětic, Lan (ob Gruben), Lan (bei Dašic), Lhota (Auřetic), Libišan, Lukowna, Mateřow (Alt-), Mětic, Mikolowic, Nemošic, Němčic, Ohraženic, Opatowic, **Pardubic** (Stadt) (Bezirksgericht), Pardubiček, Plch, Podčapl, Podolšan, Pohranow, Pohřebáčka, Polis, Popkowic, Raab, Rybitew, Rohoznic, Rokytno, Rosic, Sezemic (Stadt), Spojil, Srch, Srnojed, Steblowa, Studanka, Streitdorf, Switkow, Trawnik, Trnowa, Třebosic, Weska, Wysoka, Wosic, Wosiček, Wostřešan, Ždanic (Alt-), Zrniny.

Benešowic (I. Theil), Benešowic (II. Theil), Bezděkow, Běla, Břeh, Brloh, Bukowka, Choltic, Chrutik, Chwaletic, Habřina (Vlči-), Holotin, Jankowic, Jedausow, Jenikowic, Kasalic (Gross-), Klenowka, Kojic, Kozašic, Labětin, Ledeč, Lhota (unter Přelauč), Lipoltic, Lohenic, Mělic, Mokošin, Nerad, Neratow, Opočinek, Poběžowic, **Praw**, **Přelauč** (Bezirksgericht), Přelowic, Rečan, Selmic, Semin, Senik, Skudel, Sopře, Spytowic, Stěpanow, Stojic, Swinčan, Swojšic, Trnawka, Tupes, Urbanic, Wale, Weselí, Winařic, Wišňowic, Wolec, Zarawic, Zdechowic Žiwanic.

Albrechtic, Bejšť, Bělošowic, Bělč (Klein-), Bělč (Gross-) Čeradic, Chwojno (Hoch-), Chwojenec, Dašic, Hoděšowic, **Holic**

(Bezirksgericht), Komarow, Koštěnic, Litětin, Morawan, Neudorf, Platenic, Poběžowic, Prachowic, Roweň (Ober-), Roweň (Unter-), Ředic (Ober-), Ředic (Unter-), Sehndorf, Slepotic, Stěpanowsko, Welin, Wostrětin, Wysoka.

50. Bezirkshauptmannschaft
Chotěboř.

Auhrow, Audoleň, Audaw, Barowic, Benatek, Bestwin, Bezděkau, Bilek, Borek, Čachotin, Čečkowic, Chloumek, **Chotěboř** (Bezirksgericht), Chuchel, Dalčic, Dobkau, Hluboká, Hoješin, Hranic, Jaworka, Jenikow, Jerišno, Jilem, Jitkau, Kladrub, Klokočow, Kohoutow, -Kocaurow, Kraborowic, Kreutzberg, Lan, Libic, Lhotka (Libitzer), Lhotka (Ober-), Lhotka (Westetzer), Lhůta, Maleč, Malochin, Nejepin, Neuesdorf, Ostružno, Petrowic, Počátek, Počátek (Ober-), Podmoklan, Předboř, Přibram (Kohl), Pukšic, Rankau, Rosochatec, Rowný, Rušinow, Sedletin, Sloupný, Slawětin, Slawikow, Sobinow, Sokolowec (Ober-), Spačic, Stružinec, Střižow, Studenec (Neu-), Studenec (Ober-), Swinow, Wepřikau, Weselá, Westec (Unter-), Wiska, Wratkow, Ždirec.

51. Bezirkshauptmannschaft
Deutsch - Brod.

Babic, Bezděkow, Běla, Blumendorf, Bratranow, Břewnic, Březinka, Chysten, Chwalkow, Čekanow, **Deutschbrod** (Bezirksgericht), Dürre, Frauenthal, Friedenau, Hochton oder Hochtann, Höfern (Frauenthaler), Höfler (Okrauhlitzer), Jedouchow, Jilemnik, Kyjow, Klanečna, Knik, Kochendorf, Kojkowic (Gross-), Kojetein, Krásnáhora, Kraupen (Ober-), Kraupen (Unter-), Kurzdorf, Kwasetic, Kwětinau, Langendorf, Lhota, Linden, Lipnic, Lustig Saar, Mazerau, Michalowic, Mozolow, Patersdorf, Perknau, Peterkau, Poděbab, Pollerskirchen, Prussdorf, Saibendorf, Schechlenz, Scheibelsdorf, Sehrlenz, Sibenthan, Termeshof, Wadin, Weselic, Wěž, Wolcšna, Wolichow, Zbožic.

Austi, Bystrý oder Bystrá, Bolechow, Bonkow, Branschau, Brtna, Břišt (Alt-), Břišť (Jung-), Budikau, Čejow, Čihowic, Dubí, Dudin, Duschau, Jiřic, Hauschic, Heralec, Hněwkowic,

Hojanowic, **Humpolec** (Bezirksgericht), Jankau, Jenikau, Windig-Kahlau, Kališt, Kamenic, Keyžlic, Kellersdorf, Kletečná, Koberowic, Kojećin, Kojkowic (Klein-), Komorowic, Krasnow, Leština, Lhotic, Lhotka, Liskej, Liskowic, Lohenic, Mikulášow, Miletin, Mysletin, Nećic, Opatow, Pawlow, Petrowic, Plačkow, Pořič, Radnow, Rapotic (Ober-), Rozkoš, Rothneustift, Sedlic, Seelau, Senožat, Skala, Skorkow, Slawnič, Speřic, Swětlic, Tuklek, Welschau, Winau, Witic, Wojslawic, Wřešnik, Záhoři, Zdislawic.

52. Bezirkshauptmannschaft
Polna.

Altenberg, Bergersdorf, Bosowic, Brskau, Dobrenz, Dobrikau, Ebersdorf, Giesshübel (Deutsch-), Hilbersdorf, Höfen, Hrbow, Janowic, Jesau, Irschings, Lukau, Mukenbrunn, Neuhof, Petrowic, Pfaffendorf, Pfauendorf (Alt-), Poděšin, **Polna** (Bezirksgericht), Preitenhof, Raunek (Alt- und Neu-), Schachersdorf, Schlappens, Schrittens, Schützendorf (Deutsch-), Scelens, Simmersdorf, Sirakow, Skreyšow, Smilau, Steindorf (Alt- und Neu-), Steken, Walddörfel, Waldhof, Weissenstein, Wěžnic (Klein-), Wěžnič (Ober-), Wěžnic (Unter-), Zaborna.

Borau, Bukau, Dohra, Gablonz (Böhmisch-), Gablonz (Deutsch-), Losenic (Gross-), Losenic (Klein-), Mödlikau, Neuhof, Nischkau, Peesendorf, Perschikau, Pelles, Pořič, **Přibyslau** (Bezirksgericht), Radostin, Rosička, Sazau, Schönfeld, Schützendorf (Böhmisch-), Skrdlowic, Spieldorf, Spinnhof, Stržanow, Swětnow, Uttendorf, Wepřikau, Wojunwměstec, Wolešna.

53. Bezirkshauptmannschaft
Ledeč.

Banšic (Ober-), Baušic (Unter-), Běla, Benetic, Bojišt, Bohdaneč, Bohumilic, Chlistowic, Čihošt, Dlužin (Ober-), Dlužin (Unter-), Dobrawuda bei Lipnic, Dobrawuda, Druhanow, Dworecko, Habrk, Hradec, Jedla, Kaut, Kinic, Kochanow, Konkowic, Kosaušow, Kozlow, Kožla, Kunemil, Křenowic, Křepin (Gross-), **Ledeč** (Bezirksgericht), Leština, Łeštinka, Lhota-Wolawá, Lhota-Braunowá, Lipnička, Lhota-Dobrowitowa, Lhota-

Owesná, Machowic, Meziklas, Michalowic, Milanowic, Mitteldorf, Mrskowic, Mzdislawic, Neudorf, Nezdin, Opatowic, Pawlow, Pawlowic, Podiwic, Proseč, Prosička (Ober-), Přiseka, Radostowic, Rejčkau, Roznotin, Řeplic, Řečic, Sauboř, Sechow, Sichrow, Služatka, Stein-Lhota, Swětla, Třepišowic, Třebetin, Tunochod. Unterstadt, Welka, Wilimowic, Wickowic, Wlkanow, Woberwan, Wolešna, Wostrow, Wrbka, Zahrádka, Zawitkowic, Zděslowic, Žebrakow.

Arbelowic, Bezděkau, Blažejowic, Borowko, Bosotic, Budeč, Buřenic, Časlawsko, Čechtic, Černiči, Chejstowic, Chlow, Chmelna, Chotoměříc, Děkanowic, Habraučic, Hammerstadt, Hněwkowic, Hodkow, Horka, Hořic, Hranic, Hroznětic, Hulic, Jenikau, Ježow, Kačerow, Kaunie, Košetic, Köblau, **Kralowic (Unter-)** (Bezirksgericht), Krasonowic, Křiwsaudow, Lažišť, Lhota (Ober-), Lhotic, Lipčic, Lipina, Loket, Martinic (Unter-Kralowic, Martinic (Wonschower), Michowic, Milošowic, Miřetic, Mohelnic, Němčic, Neudorf, Perthotic, Pišť, Pohled, Prawonin, Rapotic (Unter-), Skuranowic, Slawošow, Šebořic, Šetějowic, Snět, Strojetic, Studena, Sirow, Těškowic, Tisek, Tomic, Witonic, Wonšow, Wostrow, Wranic, Zahaj, Zahradčic, Zruč, Želiwec, Žibřidowic.

54. Bezirkshauptmannschaft

Časlau.

Althof, Bausow, Biskupic, Bojman, Brambor, Bračic, Březinka, Březi, Bukowina, Bučic (Unter-), **Časlau (Stadt)** (Bezirksgericht), Čejkowic, Chlum, Chotusic, Chwalowic (Kluker), Chwalowic (Žleber), Damirow, Dědic, Dobrowitow, Drobowic, Horkau, Horušic, Hoskowic, Hoštálowic, Hostaulic, Hraběšin, Jetonic, Kluk, Kněžic, Kozohlod, Kraskow, Krchleb, Kubikovy-duby, Laučic, Lhota, Lhota (Krchleb), Lhota (Neu-), Lhůta, Licoměřic, Lipowec, Litošic, Lohow, Mičow, Mladotic, Morašic, Morawan, Močowic, Opatowic, Pařižow, Philipshof, Počátek (Unter-), Podhořan, Podol (Weiss-), Podhrad, Podmok, Potěch, Přibyslawic, Rašow, Rohozec, Ronow, Rudow, Sauňow, Šebestěnic, Schořow, Sehužic, Semteš, Skoranow, Sobolusk, Starkoč, Sulowic,

Třebonin, Třemošnic, Tupadl, Turkowic, Westec, Winař, Walčic, Wodrant, Wolšan, Wrdy, Žák, Zařičan, Zawratec, Zbejšow, Zbudowic, Zbyslaw, Zbyslawec, Zdarec, Zehub, Žleb.

Bačkau, Chrtnic, Dobrnic, Friedenau, **Habern** (Bezirksgericht), Hermanic, Hostoulic, Goltsch-Jenikau, Jiřikow, Kloster, Kobylihlava, Kněž, Leškowic, Leština, Lubno, Lučic, Malčin, Miřatek, Nasawrk, Neudorf, Pohled, Proseč, Radostin, Rybniček, Rimowic, Sirakowic, Skrey, Skuhrow, Smrdow, Spytic, Steinsdorf, Stěpanow, Stuparowic. Ties, Wlkaneč, Wilimow, Wolešnic, Wrbic, Wrtěšic, Zboži, Zdanic, Zhoř, Zwěstowic.

55. Bezirkshauptmannschaft

Kuttenberg.

Aujezdec, Aumonin, Autěšenowic, Bahno, Bikaň, Bilan, Bludow, Bořetic, Březowá, Černin, Chlistowic, Chrast, Chraustkow, Chwalow, Cirkwic, Dohřen, Gang, Habrkowic, Hetlin, Hlisow, Hořan, Janowic (Roth-), Kobylnic, Korutic, Košic, Křešetic, Krupa, **Kuttenberg** (Kreisgericht), Lomec (Gross-), Malenowic, Maleschau, Malin, Mezholes, Miletic, Miskowic, Neškaredic, Neuhof, Opatowic, Paběnic, Peršteinic, Peteowic, Polanka, Poličan, Předhořic, Přítoka, Pucheř, Rapošow, Rosteř, St. Jacob, St. Katharina, St. Nikolai, Sedlec, Senetin, Skalic (Gross-), Skalic (Klein-), Stipoklas, Sukdol, Tyništ, Třebešic, Tuchotic, Widic, Wilimowic, Wšesok, Záboř, Zbraslawic, Zdeslawic bei Maleschau, Zdeslawic bei Janowic, Zhoř (Gross-).

Aužic, Bělokozel, Chabeřic, Chmelišť, Čekanow, Čenowic, Čestin, Dojetřic, Ježowic, Indic, Kacow, Kochanow, **Kohl-Janowic** (Bezirksgericht), Kralic (Gross), Křečowic, Ledecko, Lhota, Losin, Makolusk, Malowid, Mančic, Miletin, Mirošowic, Mitrow, Nepoměřic, Opatowic, Podwek, Polipes, Radwanic, Rašowic, Rataj, Rendow, Samopeš, Sazau, Schwarzbuda, Swilowic, Smrk, Soběšin, Staňkowic, Stein-Lhota, Sudějow oder St. Anna, Wawřinec, Wonomyšl, Wranic, Žandau, Zhyznb, Zděradin (Gross-), Zděradin (Klein-), Žižow.

56. Bezirkshauptmannschaft
Kolín.

Alt-Kolin, Beichor, Bohauňowic, Dolan, Dreihöfen, Elbe-Teynic, Gbel, Hradštko, **Kolín** (Neu-) (Bezirksgericht), Konarowic, Kořenic, Křechoř, Kutliř, Lhota, Libenic, Lošan, Lžowic, Mančic, Nebowid, Němčic, Neudorf, Opatowic, Owčar, **Pašinka**, Petschkau, Polep, Radowesnic, Sedlow, Sendražic, Siegfeld, Welim, Weletau, Weltrub, Wohař, Wosek, Zibohlaw.

Aujezdec, Barchowic, Bečwar (Gross-), Blinka, Bohauňowic, Bošic, Cerhenic, Cerhinek, Chocenic, Chotouchow, Chotauň, Chotutic, Chwatlin (Ober-), Chwatlin (Unter-), Cirkwic, Dobřichow, Doubrawčan, Drahobudic, Hatě, Hrádek, (Hinter-), Hrádek (Roth-), Hradenin, Hryzel, Jelčan (Ober-), **Kauřim** (Bezirksgericht), Krichnau, Krimlow, Krut (Ober-), Lhota, Lhotek, Libodřic, Malotic, Mlikowic, Miškowic, Nesměn, Plaňan, Podaus, Poboř, Přeboz, Pučer, Radim, Radlic, Ratenic, Skalic (Kloster-), Sobočic, Solopisk, Swojšic, Skwrňow, Tatec, Toušic,Třeboul, Woděrad, Wrbčan, Wršic, Žabonos, Zalešan, Zasmuk, Ždanic.

57. Bezirkshauptmannschaft
Tabor.

Alt-Tabor, Austrašic, Bergstädtl (Markt), Bergstadtl bei Tabor, Bečic, Bezděčin, Bitow, Čelkowic, Čekanic, Čenkow, Cheynow, Chotowin, Chočin, Chrbonin, Dobronic, Dobřejnic, Dnh, Dražic, Dražika, Drhowic, Hořic (Unter-), Hlinic, Jedlan, Košin, Kozmic, Kladrub, Klokot, Kloužowic, Kreiden, Krtow, Lažan, Libějic, Lideřowic, Lom, Lhota (Balkowá), Lhota (Beranowá), Lhota (Braučkowá), Lhota (Jeničkowá), Lhota (Lang-), Lhota na Samotě, Lhota (Stojklasná), Lhota (Zarybničná), Lhotka, Malšic, Maršow, Mašowic, Medřič, Měšic, Morawec, Nachod, Nasawrk, Neudorf, Padařow, Podolí, Plan, Radenin, Radimowic bei Tabor, Radimowic bei Zelč, Radkow, Ratibořic, Řepec, Sedlečko, Skreychow, Slap, Slawnowic, Smyslow, Srabow, Stahlec, Střebetic, **Tabor** (Stadt) (Kreisgericht), Turowec, Welmowic, Wlasenic, Wlčowes, Wobora, Woltin, Wražna, Wřesec, Wšechow, Zahoř, Zahostic, Zahradka, Zhoř.

Babčic, Bělč, Blanic, Blanička, Borek (Unter-) Bradačow, Dědic, Domamyšl, Hlasivo (Gross-), Hošic, Hrachowic (Ober-), Janow, Ježow (Gross-), Ježow (Klein-), Kamberg, Křekowic, Lažan, Lomna (Unterthänig), Lomna (Freisassen), Malowic, Milčin, Mitrowic, Moraweč, Mostek, Mutic, Nemyšl, Noskow, Petrowic, Pohnanec, Pohnany, Pojbuk, Prudic, Radostowic, Radwanow, Rašowic, Rodna, Řemičow, Slapsko, Smilowyhory, Šebiřow, Stojslawic, Stříteř (Hinter-), Stříteř (Ober-), Sudoměřic, Swětla (Ober-), Wilic, Wyšetic, Woldřichow, Wožic (Alt-), **Wožic** (Jung-) Bezirksgericht), Wrcholtowic, Zahoři, Zahori-Bendowo, Zařič, Zhoř.

Brandlin, Budislau, Čeraz, Chabrowic, Chaustnik, Chlebow, Chotěmic, Debrnik, Dirna, Doubí, Dworec, Hlawatec, Kajetin, Katow, Klenowic, Košic, Kratošic, Kwasowic, Lastiboř, Lhota (Klein-), Lhota (Hruškowá), Lžin, Mezna, Miskowic, Mlýn, Mokrý, Nedwědic, Neudorf, Předboř, Přehořow, Psarow, Roudna, Sedlečko, Skalic, Skopytce, **Soběslau** (Bezirksgericht), Střebejic, Třebišť, Třiklasowic, Tučap, Wesec, Wischenau, Wicomil, Zaluž, Zaluži, Zařic, Zawsi, Zwirotic, Zelč.

58. Bezirkshauptmannschaft

Beneschau.

Bedrč, **Beneschau** (Bezirksgericht), Bělčic, Bystřic, Bože.nowic, Bukowan, Choratic, Čakow, Čeliw, Jemniště, Jezero, Jinonic, Jirowic, Konopišť, Kozmic, Langfeld, Lištna, Lštěň, Milowanic, Myslič, Mrač, Neswačil, Neudorf, Petroupin, Pecirad, Popowic, Pořič, Postupic, Přestawlk, Roubičkowa-Lhota, Samechow, Skalic, Soběhrd, Střižkow, Struhařow, Tataunowic, Teplejšowic, Tisem, Tworšowic, Vierrad, Waclawic, Westec, Wlkow, Wodsliw, Wostředek, Wranow.

Beykowic, Bolina, Bořkowic, Chlum, Chotěšan, Čenowic, Ctiboř, Dalow, Damčnic, Diwišow, Domasin, Drahnowic, Dub, Dubejowic, Hrzin, Jawornik, Kladrub, Kondrac, Křešic, Křižow, Labi, Lauňowic, Lbosin, Lhota (Hražená), Lhota (Nesperská), Libouň, Libež, Městečko, Měchňow, Načeradec, Nemisch, Nesper, Pawlowic, Prawětic, Psař, Radošowic, Rataj, Saušic, Sautic, Sedlečko, Sedumpan, Slowenic, Snosim, Stěbužowes, Štěponow,

Sternberg, Střechow, Střemošnic, Swětla, Takonin, Tichonic, Třebešic, Weli, **Wlašim** (Bezirksgericht), Wolešna, Wostrow, Wracowic, Wrackowic, Zdislawic.

Bělic, Blaženic, Břežan, Chleb, Chrašťan, Dalešic, Dunawic, Hořetic, Jablonna, Krchleb, Křečowic, Krňan, Krusičan, Lešan, Maršowic, Maskowic, Nahorub, Neštětic, Netwořic, **Neweklau** (Bezirksgericht), Aujezd, Rabin, Šebanowic, Strani, Teletin, Třepšin, Tuchyň, Wlkonic, Wšetic, Zahradka, Zděradic.

59. Bezirkshauptmannschaft
Selčan.

Amschelberg, Bolechowic, Bor, Bratřejow, Bratřikowic, Brzina, Chlum (Hinter-), Chlum (Vorder-), Chlumec (Hoch-), Chramost, Daubrawic, Dražkow, Dublowic, Hojšin, Hrabři, Hrachow, Hradek (Roth-), Jesenic, Kamayk, Kamenic, Kňowic (Gross-), Kosobud, Krašowic, Křemenic, Křepenic, Kuni, Lhota (Břekowá), Lhota (Šwastalowa), Lhota (Žemličkowá), Lhota (Prosenická), Lhota (Wilasowá), Libin, Libčic, Lihow, Luhy, Mezihoř, Mokřič, Nalžowic, Nechwalic, Nedrahowic, Ohěnic, Petrowic, Plesišt, Podhaji (Chlunezer), Podhaji (Nalžowia), Podmoke, Podčepic, Porešin, Porešic', Pričow, Przutkowic, Radešin, Radic, Rač, Rowiny, Schönberg, **Selčan** (Bezirksgericht), Sestrauň, Skoupy, Skreyšow, Skuhrow, Solopisk, Štětkowic, Sukdol, Tynčan, Tisomnic, Třebnic, Wapenic, Wysoká, Witin, Wletic, Wosečan, Wořikow, Zahradka, Zhoř, Zwirotic.

Arnoštowic, Aujezd (Roth-), Bezmiř, Božkowic, Braumowic, Budenin, Čečkow, Cestin, Drachkow, Heřmanic (Gross-), Hory, Jankau, Janowic, Ješetic, Jiretic, Kauty, Kobyli, Křešic, Lhota, Lysa, Malenowic, Martinic, Mladaušow, Minartic, Neustupow, Nosakow, Olbramowic, Auběnic, Pičin, Radměřic, Rudoltic, Sedlečko, Smilkau, Srbic, Tomic, Westec, Wodlochowic, Wojkow, **Wotic** (Bezirksgericht), Zahradnic, Zwěstow.

Borotin, Chwalow, Diwišowic, Drahnětic, Dworce, Jetřichowic, Jistebnic, Kwasejowic, Kwětuš, Lhota (Kamenná), Lhota (Starčowa), Libenic, Mněšetic, Mezno, Mezný, Milostic, Modlikow, Mokřan, Mozolow, Nadějkau, Neuhof, Nos tin, Petřikowic, Prčic

Přestawlk, Pohoř, Ředic, Řewnow, Šanowic, **Sedlec** (Bezirksgericht), Střežmiř, Stupic, Sušetic, Swořišť, Uhřic, Weletin, Worlow, Wrchotic, Zunkow.

60. Bezirkshauptmannschaft

Pilgram.

Austrašin, Autěchowic (Gross-), Bacowic, Bitetic, Bor, Božejow, Branschau, Ceil, Cerekwe (Neu-), Cerekwe (Unter-), Chmelna, Chwalow, Chwojnow, Čakowic, Časkowic, Čelisna, Čižkow, Dehtař, Dobrawoda, Dubowic, Glashütten, Hodějowic, Hojkau, Jelec-Lhotky, Jiřic, Kojčic, Krasikowic, Křelowic, Leschau, Lipic, Lipkowawoda, Mařowic, Mezna, Miličow, Milotic (Klein-), Milotic (Gross-), Minoschau, Mirotin, Myslow, Ondřejow, Pawlow, Pejškow, **Pilgram** (Bezirksgericht), Pilgram (Alt-), Plewnic, Pobistreyc, Popelišť, Proseč, Proseč (Wobořišť), Putimow, Radětin, Radňow, Reichenau (Neu-), Rybnik, Rinarec, Rohozna, Roth-Řečic, Rowna, Řemenow, Řeženčic, Sazawa, Skreyšow, Služatka, Smišowic, Stanowic, Steměch, Střiteř (Roth-Řečic), Střiteř (Kamenic), Šiprawic, Těchoraz, Těschinau, Vöstenhof, Wačic, Wyškytna, Wlasenic, Wlasenic - Drbohlaw, Wolešna, Wonšowic, Wratišow, Zajičkow, Zachotin, Zirow.

Árnoštowic, Autěchowic, Autěchowic (Klein-), Bedřichow, Bezděčin, Bořetic, Bratřic, Brny, Březina, Chyška (Gross-), Dol zu Proseč-Pošna, Dol zu Cheynow, Esche, Grossdorf, Gutwasser, Hartlikow, Hořepnik, Jetřichowec, Kamen, Křeč, Leyčkow, Leskowic, Lesna, Lhota (Deutsch-), Lhota (Hoch-), Lhota (Salačowa), Litohošť, Lukawec, Malein, Mezilesthein, Moraweč, Maudrow, Oblajowic, **Patzau** (Bezirksgericht), Pořin, Pošna, Prasetin, Proseč, Přaslawic, Radějow, Rowna, Raučkowic, Rišnic, Samšin, Schimpach, Slawětin, Stědrowic, Těchobuz, Theindorf, Třitež, Wěžna, Wiklantic, Wintiřow, Wobratain, Wodic, Zahradka (Hrober), Zahradka (Březiner), Zdiměřic, Zetoraz, Zhorec, Zhoř, Zlatenka.

Benatek, Bezděčin, Běla, Bukowa, Choluna, Chrastow, Ctibor, Čejkow, Černow, Heřmanec, Hřiběci, Jakubin, Janowic Leskowec, Litkowic, Ober-Cerekwe, Oberdorf, **Počatek** (Bezirksgericht),

Rimberg, Rohovka, Serowitz, Stolčin, Strana, Štítna, Turowka
Wesela, Wlčetin, Zdešow.

Babin, Beneschau, Bohdalin, Bořetin, Březina, Bozděchow,
(Alt-), Častrow, Černowic,˙Chwalkow, Dešna, Diwčikop, Dobe-
schau, Drahonow, Drunč, Grünwald, Hojowic, Jižná, **Kamenic,**
an der Linde (Bezirksgericht), Lasenic, Lhota, Lidmaň, Lid-
manka, Markwarcc, Metanow, Mirotin, Mnich, Neudorf, Pelec,
Prawikow, Radaun (Ober-), Rodinow, Rosička (Hadrawowa), Rosička (Klein-), Rosička, Samosol, Swatawa, Swěce, Těmnic, Wčel-
nic, Wčelnička (Bienenthal), Wlčelinec, Wlkosowic, Žďar.

61. Bezirkshauptmannschaft
Neuhaus.

Altplatz, Blauenschlag, Bořetin, Brunn, Buchen, Budkau,
Deutschmoliken, Deutsch-Wolleschna, Diebling, Dröschowitz,
Gatterschlag, Gross-Bernharz, Gross-Rammerschlag, Hatzken,
Heinrichsschlag, Höfling, Hosterschlag, Hosterschlagles, Jarc-
schau, Kirchenradaun, Klein-Bernharz, Klein-Radeinles, Klein-
Rammerschlag, Königscck, Köpferschlag, Lassenic, Leštin, Libo-
řez, Lowětin, Mišek, Mottaschlag, Motten, Muttaschlag, Nckra-
sin, Neudek, **Neuhaus** (Bezirksgericht), Niederbaumgarten,
Niedermühl, Niederschlagles, Oberbaumgarten, Obergrischau,
Obermühl, Oberschlagles, Ottenschlag, Pistin, Platz, Polliken,
Poschen, Přibraz, Riedweis, Ricgerschlag, Roscč, Rosička, Roth-
wurst, Ruttenschlag, Scheibenradaun, Steinmoliken, Stutten,
Sukdol, Temerschlag, Tieberschlag, Tremles, Ullrichsschlag,
Untergrischau, Wenkerschlag, Widern, Wlčic, Wurzen, Za-
hradka.

Adamsfreiheit, Albern, Althütten, Altstadt, Artholz, Auern,
Bernhartz, Bernschlag (Böhm,-), Bernschlag (Deutsch-), Burgstall,
Dietreichs, Dobroten, Gebharz, Gotschallings, Grambach, Gut-
tenbrunn, Heumoth, Kain, Kaltenbrunn, Kloster, Kockschlag,
Konrads, Kuňas, Leinbaum, Markel, Münichschlag, **Neu-Bistritz**
(Bezirksgericht), Neustift, Reichers, Romau, Schammers, Sichel-
bach, **Weisenbach**, Wetzlers, Wittingau, Zinolten.

62. Bezirkshauptmannschaft
Mühlhausen.

Bílina, Blehow, Božetic, Branic, Branšowic, Březí, Chrast, Dmyštic, Dobrawoda, Dobrošow, Držkrajow, Hrazan, Hrazanky, Hreykowic, Jestřebic, Jeletic, Jekowic, Kleinchyška, Kleinzběšic, Klisin, Klisinec, Klučenic, Kojetin, Kostelec, Kowařow, Křižanow, Kučeř, Kwětow, Lhota (Koubalowá), Lhota (Pechowa), Lhota (Tetourowa), Lišnic, Mašow, **Mühlhausen** (Bezirksgericht), Neuhoh, l'lana, Popowec, Přeborow, Předbořic, Přeštěnic, Přilepow, Radwanow, Rukawec, Sepekau, Sobědraž, Stehlowic, Střiteř, Teynic, Welka, Wepic, Weselíčko, Wladečin, Wlksic, Wokrauhla, Wolši, Woltiřow, Wosek, Wusi, Zahořan, Zahrádka, Zbílitow, Žebrakow, Zhoř.

Altsattl, **Bechin** (Bezirksgericht), Bernardic, Bežerowic, Blatec, Bojenic, Borowan, Březnic, Černešowic, Dobronic, Dudow, Dražic, Hanow, Hodetin, Hodonic, Hwožďan, Kolišow, Komarow, Lhota, Nuzic, Podboř, Radětic, Rakow, Rataj, Senožat, Skrejchow, Smoleč, Srlin, Sudoměřic, Swatkowic, Swinky, Wyhnanic, Wopařan, Wšechlap, Zalši, Zběšic.

63. Bezirkshauptmannschaft
Moldauthein.

Albrechtic, Bečic, Bohonic, Bzí, Chrašťan, Dobšic, Daubrawa (Gross-), Hartmanic, Hohenhradek, Hosti, Hroznowic, Kaladey, Křtěnow, **Moldauthein** (Bezirksgericht), Pořičan (Gross-) Schemeslitz, Slowětic, Stipoklas, Temelin (Gross-), Wšeteč, Zahoři, Zwožna.

64. Bezirkshauptmannschaft
Wittingau.

Altlahn, Branna, Břilic, Čep, Chlumec, Domanin, Hammerdorf, Herda, Holičky, Hrachowišť, Hrdlořez, Jilowic, Klikau, Kojakowic, Köstlersdorf, Kramolin, Lhota, Lipnic, Lutau, Mirochau, Mladošowic, Petrowic, Šalmanowic, Sichs, Silberlos, Spoly, Stankau, Suchenthal, **Wittingau** (Bezirksgericht).

Aujezdec, Borkowic, Bošilec, Bukowsko, Doňow, Drachow, Drahles, Hammer, Horusic, Kardaš,' Řečic, Klenau, Klečat, Kundratic, Mažic, Mezimostí, Michles, Mostečna, Nitowic, Pelejic Plasna, Pleše, Pohoř, Řipec, Schweinitz, Sedlikowic, **Wesseli** (Bezirksg.), Wlkow, Zahoř, Zalší, Zlukau, Ždar (Pluhový), Žižow.

Dinin, Drahotěšic, Fraheltsch, Klec, Kolenec, Lhota, **Lomnic** (Stadt) (Bezirksgericht), Lužnic, Mazalow, Mlaka, Neplachow, Neusattel, Ponědraž, Ponědražko, Přiseka, Šewětin, Smržow, Wal, Witin, Zablat.

65. Bezirkshauptmannschaft

Kaplic.

Böhmdorf, Buggaus (Ober-), Cerekau, Dluhe, Gallitsch (Ober-), Haag, Hodenic, Jarmirn, **Kaplic** (Bezirksgericht), Kodetschlag, Liebesdorf, Litschau, Lodus, Meinetschlag, Nirschlern (Ober-), Oemau, Oppolz, Pernlesdorf, Pflanzen, Poreschin (Gross-), Puchers, Radinetschlag, Rappetschlag, Reichenau (Böhm.-), Rosenthal, Schemersdorf, Sehof, Stiegesdorf, Strodau (Gross-), Suchenthal, Troyern, Uhretschlag, Umlowitz (Gross-), Unterhaid, Urtersinetschlag, Zarlesdorf, Zettwing, Ziering, Zirnetschlag.

Althütten, Beneschau, Böhmdorf, Bründl (Heilsam-), Buschendorf, Fridretschlag, **Gratzen** (Bezirksgericht), Gollnetschlag, Hardetschlag, Heilbrunn, Hermannschlag, Kainretschlag, Kropschlag, Lang - Strobnic, Lužnic, Niederthal, Ottenschlag, Piberschlag, Piberschlagl, Rauhenschlag, Reichenau (Deutsch-), Sacherles, Scheiben, Schlagles, Sonnberg, Strobnitz, Winau, Zweiendorf.

Asang, Fridau, Fridberg, Gerbetschlag, Giesshübel, Gillowitz (Böhm.-), Heyrafel (Vorder-), Heyrafel (Hinter-), **Hohenfurth** (Bezirksgericht), Hörrschlag (Böhm.-), Kaltenbrunn, Kienberg, Langendorf (Ober-), Lupetschnik, Minichschlag, Oberhaid, Reiterschlag, Rosenberg (Stadt), Ruckendorf, Schauflern, Schlagl (Unter-), Schönfelden, Wadetschlag, Wadetstift, Wieles, Woraschne. Wörles (I. Theil), Wörles (II. Theil), Wullachen, Zwarmetschlag,

66. Bezirkshauptmannschaft
Krumau.

Attes, Breitenstein (Unter-), Clum, Drossen (Gross-), Ebenau, Goldenkron, Hoschlowitz, Holubau, Höritz, Kabschowitz, Kirchschlag, Kladen, Krems, Krassau, **Krumau** (Bezirksgericht), Kossau, Lobiesching, Lupenz, Malčic, Mirkowic, Mitterzwinsen, Mogney, Mrzitsch, Neusiedl, Nespoding, Netrobitz, Opalitz, Otmanka, Passern, Plešowic, Pohlen, Priethal, Priesnitz, Rojau, Roisching, Ruben, Sabor, Schestau, Schöbersdorf, Schömmern, Sticks, Subschitz, Teutschmannsdorf, Tischlern, Tritesch, Tweraz, Uhretschlag (Klcin-), Weichseln, Wettern, Wolešin, Zahorkowic, Zahradka, Zaluží, Zippendorf, Zwinzen (Unter-).

Alt-Spitzenberg, Andreasberg, Berlau, Christianberg, Dobrusch, Gross-Zmirtsch, Hörwitzl, Johannesthal, **Kalsching** (Bezirksgericht), Krenau, Kriebaum, Križowitz, Mistelholz, Perschetitz, Platetschlag, Poletitz, Richterdorf, Schwibgrub, Tisch.

Eggetscblag, Glöckelberg, Hintring, Honetscblag, Humwald, Irresdorf, Langenbruck, Mauthstadt, Mugrau, Neuofen, **Oberplan** (Bezirksgericht), Ogfolderhaid, Pargfried, Pernek, Planles, Sarau, Schwarzbach, Stögenwald, Stuben, Wuldau (Unter-).

67. Bezirkshauptmannschaft
Budweis.

Branischen, Brod, **Budweis** (Kreisgericht), Čekan (Gross-), Černoduben, Daubrawic, Driesendorf, Duben, Dubiken, Fellern (Böbm.-), Gauendorf, Hackelhöf, Hodowic, Hammeln, Kwitkowic, Leitnowitz, Linden, Lippen, Lodus, Neudorf, Payreschau, Pfaffenhöf, Plan, Plaben, Porřič, Prabsch, Radostic, Řimau, Rošowic, Rudolfstadt, Sabor, Schindelhöf, Steinkirchen, Strodenitz, Strups, Teindles, Třebin, Vierhöf, Žabowřesk, Zborow.

Aujezd-Ostrolow, Bessenitz, Buggau, Bukwic, Chum, Elexnitz, Forbes, Haid, Hluboka, Hohendorf, Komařic, Ločenic, Mairitz, Něchau, Nesmen, Neudorf, Pürchen, **Schweinitz** (Bezirksgericht), Sedlo, Selze, Slabsch, Straškowic, Trautmanns, Tribsch, Wrzau.

Dunajic, Hůrek, Hur, Ledenic, Libin, Libnic, **Lischau** (Bezirksgericht), Miletin (Ober-), Miletin (Unter-), Slabošowic, Slowenic (Ober-), Slowenic (Unter-), Stěpanowic, Trebotowic, Welešin, Wlkowic, Zwikow.

Baurowitz, Břehow, auch Schwiehalm, Burgholz, Chlumec, Čejkowic, Chraštan, auch Kleingroschum, Dobřejic, **Frauenberg** (Bezirksgericht), Hartowic, Hošin, Jaronic, Jaroslawic, Kočin, Lhota prašiwá, Lhota unterm Gebirge, Lišnic, Litoradlic, Malešic, Mydlowar, Nakří, Píštin, Plastowic, Podeřišť, Podhrád, Strachowic, Wolešnik, Zablat (Gross-), Zbudau, Zirnau, Zliw.

68. Bezirkshauptmannschaft
Pisek.

Audraž, Borešnic, Brloh, Bořic, Bošowic, Dědowic, Debešic, Dobew (Alt-), Drhowel, Drzow, Hradišť, Jarotic, Jamný, Jehnidlo, Kašinahora, Kestšan (Alt-), Klauk, Kozlí, Krašowic, Křenowic, Křesic, Křeštowic, Lauka, Malčic, Mladotic, Nepodřic, Neudorf, Neusattel, Pamětic, Pasek, **Pisek** (Kreisgericht), Podhrad, Podolí, Podolí, Putim, Radobic, Semic, Sliwic, Smoleč, Smrkowic, Soběšic, Swatonic, Šamonic, Temešwar (Neudorf), Topělec, Třepkow, Třešně, Tuklek, Witkow, Wlastec, Woníkow, Woslow, Wraz, Wrcowic, Zataw, Zahoři (Ober-).

Autěšau, Barau, Blanic, Blsko (Gross-), Budin, Čawin, Číčenic, Chwaletic. Drahonic, Dworec, Hajek, Heřman, Jawornic, Klaub, Koječin, Kranic, Krašlowic, Krě, Křtetic, Lidmowic, Lhota, Maletic, Mekinec, Mllenowic, Mišenec, Neudorf, Piwkowic, Protiwin, Račic, Ražic, Selibau, Skal, Skočic, Stetic, Stožic, Strunkowic, Sudoměř, Swinětic, Talin, Taurow, Těšin, Witic, **Wodňan** (Bezirksgericht), Zaboř, Zaluži, Žďar, Zichowec.

Boješic, Buda, Bukowan, Cerhonic, Čimelic, Chrastic (Gross-), Horosedl, Kakowic, Kamenna, Kozarowic, Kozli, Krsic, Lety, Lhota (Smetanova), Lhota (Kralowa), Lučkowic, Mileschau, Mirotic, **Mirowic** (Bezirksgericht), Myslin, Mišowic, Nerestec (Ober-), Nerestec (Unter-), Newězic, Pohoř, Probulow, Puknow, Rakowic, Stráž, Stražowic, Technic, Těcharowic, Touškow, Warwažau, Worlik, Worlik-Zlakowic, Wostrowec (Ober-), Wostrowec (Unter-), Wystrkow, Zalužan, Zbenic, Zbenic (-Zlakowic), Zbonin.

69. Bezirkshauptmannschaft

Prachatic.

Albrechtschlag, Auřic, Belč, Brenntenberg, Budkau, Kristelschlag, Chrobold, Chumen, Dachau, Dwůr, Frauenthal, Haberles, Haid (Ober-), Horaut, Husinec, Kahau, Klistau, Kozlí (Ober-), Kozlí (Unter-), Kratošin, Laschic, Lhota (Chocholatá), Lipowic, Mejkow, Mičowic, Müllerschlag, Oberschlag, Perleschlag, Peterschlag, Pfefferschlag, Pitschnau, **Prachatic** (Bezirksgericht), Reppensching, Röhren (Böhmisch-), Sablat, Sablat (Ober-), Schneedorf (Ober-), Schneiderschlag, Schreinetschlag, Schweinetschlag, Schwihau, Soletin, Stadlern, Těšowic, Tonnet, schlag, Wallern, Wällischbirken, Wěřinec, Wihořen, Wolleschlag Wosek, Wostrow, Zaboř, Zabrdy, Zarowna, Zdenic, Zuderschlag.

Aujezd, Bor (Gross-), Bowic, Chelčic, Čichtic, Elhenic, Felbern, Jelemka, Groschum (Ober-), Groschum (Unter-), Herbes, Hlawatic, Hořikowic, Hracholusk, Hwozdan, Kolowic, Krale, Krtel, Krepic, Lažišť, Libějic, Lužic, Mahausch, Malowic (Gross-), Malowic (Klein-), Nebahau, Nestanic, **Netolic** (Bezirksgericht), Němčic, Protiwec, Radomilic, Šipaun, Schwarzdorf, Sedlowic, Selce, Strp, Swiretic, Swonic, Thiergarten, Truskowic, Třebanic, Wagau, Wagnern, Witějic, Wodic, Wolšowic, Žernowic, Zitna.

Aussergefild, Birkenhaid, Bohumilic, Bořanowic, Bošič, Buchen, Buchwald, Budilau, Busk, Čkyň, Dolan, Elendbachel, Ernstberg, Ferchenhaid, Filz, Freiung, Fürstenhut, Gansau, Glashütten, Helmbach, Hračan, Hüblern, Hüttenhof, Huschic, Kaltenbach, Klosterle, Kelne, Korkushütten, Kosmo, Křesane, Kubohütten, Kuschwarda, Landstrassen, Leimsgrub, Libotin, Lichtbuchet (Ober-), Lichtbuchet (Unter-), Mařa-Sct., Mehlhütten, Mehregarten, Mitterberg, Moldau (Ober-), Neugebäu, Passeken, Přetenic, Pumperle, Rabic, Röhrenberg, Salzweg, Schattawa, Scheiben, Scheurek, Schüllerberg, Schindlau, Schwarzhaid, Seehaid, Smrčna, Spule, Stitkau, Trhonin, Wessele, **Winterberg** (Bezirksgericht), Wiškowic, Wojslawic, Wolfsgrub, Wonšowic, Zassau (Ober-), Zassau (Unter-), Zdikau (Gross-).

70. Bezirkshauptmannschaft
Strakonic.

Aulehle, Aunic, Bezděkau, Brus, Čehnic, Čejtic mit Přeborowic, Černikow, Daubrawic, Domanic, Drachkow, Draužetic, Dražejow, Dunowic, Haiska, Hubenow, Jemnic, Jinín, Katowic mit Liboč, Kaletic, Kbelnic, Klinowic, Koclow, Kraštowic, Kreinic, Krt mit Hradec, Kuřimen, Kwaskowic, Las, Leskowic, Lhota (Kapsowa), Lhota (-Kustra), Lhota (Swejcarowa), Libětic, Michow, Milikowec mit Jedraž, Milonowic, Mladějowic, Modlěšowic, Mukuzow, Mutěnic, Nahošin, Nebřehowic, Netonic, Newosed, Paračow, Petrowic, Podolí, Pracowic, Přeštowic, Ptakowic (Vorder-), Ptakowic (Hinter-), Radějowic, Radkowic, Radomyšl, Rašowic, Rojic, Rohozna, Rowna, Řepic, Sausedowic, Sedlikowic, Sedlišť, Skal, Skudra, Slanik, Slaučin, Smiratic, Stěchowic, Stěkna, Strahl mit Wirthsdorf, **Strakonic** (Bezirksgericht), Strašic, Střebohostic, Sudkowic, Swarišow, Tažowic mit Lhota, Třešowic, Turna (Gross-), Turna (Klein-), Wohrazenic, Wojnic, Wolenic, Wosek, Zborowic (Vorder-), Zborowic (Hinter-), Zwotok.

Aubislau, Aujezdec, Aulehle, Bohonic, Borčic, Brandschau, Bušanowic, Cabus, Cepřowie, Černetic, Čestic, Chwalšowic, Daubrawic, Dobrž, Dražow, Dřešin, Dřešinko, Dub, Elčowic, Hodějau, Hodonin, Hora, Horised, Hoslowic, Hostic, Jaroschkau, Jetischau, Iřetic, Kakowic, Krasilau Kruschlau, Kwaskowic, Lhota, Lhota ober Rohanow, Litochowic, Malenic, Markowic, Miliwic, Miřetic, Mladikau, Mladotic, Nohořan, Nakwasowic (Ober-), Nakwosowic (Unter-), Němčic, Nemetic, Nespic, Neudorf, Neuslužic, Nihošowic, Nišowic, Nusino, Přečin, Přechowic, Předslawic, Putkau, Radeschau, Radostic, Radschau, Rači, Rohanow, Stetěchowic, Skrobočau, Starowo, Střidka, Střiteř, Strunkowic, Twrsic, Wacowic, Wiska, Wlkonic, **Wolin** (Bezirksgericht), Wrbic, Wšechlap, Zahoric, Zales (bei Elčowic), Zales (bei Přečin), Žaro, Zdikau (Klein-), Zechowic, Žirec.

Aujezd, Aujezd (Sliněný), Babin, Bojanowic, Bor (Gross-), Bor (Klein-), Boubin, Břežan, Chanowic, Černec, Černic, Dobrotic, Heina, Hyčic (Gross-), Hyčic (Klein-), Hlupin, Holkowic, **Horaždowic** (Bezirksgericht), Hotic, Hradešic, Jetenowic, Kalenic, Keinic, Kladrub, Komschin, Kottaun, Kozlau, Kwaňowic, Lažan-Desfours, Lhota (bei Sedlo), Lhota (bei Střebomyslic), Maňowic, Mečichow, Neudorf, Pačin, Pořič (Ober-), Pořič (Unter-), Rabi, Řešanic, Sedlo, Slatina, Sliwonic, Smrkowec, Střebomyslic, Swatopole, Swiratic, Teynic, Teyřovic, Welešic, Weřechow, Wlkonic, Wolšan, Woselec.

71. Bezirkshauptmannschaft
Schüttenhofen.

Albrechtsried, Audechen, Bergstadtl, Bezděkau, Bilenic, Brabšow, Břetetic, Budašic, Budětic, Bukownik, Činnic, Časkau, Castonic, Čejkow, Čeletic, Čepic, Čerma, Chamutic, Chmelna (Gross-), Chmelna (Klein-), Chumo, Chwalšowic, Damnětic, Deffernik, Diwišow, Dobršin, Dobřemělic, Domoraz, Dražowic, Drohau, Eisenstein (Dorf), Eisenstein (Markt, I. Theil), Eisenstein (Markt, II. Theil), Frimburg, Gaberle, Haidl, Hartmanic, Hradek, Janowic, Kadešic, Kochanow, Kochet, Kojšic, Kotěschau, Köhlendorf, Körnsalz (Ober-), Körnsalz (Unter-), Kumpatitz, Kundratic, Kunkowic, Langendorf (Alt-), Lešišow, Lhota, Lukau, Maršowic, Mačic, Milinow, Milčic, Mochau, Mokrosuk, Nemělkau, Neustadtl, Nezamyslic, Nuserau, Panzer, Petrowic, Picho, Plattorn, Podmokl, Posobic, Přestanic, Radostic, Radwanic, Rogau, Rock, Rosed, Rothenhof, Ruwna, Šichowic, **Schüttenhofen** (Bezirksgericht), Seewiesen, Sucha, Swina, Stadeln, Stadeln (III. Theil), Stankau (Ober-), Stankau (Unter-), Štěpanic, Stojanowic, Swojšic, Tedražic, Těschau (Ober-), Těschau (Unter-), Trisic, Watetic, Welhartic, Wlastějow, Wodolenow, Zamyšl Zbinic, Zihobec, Žikau, Žikau, Zwislau.

Bergreichenstein (Bezirksgericht), Brunn, Chynic (Tettau), Damic, Dušowic, Gaierle, Haidl, Höfen (Unter-), Jawornik, Jetenic, Innergefild, Klostermühl, Liedlhöfen, Maleč, Milau, Nahořan, Nezdic, Nitzau, Oppelitz, Ostružno, Pohorsko, Rachelwald, Rindlau, Rothsaifen, Schimanau, Schröbersdorf, Soběšic, Stachau, Stadler (Antheil, I. Theil), Stadler (Antheil, II. Theil), Strašin, Stubenbach (I. Theil), Stubenbach (II. Theil), Unterreichenstein, Ziegenruck (Gross-), Zuklin, Zwoischen.

72. Bezirkshauptmannschaft
Blatna.

Aujezdec, Aujezd, Bělčic, Bezděkau, Blatenka, **Blatna** (Bezirksgericht), Bratronic, Březi, Budislawic, Buzic, Čečelowic, Čekanic, Chlomek, Chlum, Dožic, Hajan, Hněwkow, Holušic, Hornosin, Hradišť, Hwožďan, Jindřichowic, Kadow, Kasejowic, Kladrubec, Kocelowic, Lažan (Enis), Lažanek, Lom, Mackow, Malkow (bei Drahenic), Malkow (bei Schlüsselburg), Metla, Milčic, Mištic, Mračow, Mužetic, Nedřew, Němčic, Paštik, Pacelic, Polanka, Pole, Pozdin, Přebudow, Předměř, Radošic, Řišt, Sedlic, Skalčan, Skwořetic, Smoliwec (Alt-), Smoliwec (Jung-), Schlüsselburg, Tisow, Torowic, Wahlowic, Wiska, Wrbno, Zaboři, Zahorčic, Zahorčiček, Zamlyn, Zawěšin, Žiwotic.

Altsattelhradek, Bor, **Březnic** (Bezirksgericht), Bubowic, Bukowa, Chrast, Drahenic, Glashütten (Vorder-), Hlubin, Hodomyšl, Hosowic, Horčapsko, Hořan, Hučic, Klettic, Koupi, Laz (Ober-), Leletic, Martinic, Nestrašowic, Nepomuk (Deutsch-), Pinowic, Plikowic, Počápe, Pořič, Pročewil (Vorder-), Rastel, Roželau, Rožmital, Rožmital (Alt-), Skuhrow, Streyčkow, Swučic, Swučic, Tochowic, Tušowic, Uzenic, Uzeniček, Wacikau, Weyšic, Wěšin, Wolenic, Woltusch, Wošel, Wostrow, Wrančic, Wranowic, Wšewil, Zaběhla, Zahrobí.

73. Bezirkshauptmannschaft
Přeštic.

Amplatz, Aujezd, Biřkau, Borow, Břeskowic, Bukowa, Chbelnic, Chlumčan, Čelaken, Dnešic, Dolzen, Haj, Horčic, Ježow, Jino, Kališť, Kamenno, Kbel, Kloušow, Knihy, Krašowec, Křenic, Kucin, Letin, Lišic, Libaken, Lukawic (Ober-), Lukawic (Unter-), Lužan, Malinec, Merklin, Nedanic (Gross-), Nedanic (Klein-), Nezdic, Plewňow, Poritschen, **Přeštic** (Bezirksgericht), Přetin, Přichowic, Ptenin, Radkowic, Renč, Ruppau, Šerowic, Schnapautzen, Skočic, Soběkur, Streyčkowic, Střebřečin (Gross-), Střebřečin (Klein-), Týnišť, Wlči, Wodokrt, Wojtěšic, Wolkow, Wossek, Zales, Zelený, Zemetic.

Bezděkowec, Biluk, Březi, Chlum, Čečowic, Čmelin, Dworec, Klikařow, Kloster, Kokořow, Kozlowic, Kramolin, Liškow, Maňowic, Měcholup, Měčin, Měrčin, Mileč, Mohelnic, Nekwasow, **Nepomuk** (Bezirksgericht), Neudorf, Neuraz, Newotnik, Partotic, Petrowic, Podhuř, Polanka, Pradlo, Radachow, Radkowic, Sedlišť, Skašow, Soběsuk, Srb, Swarkow, Tojic, Třebčic, Wojowic, Wrčen, Zahoř, Zadradka, Želwic, Žinkau.

74. Bezirkshauptmannschaft
Klattau.

Aichen, Aujezdl, Augezdl bei Mucholup, Auloh, Balkow, Bernartitzl, Bezděkau, Běšin, Birkau, Bystrý, Bolešin, Bořikau, Božetic, Broden, Brtí, Chlistau, Chocomyšl, Chudenic, Chumska, Čachrau, Dechtin, Dolan, Domažlitzl, Drosau, Drslawic, Elhowic, Gesen, Grillendorf, Habartic, Hořakow, Hoštic (Klein-), Hradischtl, Hwizdalka, Janowic, Jawor, Jawoři, Jenewelt, Jindřichowic, Kamenik, Kaniček, Kydlin, **Klattau** (Bezirksgericht), Klenau, Kocourow, Kokšin, Koryt, Kosmačow, Kromězlic, Křischtin, Kuzau, Kühberg, Kwaschlitz, Lautschan, Loham, Lhota (Ober-), Lhota (Unter-), Lhuta, Lomec, Lub, Lukawic, Lučic, Makow, Malechau, Malonic, Maloweska, Mezhoř, Měcholup, Myslowic, Mladotic, Mlýnec, Mochtin, Nesnaschau, Němčic, Nowakowic, Obis, Ondřowic, Opalka, Petrowitzl (Klein-), Pečetin, Podol, Polenka (Klein-), Polin, Prawowic, Předslaw, Puschberg, Radinau, Reisko, Rohozna, Ruwna, Řakom, Schwihau, Slatin, Slawošowic, Sluhow, Sobětic, Srbic, Stěpanowic, Struhadl, Střebišow, Střezměř, Střiteř, Tajanow bei Klattau, Tajanow bei Indřichowic, Teynitzl, Těšetin, Tětětic, Točnik, Trnč, Tržek, Tupadl, Watrau, Weselí, Wěckowic, Witten, Wosí, Wostřetic, Wotin, Wrhawec, Wicenic, Zahorčic, Zahradka, Zdaslaw.

Auborsko, Bystric, Chudiwa, Depoldowic, Dešenic, Diwisowic, Dorrstadt, Dörstein, Eisenstrass, Flecken, Freihöls, Fuxberg, Glashütten, Grün, Hadruwa, Hammern, Hammern, Heuhof, Hinterhäuser, Holetic, Hoslau, Katharina (St.), Kohlheim, Krotiw, Milik, Motowic, **Neuern** (Bezirksgericht), Olchowic, Petrowic, Plöss, Schiessnetitz, Starlitz, Sternhof, Todlau.

Aujezd, Aučin, Austalec, Bližanow, Brod, Buršic, Čihan, Ellischau, Hnačow, Kwasetic, Kowčin, Křižowic, Kolinec, Krutenic, Letow, Loužna, Lowčic, Lukowišt, Milšic, Mynařowic, Mysliw, Mlazow, Mněřenic, Nehodiw, Neprachow, Neuhof, Němčic, **Planie** (Bezirksgericht), Planička, Plichtic, Pohoř, Skranšic, Stipoklas, Stobořic, Stražowic, Strukadlo, Těchonic, Tužic, Welenow, Wlčkowic, Wlčnow, Wotěšin, Wračow, Zamlekau, Zbislaw, Zborow, Žďar.

75. Bezirkshauptmannschaft
Taus.

Aujezdl, Babylon, Bořic, Chodenschloss, Chrastawic, Haselbach, Hawlowic, Heinrichsberg, Hochwartl, Klenč, Klitschau (Alt-), Luschenz (Gross-), Luschenz (Klein-), Milaweč, Mrdaken, Newolic, Pažežnic (Alt- und Neu-), Petrowic, Possigkau (Alt- und Neu-), Prennet (Alt-), Prennet (Neu-), Sedlic, Spaňow Tanawa, **Taus** (Bezirksgericht), Tilmitschau, Trasenau, Vollmau (Cameral-), Vollmau (Tauser-), Wassersuppen.

Aubotschen, Aulikau, Auniowitz, Ausilau, Berndörfl, Brantschau, Braunbusch, Bukowa, Černikau, Dobřikau, Donau, Friedrichsthal, Gillau, Glosau, Hirschau, Hluboken, Hradischt, Hrdoltic, Kaltenbrunn, Kanic, Kauth, Kollautschen, Lautschim, Lipkau, Maxberg, Melhut, Mesholz, Miletic, Neudorf, **Neugedein** (Bezirksgericht), Neumarkt, Němčic, Oprechltic, Přemirschen, Putzeried, Radonic, Řichowic, Saustawa, Schneiderhof, Schepadl, Sichow, Silberberg, Slawikau, Smržowic, Springeberg, Spula, Srbic, Stanětic, Starč, Těšowic, Viertl, Wyhořau, Zahořan.

76. Bezirkshauptmannschaft
Bischofteinitz.

Autschowa, **Bischofteinitz** (Bezirksgericht), Blisowa, Karlowic, Chotimiř, Dingkowitz, Dobrowa, Elstin, Franowa, Honosic, Horschau, Kamenzen (Ober-), Kamenzen (Unter-), Kotzoura, Křakau, Křenowa, Kwičovic, Lohowa, Lohowčic, Malonic, Malowa (Gross-), Malowa (Klein-), Mašowic, Medelzen (Ober-),

Medelzen (Unter-), Messhals, Miřikau, Mogalzen, Močerad, Mukowa, Murschowa, Nahošic, Nemlowitz, Neuhof, Němčic, Nohomiřen, Pirk, Podiefuss, Podrasnitz, Pocowtzi, Putzlitz, Přiwosten, Radelstein, Raschnitz, Semeschitz, Semlowitz (Hoch-), Schekarzen, Schlewitz, Stankau (Markt), Stankau (Dorf), Stich, Stirchlowa, Třehnic, Tschirm, Wassertrompeten, Webrowa, Weirowa, Worowitz, Wostiřen, Wostračin, Zetschowitz.

Amplatz, Černahora, Dobraken, Eiséndorf, Garassen, Gorschin (Gross-), Gramatin, Haschowa, Heiligenkreutz, Hollubschen, Horauschen, **Hostau** (Bezirksgericht), Křebřam, Mecden, Melmitz, Mirkowic, Muttersdorf, Neubau, Plöss, Polschitz, Pössigkau, Přess, Rauden, Sadl, Schlattin, Schittarzen, Schmolau, Schwannenbrückl, Sirb, Taschlowitz, Wabitz, Wasserau (bei Bischofteinitz), Wasserau (bei Ronsperg), Weissensulz, Wistersitz, Wittana, Zembschen, Zetschin, Zwingau, Zwirschen.

Bärnstein, Berg, Glaserau, Grafenried, Gramatin, Hoslau, Linz, Mauthaus, Metzling, Münchsdorf, Netschetin, Neid, Neubäu, Rindl, **Ronsperg** (Bezirksgericht), Schiefernau, Schilligkau, Schüttwa, Schwarzach, Semlowic (Klein-), Stockau, Trohatin, Waldersgrün, Wilkenau, Wonischen, Wotawa, Zeisermühl.

77. Bezirkshauptmannschaft
Mies.

Beneschau, Brod, Döltischen, Dolana, Eisenhüttl, Ellhoten, Ellschelin, Gesürzen, Gibian, Guratin, Hniemitz, Holetzrieb, Hollin, Kapsch, Kladrau (Stadt), Kostelzen, Kscheuts, Laas, Labes, Leiter, Lingau, Lochutzen, Lohm, Lomitschka, Losau, Malowic, **Mies** (Stadt) (Bezirksgericht), Milikau, Mühlhöfen, Nedraschitz, Oschelin, Ostrau, Ostrowic, Otročin, Pittlau, Piwana, Plahusen, Plessau (Ober-), Plessau (Unter-), Prostibor, Radlowic, Rakolusk, Rochlawa, Schönthal, Schweising, Sitna, Solislau, Swina, Těchlowic, Tinchau, Trpist, Černošín. Ulic, Unola, Wehlana, Welperschitz, Weshoř, Wickau, Willkischen, Worhabschen, Wranowa, Wrbic, Wuttau, Zwinomass.

Aujezd (ob der Mies), Anischau, Chrančowic, Chrast, Čihana, Dobraken, Guscht, Hunčic, Klenowic, Knie, Košowic, Kozolup, Kotiken, Krukanic, Kuňowic, Lichtenstein, Lippen, Lohowa, Malesic, Mysliuka, Mosting, Nagles, Pernharz, Pichl, Plešnic, Poplowic, Podmokl, Radlowic, Roslowitz, Scherlowitz, Schwan, Seslas, Tichodil, Čemin, **Tuschkau** (Weiss-) (Bezirksgericht), Wenussen, Wilkischen, Woschana, Wscherau, Zebns.

Auherzen, Blatnic, Chotěschau, Černotin, Dobřan, Ellhoten, Gettowitz, Holleischen, Hořikowic, Hradzen, Hrobšic, Lelowa, Lin, Lisowa, Lischin, Losin, Mantan, Miřowic, Neudorf, Nyřan, Popowa, Přeheischen, Přestawlk, Roth-Aujezd, Saluschen, Schlowitz, Sekeřan (Ober-), Sekeřan (Unter-). **Staab** (Bezirksgericht), Stein-Aujezd, Stich. Střelic, Teynitzl, Tnschkau, Wasser-Aujezd, Wittowa, Zwug.

78. Bezirkshauptmannschaft
Pilsen.

Anjezd, Autušic, Bolewec, Boškow, Bříz (Deutsch-), Bříz (Ober-), Bukowec, Chotěna, Chrasť, Černic, Doudlewec, Doubraken, Dolan, Druzdau, Hradek, Hradišť, Hromice, Kyšic, Kostelec, Koterow, Křimic, Ledeč, Ledkow, Litic, Lobes, Lhotka, Nadryb, Nebřem, Nekmiř, Ninic, **Pilsen** (Kreisgericht), Pilsenec (Alt-), Plana, Přišow, Radobšic, Račic, Senec, Sknrňan, Tatěna, Tluzna, Třemošna, Wejpernic, Wochow, Zaluži, Zruč, Žihlic, Žilow.

Borek, Březina, Bušowic, Chomle, Deyšina, Eipowic, Heiligenkreuz, Hradek, Kakejcow, Klabawa, Kolwin, Kornatic, Křiš, Lhota, Litohlau, Mešno, Miröschau, Mokrouš, Moštic, Němčowic, Neuhütten, Newido, Oberstupno, Padrť, Paulowsko, Přikosic, Přiwětic, Radnic, **Rokyčan** (Bezirksgericht), Rakowa, Sedlec, Skomelno, Skořic, Smečic, Stein-Aujezd, Stahlan, Štitow, Střadol, Timakow, Trokawec, Wesela, Wisek, Witinka, Wolduch, Wolešna, Wosek, Wranow, Wranowic, Wšenic.

Aujezd (Hradischter), Anjezd (Kotzenitzer), Aunětic, **Blowic** (Bezirksgericht), Borek, Borek, Borowno, Brenn-Poritschen, Bzi, Chausow, Chinen, Chlum, Chwalinic, Čičow, Čižkau, Čižic, Domyslic, Drachkau, Eisen-Aujezd, Hořic, Hradišť, Jarow, Komorno, Kotousow, Kocenic, Lhota, Lhotka, Lipnic, Losina, Louniowa,

Lučišt, Milinow, Mišow, Mittow, Nebilau, Nechanic, Netonic, Neu-Mitrowic, Nezbawětic, Nezwěstic, Planin, Předenic, Přešin, Selčan, Seč, Smedrow, Štáhlawic, Stěnowic, Štitow, Struhař, Střižowic, Tenowic, Wildschitz, Wildstein, Wlkow, Wohřeled, Wolešna, Zaluži, Žakau, Žďar, Ždirec, Zhuř.

79. Bezirkshauptmannschaft
Kralowic.

Babina, Bilow, Bohy, Borek, Břežan, Břiz (Unter-), Buček, Bukowina, Černikowic, Dobřič, Dřewec, Hedčan, Hlinč, Hodina, Holofaus, Hradecko, Hradišť (Ober-), Hradišť (Unter-), Jarow, Kacerow, Kočin, Kozlan, Koryt, Kozojed, **Kralowic** (Bezirksgericht), Křekowic, Křic, Lednic, Lhotka, Lhota, Liblin, Miličow, Mlaz, Nebřežin oder Bruck, Plas, Potworow, Prodeslad, Rakolaus, Robčic, Remešin, Schippen, Schlösslhof, Sedlec, Slatina, Strachowic, Studena, Trojan, Čistay, Weirow, Wobora, Wšehrd, Žebnic, Živic.

Aujezdl, Bärenklau, Brdo, Buč, Čisotin, Daubrawic (Deutsch-), Daubrawic (Böhmisch-), Draschen, Fosslau, Hluboka, Hodowiz, Hubenow, Hurkau, Hurz, Kalec, Kamennahora, Kasniau, Koreytko, Kotanschen, Krasch, Krašowic, Kraschtowic, Křečowa, Ladměřic, Lešowic, Lippen, Littau, Lomnička, Loza, Lukowa, Lusetin, **Manetin** (Bezirksgericht), Mösching, Mrtnik, Nešetin, Neustadtl (Deutsch-), Neustadtl (Böhmisch-), Oberběla, Ondřejow, Plachtin, Planes, Potok, Preitenstein, Rabenstein, Rading, Radschin (I. Theil), Ratka, Rybnic, Stěchowic, Stradišť, Trnowa, Tschemheit, Voitles, Wilkischau, Wirschin, Wysočan, Wražno, Zahradka, Zwole.

80. Bezirkshauptmannschaft
Hořowic.

Aujezd, Baborin, Baština, Baština (Gross-, Wald), Bezdětic (Gross-), Běchčin, Beřin, Březowa, Bzowa, Čenkau, Chaloupek, Chlumec (Gross-), Chlustina, Chodauň, Drozdow, Erpet, **Hořowic** (Bezirksgericht), Hostomic, Hrachowišť (mit Baština), Hředl, Hwozdec, Jinec, Kleštěnic, Knižkowic, Komorau, Kotopek, Křešin,

Lažowic, Lhotka, Libomyšl, Lochowic, Neumětel, Neswačil, Podbrd, Podluh, Praskoles, Radauš, Reykowic, Sedlec, Skřipel, Stašow, Tlustic, Točnik, Třenic, Welkau, Wíska (Gross-), Wíska (Klein-), Wižim, Wohraženic, Wosek, Wosow (Gross-), Wotmic, Wšeradic, Zaluži, Zdic, Žebrak, Zelkowic.

Beraun (Bezirksgericht), Bělč, Bubowice, Budňan, Bykoš, Bitow, Čerňin, Hyskow, Hodyně, Jarow, St. Johann, Kdýčina, Koněprusy, Königshof, Korno, Kozolupy, Kuchař (Gross-), Lewin, Liteň, Lodenice, Launin, Lužce, Malkow, Mezauň, Měňany, Mořiny, Mořinky, Aujezd (Hoch-), Aujezd (Trněný), Počaplý, Popowice, Skuhrow, Srbsko, Suchomasty, Swinař, Tětin, Tmaň, Tobolka, Trubin, Trubsko, Třebaň (Hinter-), Třebaň (Vorder-), Winařice, Wraž, Zahořany.

Biskaupek, Čekow, Cheznowic, Cerhowic, Chlum, Chotětin, Čila, Dobřiw, Drahno-Aujezd, Glashütten, Holaubkow, Hradišť, Hurek, Jablečno, Iwina, Kařez, Kařizek, Kladrub, Kwaň, Lhota, Lhotka, Lišna, Lohowic (Gross-), Lohowic (Klein-), Mauth, Medo-Aujezd, Mlečic, Ostrowec, Podmokl, Pliśkow, Prašno-Aujezd, Přisečnic, Rescholau, Sebešic, Strašic, Střebnuška, Swejkowic, Swina, Syra, Tereschau, Těn, Teyček, Těškow, Třiman, Wejwanow, Wolešna, Zaječow, **Zbirow** (Bezirksgericht), Zwikowec.

81. Bezirkshauptmannschaft

Laun.

Aulowic, Auřetz, Bedřichowic, Brdloh, Brodec, Břinkow, Chlumčan, Chrabřec, Černochow, Diwic, Dobroměřic, Domaušic, Donin, Hořan, Hřiškow, Hřiwic, Jungfer-Teynic, Kystrau, Konětop, Kožow, Kozojed, Krendorf, **Laun** (Bezirksgericht), Lenešic, Lištan, Markwarec, Netluk, Neudorf, Nečich, Patek, Peruc, Pflanzendorf, Pochwalow, Počedlic, Prašim, Pšan, Radonic, Ranay, Ročow (Ober-), Ročow (Unter-), Semich, Senkow, Slawětin, Smolnic, Solopisk, Stradonic, Tauchowic, Taužetin, Telec, Třebauc, Čenčic, **Weltěž**, Winařice, Wlč, Wobora, Wolenic, Worasic, Wrbno (an den Wäldern), Wršowic, Zitolib, Žerotin.

82. Bezirkshauptmannschaft
Rakonic.

Aujezd (Gross-), Chlum, Herrndorf, Hostokrej, Hředl, Hwozd, Kaunowa, Krakow, Kroschau, Krupa, Krušowic, Lišan, Lubna, Lužna, Malinowa, Milostin, Modřowic, Mutowic, Nouzowa, Nesuchyň, Pawlikow, Petrowic, Přičina, Přilep, **Rakonic** (Bezirksgericht), Rausinow, Rothschloss, Šanowa, Seiwedl, Senec, Senomat, Skupai, Slabec, Swinař, Swojetin, Titrich, Welhotten, Wolešna, Wšetat.

Amalienberg, Aujezd (Klein-), Aujezd (ob Zbečno), Běleč, Branow, Bratronic, Braum, Buda, Bukowa (Gross-), Častonic, Hracholusk, Hřebečnik, Hudlic, Joachimsthal (Neu-), Karlsdorf, Kublow, Lašowic, Lhota, Neuhütten, Nezabudic, Nowosedl, Otročin, **Pürglitz** (Bezirksgericht), Pustowěd, Račic, Ryšin, Rostok, Sykořic, Skrey, Skřiwan, Swatá, Stadtl, Stradonic, Teyřowic, Zbečno, Žlaukowic.

83. Bezirkshauptmannschaft
Schlan.

Bakow, Bežowic, Byseň, Blahotic, Brandeisl, Břeštan, Čeradic, Cwrčowic, Dolin, Drchkow, Dřinow, Drnow, Hnidaus, Hobšowic, Hořešowic (Gross-), Hořešowic (Klein-), Jarpic, Jemnik, Kamenic (Ober-), Klobuk, Kobylnik, Kokowic, Koleč, Knobis, Kralowic, Kwilic, Kwiz (Gross-), Ledec, Libowic, Libušin, Lisowic, Lotauš, Lukow, Lunkow, Moličin, Munzifay, Neprobilic, Netowic, Paleč (Gross-), Paleč (Klein-), Pher, Plhow, Podlešin, Poštowic, Přelič, Rysul, Skur, **Schlan** (Bezirksgericht), Šlapanic, Stradonic, Střebichowic, Studňowes, Zwoleňowes, Tmaň, Trpoměch, Třebusic, Weissthurm, Winařic, Wyšinek, Witow, Woslochow, Wotrub, Wranna, Wrbičan, Zelenic, Žižic, Zlonic.

Auholic (Alt-), Aušic, Blewic, Bratkowic, Budohostic, Bučin (Gross-), Bukol, Chržin, Chwatěrub, Černuc, Debrno, Dolan, Dřinow, Dušnik, Hospozin, Hostin, Ješin, Kamenomost, Kamenic (Unter-), Kwětnowes, Kosomin, Kralup, Křiwaus, Lešan, Libšic, Lobeč, Lobeček, Miletic, Minic, Minkowic mit Rosengut,

Mlčechost, Mühlhausen, Nauměřic, Neudorf, Podhořan, Postři-
žin, Sazena, Statin, Uha, Weltrus, **Welwarn** (Bezirksgericht),
Wepřek, Wojkowic, Wolowic, Wotwowic mit Zechenhaus, Wše-
stud, Zeměch mit Jägerhaus und Neuhof. Zlončic, Zlosejn.

Bdin, Bilichow, Čelechowic, Honic, Hradečna, Hřešic, Jedo-
mělic, Kalwod, Kačic, Kornhaus, Kraučow, Lahna, Liska, Lode-
nic, Malkowic, Milaj, **Neustrašic** (Bezirksgericht), Pozden, Pře-
rubenic (auch Čerwenic), Renč, Rinholec, Ruda, Steinžehrowic,
Stochow, Srbeč, Tuchlowic, Trtic, Waširow, Žehrowic (auch
Kornhaus-Žehrowic), Žilina.

84. Bezirkshauptmannschaft
Raudnic.

Bechlin, Beřkowic (Ober-), Bříza, Brzanken, Čzernušek,
Černowes, Stinowes, Chodom, Chwalin, Dobřin, Dolanek, Duš-
nik, Hněwic, Jeňowes, Kyškowic, Klenč, Kostomlat, Krabčic,
Launken, Lečic, Liboteinic, Lipkowic, Netěš, Neuhof, Nizeboch,
Nučnic (Klein-), Podlusk, Podčap (Ober-), Předonin, Přěstawlk,
Ročinowes, Račic, **Raudnic** (Bezirksgericht), Rohatec, Rownay,
Spomyšl, Wettel, Wědowic, Wodochod, Woleschko, Wražkow,
Zaluž, Židowic.

Brnkau, Břežan, Brozan, Budin, Černiw, Chotěschau, Duban, Eywan, Hostenic, Ječowic, Klappay, Koštic, Kostelec, Kře-
seyn, Laukořan, **Libochowic** (Bezirksgericht), Libas, Martino-
wes, Mšeno, Pist, Podbradec, Popels, Radošin (Gross-), Radowě-
sic, Raudniček, Rochow, Ředhošť, Sedlec, Slatina, Solan, Welkan,
Wrbka, Wrbic, Wunitz (Gross-), Wunitz (Klein-), Žabowřesk,
Želowic. ·

85. Bezirkshauptmannschaft
Melnik.

Aujezd, Aujezd (Gross-), Aujezd (Klein-), Beykew, Beřkowic (Unter-), Bišic, Biškowic, Blat, Borek (Gross-), Bošin, Bro-
zanek, Březinka, Citow, Čečelic, Choděč, Chorušic, Chramostek,
Daňowes, Hleďsebe, Hořin, Hostin, Jelenic, Jenichow, Jenšowic,
Kanina, Kel, Klomin, Kokořin, Kopec, Koryčan, Křiwenic, Krp,

Lhotka, Liben (Hoch-), Libiš, Liblic, Lužec, **Melnik** (Bezirksgericht), Mlazic, Nebužel, Netřeb, Obřistwí, Priwor, Radaun, Rausowic (I. Theil), Rausowic (II. Theil), Repin, Sedlec, Šemanowic, Šopka, Skuhrow, Stražnic, Střednic, Střem, Truskawna, Tuhan, Wehlowic, Weisskirchen, Wysoka, Wraňan, Wrbna, Wrutič, Wstelno, Zaboř, Zalezlic, Zamach, Zelčin, Zimoř (Unter-), Žiwonin.

86. Bezirkshauptmannschaft
Böhmisch-Brod.

Auwal, Bilan, **Böhmisch-Brod** (Bezirksgericht), Břežan, Břistew, Chraštan, Černik, Daubrawčic, Dobročowic, Daubek, Hořan, Horaušan, Hradešin, Kaunic, Klučow, Kšel (Unter-), Liblic, Limuz, Lipan, Lstiboř, Mochow, Neudorf, Pořičan, Přehwozd, Přerow (Alt-), Přišimas, Přistaupin, Rostoklat, Selčanek, Semic, Skramnik, Škworec, Sluštic, Stolmiř, Střebestowic, Střebohostic, Tismic, Tlustofaus, Tuchoraz, Tuklat, Welenka, Westec (Alt-), Wykan, Wišerowic, Witic, Zher.

Chotejš, Dobropul, Hradec, Hrusic, Jewaň, Kališť, Konojed, Kocerad, Kozojed, Krupa, Lauňowic, Melnik, Mirošowic, Nučic, Ondřejow, Prusic, **Schwarzkostelec** (Bezirksgericht), Senohrab, Skalic, Stilic, Střimelic (Hrado-), Střimelic (Kirchen-), Struhařow, Swojetic, Swrabow, Weyžerek, Wlkančic, Woděrad, Wolešec, Woplan, Zwonowic.

Auřiňowes, Aujezd, Babic (Gross-), Benic, Běchowic, Březí, Čestic, Dubec, Häring, Hole, Huntowic, Jažlowic, Koloděj, Kolowrat, Kralowic, Křenic, Kunic, Kuři, Křeslic (Unter-), Klokočna, Lipan, Měcholup (Ober-), Měcholup (Unter-), Modetic, Mnichowic, Nedwěz, Nupak, Pitkowic, Popowiček, Petrowic, Pruhonic, Předboř, Radešowic, **Říčan** (Bezirksgericht), Sibřin, Strančic, Tehow (Gross-), Woděradek, Wotic, Wolešek, Wšechrom, Wšestar.

87. Bezirkshauptmannschaft
Smichow.

Běloky, Břewňow (Gross-), Chaby, Choteč, Chýnice, Chýnow, Čečowice (Gross-), Čečowice (Klein-), Delnice, Dobroviz,

Dobřič, Herrndorf (Gross-), Herrndorf (Klein-), Hlubočerpy, Holý, Holubice, Hořeměřice, Jinowice, Kamýk, Kopanina (Hinter-), Kopanina (Vorder-), Košíře, Kowáry, Kozinec, Letky, Liboč (Unter-), Libochovičky, Lichtendorf, Lysolaje, Motoly, Nautomice, Němbušice, Okoř, Auholičky, Aujezd (trěný), Aunětice, Ořech, Owenec (Vorder-), Přilepy (Gross-), Radlice, Roztoky, Rusin, Řeporyje, Řepy, Sedlec, **Smichow** (Bezirksgericht), Statenice, Stodůlky, Středokluky, Suchdol, Swrkyně, Třebonice, Třešowice, Tuchoměřice, Tursko, Weleslawin, Wokowice, Zájezd, Zbuzany, Zlejčin, Žalow.

Bojanowic, Bratřinow, Černolic, Černošic (Ober-), Černošic (Unter-), Čisowic, Chuchle (Gross-), Dawle, Dobřichowice, Jilowiště, Hwozdnic, Klinec, **Königsaal** (Bezirksgericht), Kosoř, Kytin, Lahowice, Lety, Lhotka, Lipany, Lipenec, Lišnice, Lochkow, Mokropsy (Ober-), Mokropsy (Unter-), Masečin, Modřany, Mnišek, Řewnice, Radotin, Řidka, Roblin, Skochowic, Slapy, Slivenec, Stěchowic, Třebotow, Točna, Trnowa, Wonoklasy, Zabětlice, Žabowřisky.

Bezděkow (Ober-), Braškow, Bukow, Cheyně, Chraštany, Chrustenice, Chyňawa, Dobra (Gross-), Dolany, Drahelčic, Družec, Duby, Dušnik, Hořelic, Hostiwic, Hostaun, Jeneč (Gross-), Jinočany, Kladno, Kročihlawy, Kyšic, Lidic, Litowic, Nenačowic, Nučic, Auhonic, Aujezd (Pletený), Aujezd (Roth-), Přilepy (Klein-), Přitočno (Gross-), Přitočno (Klein-), Ptice (Ober-), Řebec, Rozdělow, Sobin, Stehclécwes, Swarow, Tachlowic, **Unhošt** (Bezirksgericht), Wřctowice, Železna.

88. Bezirkshauptmannschaft
Karolinenthal.

Bašť (Gross-), Bohnic, Bořanowic, Branik, Březňowes, Brnky. Chabern (Unter-), Chódow, Chwala, Čakowic (Gross-), Čenkow, Čimic, Dablic, Dolinek, Drast (Ober-), Gbel, Grossdorf, Hlaupětin, Kolešowic (Gross-), Hošic, Hostawic, Hostiwař, Hotkowička, Hrdlořez, Husincc, Jungfern-Břežan, **Karolinenthal** (Bezirksgericht), Key, Klecan (Gross-), Kličan, Kobylis, Krč (Ober-), Krč (Unter-), Kojctic, Kunratic, Letňan, Libeznic, Libuš, Lhotka·

54

Liben (Alt-), Malešic, Malowic, Michle, Miškowic, Nusle, Počernic (Ober-), Počernic (Unter-), Podol, Předboj, Přemyšleni, Prosek, Radonic, Satalic, Seberow, Sedlec, Sejprawic, Štěrbohol, Strachnic (Alt-), Střižkow, Troja, Třeboratic, Weinberge bei Prag, Větrušic, Winař, Wyšehrad, Wysočan, Wodochod, Wodolka, Wršowic, Zaběhlic, Zdiby.

Alt-Bunzlau, Borek, **Brandeis** (an der Elbe) (Bezirksgericht), Brazdim (Gross-), Chrast, Čakowic (Klein-), Čelakowic, Cwrčowic, Dektar, Dřewčic, Dřis, Elbekostelec, Hlawenec, Hlawnokostelni, Hlawno-Sudowo, Howořowic, Jenstein, Jirna (Gross-). Jiřic, Konětop, Kozel, Křenek, Laubendorf, Lhota, Lobkowic, Měšic, Mlikojed, Mratin, Mstětic, Nedomic, Nehwizd (Gross-). Neudorf, Ostrow, Polehrad, Popowic, Předletic, Rudeč, Šestajowic, Skorkow, Sluha, Sojowic, Stranka, Swémyslic, Taužim, Tišic, Welen, Westec (Neu-), Wrab, Wšetat, Zap, Zaluž, Zarybí, Zeleneč, Zlonin.

Aujezdec, Babic, Borek, Břežan (Unter-), Březowa, Cholupic, **Eule** (Bezirksgericht), Hostěradic, Hodkowic, Hradištko, Jesenic, Jirčan (Unter-), Kowařowic, Kreutz-Kostelec, Krhanic. Ladwý, Lhota, Libeň, Libeř, Lojowic, Lomnic (Unter-), Luk. Malešin, Manderscheid, Mokřan, Ohrobec, Okrouhlo, Pětichost, Petrow, Pyšelí, Pisnic, Pohoř, Popowic (Gross-), Psar, Radějowic, Radimowic, Sazawa, Steinüberfuhr, Stiměřic, Stiřin, Sulic. Těptin, Westec, Woleško, Wosnic, Zaječic, Zlatnik, Zwol.

89. Bezirkshauptmannschaft

Přibram.

Bitic, Bohostic, Bohutin, Bradkowic, Brod, Cetin, Drahlin, Drsnik, Dubno, Dubenec, Dušnik (Trhowý), Ertišowic, Háje, Hbit (Ober-), Hbit (Unter-), Hochofen, Hluboš, Jablonna, Jeleneč, Kamenna, Kačin, Konětop, Kožičin, Lazec, Lazko, Lhota (Deutsch-), Lešetic, Liha, Lišnic, Luh, Milin, Modřowic, Narysow, Nepřejow, Obecnic, Obcow, Pasek (Deutsch-), Pasek (Dominikal-), Pečic (Gross-), Pečic (Klein-), Pičin, Podles, **Přibram** mit Birkenberg (Bezirksgericht), Radetic, Sadek, Smolotel, Solenic, Stěžow, Střepsko, Suchodol, Třti, Welka, Westec, Větrow,

Wysoka, Wišňowá, Wobor, Worlow, Woseč, Zdaboř, Zawřic, Zduchowic, Žežic.

Althütten, Aubenic, Borotic, Bukowa, Buš, Chotilska, Celin, Čim, **Dobřiš** (Bezirksgericht), Drhow, Drasow, Dražetic, Dřewník, Druhlic, Dušnik, Heilig (Feld-), Homole, Hraštic (Klein-), Hubenow, Hněwšin, Hraštic (Gross-), Kozohor, Kotenšic, Knin (Alt-), Knin (Neu-), Korkyn, Kram, Křenična, Křižow, Lhotka, Libic, Lipin, Langlhota, Lhota (Stowanská), Lhota (Mittel-), Lhota (Zahorna), Lhota (Seička), Lipšic, Lečic (Klein-), Lečic (Gross-), Mokrowrat, Nechalow, Nečin, Neuhof, Neudorf, Pauště, Přestawlk, Rybnik, Řimaně, Rosowic, Senešnic, Skalic, Sudowic, Wobořišť, Wostrow, Werměřic, Žebrak, Zahořan, Županowic.

Königreich Galizien.

Statthalterei in Lemberg.

A. Ost-Galizien.

Oberlandesgericht und Landesgericht

in

Lemberg.

Bezirkshauptmannschaften, Kreis- und Bezirksgerichte.

1. Bezirkshauptmannschaft

Sanok.

Bażanówka, Czerteż, Dąbrówka polska, Dąbrówka ruska, Dębna, Długie, Dudyńce, Falejówka, Hołuczków, Jaćmierz M, Jędruszkowce, Jurowce und Popiele, Kostarowce, Lalin, Liszna, Markowce, Międzybrodzie, Mrzygłód M., Nowosielce gniewosz, Odrzechowa mit Urbanówka, Olchowce, Pakaszówka, Pielnia, Pisarowce, Płowce, Pobidno, Posada jaćmierska, Posada olchowska, Posada sanocka, Posada zarszyńska, Prusiek, Raczkowa, Rakowa, Sanoczek, **Sanok St.** (Bezirksgericht), Siemuszowa, Srogów dolny, Srogów górny, Strachocina, Stróże małe, Stróże wielkie, Trepcza, Tyrawa dolna, Tyrawa wołoska M., Wola krecowska, Zabłotce, Zahutyń und Zarszyn M.

St. Stadt, M. Marktflecken.

Bałucianka & Wulka, Besko & Poremby, Bozianka, Czerem-
cha, Daliowa, Deszno & Woltuszowa, Głembokie, Jaśliska M.,
Kamionka, Klimkówka, Królik polski, Królik wołoski, Ładzin
& Zmysłówka, Lipowiec. Milcza & Mymoń, Polany, Posada
jaśliska, Posada górna, Posada dolna, **Rymanow M.** (Bezirks-
gericht), Sieniawa, Szklary, Tarnawka, Wisłoczek, Wola wyżna
& Rudawka, Wola niżna, Wróblik szlachecki, Zawadka und
Zawoje & Rudawka.

Belchówka, Berezowiec, **Bukowsko M.** (Bezirksgericht),
Czaszyn, Darów, Jasiel, Kamienne, Karlików, Kulaszne, Mokre.
Morochów, Moszczaniec, Nadolany mit Wygnanka, Nagorzany,
Niebieszczany, Nowotaniec M., Płonua, Przybyszów, Puławy
mit Wernejówka, Ratnawica, Seńkowa Wola mit Jaworowa Wola.
Surowica, Tokarnia, Wisłok wielki, Wola piotrowa, Wolica.
Wysoczany i Kożuszne, Zawadka, Zboiska und Zubeńsko.

Bykowce, Choceń, Czystohorb, Dolina, Dołżyca, Duszatyn,
Jawornik, Kalnica, Kamionki, Komańcza, Łukowe, Mików,
Olchowa, Osławica, Poraż, Prełuki, Radoszyce, Rzepedź, Sered-
nie wielkie, Szczawne, Sukowate, Tarnawa górna, Tarnawa
dolna, Turzańsk, Wielopole, Wojskie, Zagórz, Zasławie und
Załusz. Bezirksgericht Lisko.

Wróblik królewski. Bezirksgericht Brzozow.

2. Bezirkshauptmannschaft

Lisko.

Bóbrka, Bezmiechowa górna, Bezmiechowa dolna, Glinne,
Hułele, Jankowce, **Lisko** (Bezirksgericht), Łukawica, Manasterzec und Podsobień, Myczkowce, Olszanica, Orelec, Postołów
mit Wola postołowa, Posada liska, Rudeńka, Uherce und
Kostrzyń, Wrzemień und Łączki, Zwierzyń.

Bachlowa, **Baligród M.** (Bezirksgericht), Balnica, Bereska
mit Wola matiaszowa, Bereżnica niżna, Bereznica wyżna, Buk,
Bukowiec, Bystre, Cisna, Cisowiec, Dołżyca, Dziurdziów, Gor-
zanka, Habkowce, Hoczew, Horodek, Jabłonki, Jaworzec mit
Kobylskie und Berezki, Kalniec mit Trubowiska, Kielczawa,
Kolonice, Krywe ad Ciasna, Krywe ad Tworylne, Lisznia.

Łopienka, Łubne, Łnh, Łupków, Maniów, Mchawa, Myczków, Nowosiółki bal, Polańczyk, Polanki, Przysłup, Raby mit Huczwice, Radziejowa mit Wola, Rajskie mit Łużki nnd Sawkowczyk, Rostoki dolne, Rybne, Smerek, Smolnik, Solina, Solinka und Rostoki górne, Średniawieś, Stężnica, Studenne, Szczerbanówka, Terka, Tworylne, Tyskowa, Wetlina, Wola gorzańska, Wola michowa M., Wołkowyja, Zabródź, Zachoczewie, Zawój, Zawóz, Zerdenka, Zereźnica niznia, Zereźnica wyżnia nnd Zubraczę.

Berehy górne, Caryńskie mit Nesiczne, Chmiel, Chrewt, Dwernik mit Dwerniczek, Hulskie, Krywka, **Lutowiska M.** mit posada (Bezirksgericht), Olchowiec mit Leobrat, Paniszczów, Procisne, Polana, Rosolin, Rosochate, Rnskie, Skorodne, Serednie małe, Smolnik, Stuposiany mit Berezkie, Sokołowa Wola, Ustrzyki górne, Wołosate, Wydrne, Zatwarnica und Żurawin.

Obersdorf, Smolnica, Wolica, Krościenko, Rudawka, Nanowa, Steinfels, Stebnik, Smereczna mit Prinzenthal. Bezirksgericht Dobromil.

Berehy mit Siegenthal, Bandrów und Kolonie, Brelików, Czarna, Daszówka, Dzwiniacz dolny & Romanowa Wola, Hoszów, Hoszowczyk, Jasień, Jałowe & Zamłynie, Leszczowate mit Wola romanowa, Lobozew, Łodyna, Moczary, Paszowa, Ropienka, Równia, Rabbe, Serednica, Strwiązek, Stankowa, Stefkowa, Sokole, Teleśnica oszwarowa, Teleśnica sanna, **Ustrzyki dolne M.** (Bezirksgericht), Ustyanowa, Wankowa, Zadworze, Zawadka und Zołobek.

3. Bezirkshauptmannschaft

Bircza.

Arłamów, Borniowice, Borysławka, **Dobromil St.** (Bezirksgericht), Ober- und Unter-Engelsbrunn und Huczko, Grabownica sozańska, Grodzisko, Hubice, Hnwniki, Hnjsko nnd Falkenberg. Kalwarya und Pacław, Katyna, Kniaźpol, Komarowice, Kopyśno, Kropiwnik, Kwaszenina, Lacko, Leszczyny, Liskowate, Łopuszanka, Łopusznica, Makowa, Makower Kolonie, Michowa, No-

59

wemiasto **M.**, Starzawa. Sopotnik, Tarnawa, Truszowice und Wełykie.

Bircza M. (Bezirksgericht), Bircza stara, Bogoszówka, Brzuska, Brzezawa, Dobra, Dobrzanka, Grąziowa, Hłomcza, Hroszówka, Huta brzuska, Jabłonica ruska, Jamna dolna, Jamna górna, Jasienica sufczyńska, Jawornik ruski mit Borownica, Iskań, Jureczkowa, Korzeniec, Kotów, Krajna, Kreców, Kuźmina, Lachowa, Leszczawa dolna, Leszczawa górna, Leszczawka mit Rozuczka, Lipa, Łodzina, Łodzinka dolna, Łodzinka górna, Łomna, Malawa, Nowawieś, Nowosielce kozickie, Piątkowa, Rozpucie, Rostoka und Krywe, Rudawka, Sufczyna, Tarnawka, Trójca, Trzcianiec, Ulucz, Wola korzeniecka, Wojtkowa, Wojtkówka, Żohatyn mit Pracówka.

4. Bezirkshauptmannschaft

Brzozów.

Brzozów M. (Bezirksgericht), Blizne, Bukow, Domaradz, Golcowa, Górki mit Wola, Grabówka, Grabownica starzyńska, Haczów, Humniska, Jabłonica polska mit Budzirz, Jasienica M., Jasionów, Malinówka mit Kozleniec, Niebocko, Orzechówka, Przesietnica, Starawieś, Trześniów, Turzepole, Wola jasieniecka, Wola orzechowska, Wzdów und Ziemnica.

Bachorzec, Bachorz, Bartkówka, Chodorówka, Dynów mit Przedmieście M., **Dubiecko M.** (Bezirksgericht), Dylągowa, Drohobyczka, Dombrówka starzeńska mit Wola, Dydnia mit Wola, Gdyczyna mit Wola wołodzka, Harta mit Lipnik und Paproć, Hludno górne und dolne, Huta drohobycka, Izdebki, Igicza, Jabłonka, Kasztowa, Końskie, Krzywe, Laskówka, Lubna mit Kazimirówka, Nozdrzec mit Karołówka, Newistka mit Krzemienna, Obarzym, Przedmieście dubiecki (Czerwonka), Pawłokoma, Polchowa, Poremby & Jasionów & Huty, Podbukowina, Ruskawieś, Sielnica, Sliwnica, Siedliska, Słonne, Temeszów mit Wicentówka, Ulanica, Wara, Wesoła & Magierów & Ujazdy, Witryłów, Wołodź und Wydrna.

Barycz, Gwoźnica dolna und górna, Lutcza, Zyżnów. Bezirksgericht Strzyżów.

5. Bezirkshauptmannschaft

Krosno.

Bajdy mit Jaszczów, Bóbrka, Borek, Bratkówka mit Wulka,
Chlebna, Piotrówka und Grabie, Dobieszyn mit Turaszówka,
Guzikówka, Jedlicze M. mit Męcinka, Korczyna M. mit Sporne
und Węglówka, Krościenko wyżne mit Krasne und Czarnorzéki,
Krosno St. (Bezirksgericht), Szczepanowa, Machnówka, Mode-
rówka mit Budżisz und Białkówka, Niżnałąka, Odrzykoń, Po-
lanka mit Swierzowa, Potok, Suchodoł mit Głowienka, Biało-
brzegi und Krościenko niżne, Targowiska mit Widacz und
Leżany, Ustrobna, Wola, Wrocanka, Żarnowiec und Długie.
Żeglec und Zręcin.

Barwinek, Ciechania mit Baranie, Draganowa, **Dukla St.**
(Bezirksgericht), Głojsce, Grale, Hyrowa, Iwla, Kobylany, Lipowica, Łęki, Mszana, Myscowa, Nadole, Olchowiec, Ozienna und
Majdan, Polany mit Huta polańska, Ropianka, Rozstajne, Sme-
reczne, Salistrowa, Teodorówka, Trzciana, Tylawa, Wietrzno mit
Wola albinowská, Wilsznia, Wyszowadka, Zboiska, Żydowskie
und Żyndranów.

Brzezowa und Skalnik, Chorkówka, Desznica und Jaworzec,
Faliszówka mit Poraj, Grabanina und Sadki, Halbów, Kąty,
Kotań, Krempna, Kopytowa mit Stanowska, Leśniówka, Łysa-
góra, Makowiska, Mytarska, Nienaszów, Podniebyle, Swierzawa.
Swiątkowa wielka, Swiątkowa mała, Toki, **Zmigrod M.** (Be-
zirksgericht), Zmigrod stary mit Siedliski.

Cergowa, Jasionka, Iwonicz, Lubatowa, Lubatówka, Miejsce, Rogi, Równe. Bezirksgericht Rymauów.

Iskrzynia, Kombornia mit Wola komborska. Bezirksgericht
Brzozów.

Bonarówka. Bezirksgericht Strzyżów.

Wojkówka. Bezirksgericht Frysztak.

6. Bezirkshauptmannschaft

Sambor.

Babina, Barańczyce, Bereżnica, Biskowice, Błazów, Chlewi-
ska, Czukiew, Dąbrówka, Kaiserdorf, Kowenice, Krużyki, Kúl-

czyce, Lanowice, Maxymowice, Mrozowice, Nadyby. Neudorf, Olszanik, Pianowice, Piniany, Radłowice, **Sambor St.** (Kreisgericht), Sielec, Strzałkowice, Szade, Torczynowice, Torhanowice, Uherce zapłatyńskie, Waniowice, Wojutycze, Wykoty, Wola błażowska.

Bilina, Bilinka, Byków, Dorożów, Dublany, Glinna, Hordynia, Horodyszcze, Kornalowice, Kranzberg, **Łąka** (Bezirksgericht), Maynicz, Manasterzec, Mosty, Nowoszyce, Ortynice, Ozimina, Prusy, Siekierzyce, Tatary, Terszaków, Wołoszcza und Zady.

Błożew górny, Brześciany, Bukowa, Bylice, Czaple, Czyżki, Głęboka, Humieniec, Janów, Koniów, Lutowiska, Pawłówka, Rakowa, Rogóźno, Sąsiadowice, Towarnia und Wola raynowa. Bezirksgericht Starasol.

Łużek dolny. Bezirksgericht Drohobycz.

Czerhawa, Kotowania, Łukawica, Mokrzany, Stupnica und Winniki, Łopuszna, Manasterzec, Podmanasterek, Sprynia, Sprynka, Stronna, Uroz, Zwór. Bezirksgericht Podbuż.

Rajtarowice M. und Sadkowice. Bezirksgericht Niżankowice.

Wola baraniecka, Jatwięgi, Kornice und Więckowice mit Wola więckowska. Bezirksgericht Mościska.

7. Bezirkshauptmannschaft
Staremiasto.

Baczyna, Bilicz, Bussowisko, Bystre, Gałówka, Grąziowa, Hołowecko, Lenina mała, Libuchowa, Lawrów, Łużek, Mszaniec, Nanczułka mała, Potok, Płoskie, Rossochy, Smolnica, Sozań, Spass, **Staremiasto St.** (Bezirksgericht), Strzelbice, Strzyłko, Suszyca, Terło, Terszów, Topolnica, Tycha, Tysowice, Wola koblańska, Wołoszynowa und Wiciów.

Niedzielna, Turze, Zdzianna. Bezirksgericht Podbuż.

Bakowice, Berezów, Chyrów M., Chyrowska posada, Grodowice, Fełsztyn M., Fełsztyn posada, Laszki. Polana, **Starasol St.** (Bezirksgericht). Sliwnica, Suszyca, Szumina, Stochinia, Tarnawka und Wolcze.

Kobło, Straszewice. Kreisgericht Sambor.

Dniestrzyk hołowiecki, Lipie, Łopuszanka chomina, Michnowice. Bezirksgericht Turka.

8. Bezirkshauptmannschaft
Turka.

Bachnowate, Beniowa, **Borynia** (Bezirksgericht), Bukowiec, Butla, Butelka wyżna, Butelka niżna, Dolskie, Hnyła, Huśne wyżne, Huśne niżne, Jabłonów, Jaworów, Iwaszkowce, Komarniki, Krasne, Krywe, Krywka, Libuchora, Matków, Mochnate, Mołdawsko, Myta, Rosochacz, Ryków, Sianki, Sokoliki, Suchy potok, Tureczki wyżne, Tureczki niżne, Wysocko niżne, Zadzielsko und Zawadka.

Berezek, Chaszczów, Dniestrzyk dubowy, Gwoździec, Jabłonka wyzna, Jabłonka niżna, Jasienica zamkowa, Jawora, Ilnik, Łopuszanka Cechnowa, Łomna, Łosiniec, Mielniczne, Przysłup, Radycz, Rozłucz, Rypiany, Szumiacz, Smereczka, **Turka M.** (Bezirksgericht), Wołcze und Żukotyn.

Hołosko, Jasionka masiowa, Jasionka steciowa, Issaje, Kondratów, Swidnik, Wołosianka wielka, Wołosianka mała und Zubrzyce. Bezirksgericht Podbuż.

Boberka, Dydiowa, Dzwiniacz górny, Łokieć, Tarnawa niżnia und wyżnia, Szandrowiec. Bezirksgericht Lutowisko.

9. Bezirkshauptmannschaft
Drohobycz.

Bolechowce, Borysław, Bronica, Delawa, Deryżyce, Dobrohostów, **Drohobycz St.** (Bezirksgericht), Gaje wyżne, Gaje niżne, Hubicze, Jasienica solna, Kołpiec, Kotowska bania, Lisznia, Manaster dereżycki, Manaster liszniański, Michałowice, Modrycz, Mrażnica, Nahujowice, Niedźwiedza, Neudorf, Orów, Poczajowice, Popiele, Raniowice, Rychcice, Schodnica, Sniatynka, Solec, Staniła, Starawieś, Stebnik, Tustanowiec, Truskawiec, Uliczno, Uniatycze, Wacowice und Wola jakubowa.

Bilcze, Brigidau, Dobrowlany, Dołhe, Horucko, Hruszow, Josefsberg, Kawsko, Königsau, Krynica, Letnia, Lipowice, Lity-

nia, **Medenice** (Bezirksgericht), Opary, Rabczyce, Radelicz &
Saska, Słońsko, Tynów, Ugartsberg und Wróblowice.

Bystrzyca, Dołhe, Kropiwnik stary, Kropiwnik nowy, Lastówka, Łokieć, Maydan, Opaka, **Podbuż** (Bezirksgericht), Rybnik, Smołna, Załokieć.

10. Bezirkshauptmannschaft
Rudki.

Andryanów, Brzeziec, Buczały, Burcze, Chłopy, Czerkasy,
Czułowice, Chołodówka, Honiatycze, Horbacze, Horażana mała,
Horożana wielka, Jakimczyce, Katarzyniec, Kahujów, Kołodruby,
Komarno M. (Bezirksgericht), Koniuszki królewskie, Koniuszki
tuligłowskie, Klicko, Litewka, Łowczyce, Małpa, Nowawieś, Nowosiółki, Podolce, Pohorce, Podwysokie, Podzwierzyniec, Powerchów, Porzycze, Rumno, Ryszchów, Saska, Sosułów, Tatarynów, Tuligłowy und Werbisz.

Bieńkowa Wisznia, Błożew dolna, Chliple, Chiszczewice,
Czajkowice, Czernichów, Chłopczyce, Dolobów, Dubaniowice,
Hodwisznia, Hoszany, Jatwięgi, Kanafosty, Kołbajowice, Koniuszki sieniawskie, Koropnż, Kościelniki, Knihenice, Kropielniki, Kupnowice, Laszki, Niechowice, Nowosiólki, Oszczańce,
Ostrów, Podhayczyki, Romanówka, Rozdziałowice, **Rudki M.**
(Bezirksgericht), Szeptyce, Szołominiec, Sudkowice, Uherce wieniawskie, Wankowice, Wistowice und Zagórze.

Brzegi, Burczyce, Mistkowice und Zarajsko. Kreisgericht
Sambor.

Michajłowice und Jaremków. Bezirksgericht Sądowa wisznia.

11. Bezirkshauptmannschaft
Przemyśl.

Babice M., Bachów, Batycze, Bełwin, Bolestraszyce, Buszkowice, Buszkowiczki, Cisowa, Chołowice, Chyrzyna mit Chyrzynka, Duńkowiczki, Chucisko nienadowskie, Hureczka, Hurko,
Korytniki, Kosienice, Krasiczyn M., Krasice, Kruhel wielki &
Kruhel mały, Krzeczkowa, Krzywcza M., Kupno, Krzywiecka
wola, Kuńkowice, Łętownia, Maćkowice, Mielniów, Nienadowa,

Olszany, Orzechowa, Ostrów, Pralkowce, Przekopana mit Przerwa, **Przemyśl St.** (Kreisgericht), Reczpol, Rokszyce, Ruszel-
czyce, Skopów mit Sliwnica, Nahurczany mit Komara, Średnia,
Tarnawce, Ujkowice mit Lipowica, Walawa, Wapowce, Wilcza,
Wyszatyce und Żurawica.

Axmanice, Berendowice, Brylince, Borszowice, Bybło, By-
ków, Boratycze, Cyków, Darowice, Drozdowice, Fredropol M.,
Gdeszyce, Grochowce, Hermanowice, Hruszatyce, Jaksmanice,
Kłokowice, Kniażyce, Koniusza, Koniuszki, Kormanice, Krowniki,
Kupiatycze, Łuczyce, Małhowice, Młodowice, **Nizankowice M.**
(Bezirksgericht), Nehrybka, Niżyniec, Packowice, Pikulice, Ple-
szowice, Podmojsce, Popowice, Rozubowice, Siedliska, Siera-
kośce, Sielec, Sólca, Stanisławczyk, Stroniowice, Tyszkowice,
Wielunice, Wituszyńce, Zabłotce und Zrotowice.

Barycz, Chałupki dusowieckie, Dusowce, Malkowice, Hnat-
kowice, Ciemierzowice, Dmytrowice, Drohojów, Kaszyce, Grabowiec, Nakło, Skład solny, Sośnica, Stubno, Stubienko, Swięte,
Tapin, Trojczyce, Zadąbrowie. Bezirksgericht Radymno.

Bucow, Medyka und Chałupki medyckie, Pożdziacz, Szechi-
nie, Torki. Bezirksgericht Mościska.

Sanoczany. Bezirksgericht Starasól.

12. Bezirkshauptmannschaft

Jaroslau.

Boratyn, Bystrowice, Chłopice, Chorzów, Chieszacia mały
mit Kisielów, Cieszacin wielki, Cząstkowice, Czelatyce, Czudo-
wice, Hawłowice dolne, Hawłowice górne, Jankowice, Jadłówka,
Jaroslau St. (Bezirksgericht), Kidałowice, Koniaczów, Krama-
żówka, Łapajówka, Łowce, Morawsko, Munina, Ozańsko, Paw-
łosiów, Pelnatycze, Pruchnik, Pruchnik M., Rączyna, Rokietnica,
Rozborz długi, Rozborz okrągły, Rozwienica, Rożniatów, Rudoło-
wice, Rzeplin, Sobiecin, Surochów, Swiebodna, Szytna, Tuczempy,
Tuligłowy, Tyniowice, Tywonia, Węgerka, Więckowice, Wola
rozwienicka, Wola węgierska und Zarzecze.

Adamówka, Buchowska wola, Cetula, Cieplice cum 6 attinentis, Czerce mit Czerwona wola, Dobcza, Dobra, Dąbrowica,

Dybków, Krasne, Kruhel pawłosiowski, Leżachów, Makowiska, Manasterz, Maydan cum 7 attinentis, Mołodycz, Nielipkowice, Piskorowice cum 5 attinentis, Pełkinie, Piwoda, Radawa, Rudka, Ryszkowa, Wola, Setna, **Sieniawa M.** (Bezirksgericht), Słoboda, Surmaczówka, Szówsko, Wiązownica, Wierzbna, Wylewa, Wola pełkińska und Zaradawa.

Bobrówka, Czerniawka, Dobkowice, Dunkowice, Korzenica, Laszki mit Charytany, Ludkow, Łazy mit Moszczany, Michałowka, Miękisz nowy, Miękisz stary, Nienowice, Nowa grobla, Ostrów, **Radymno M.** (Bezirksgericht), Skołoszów, Tuchla, Wietlin, Wysocko, Zabłotce, Zaleska wola, Zamiechów und Zamojsce.

Chotyniec mit Dąbrowice und Załazie, Hruszowice mit Gaj. Bezirksgericht Krakowiec.

Żurawiezki długie. Bezirksgericht Przeworsk.

13. Bezirkshauptmannschaft

Mościska.

Balice und Chałupki, Buchowice, Czerniawa, Czyżki, Hankowice und Tulkowice, Hodynie, Koniuszki, Krukienice M., Krysowice, Lacka wola, Laszki, Lipniki, Moczerady, **Mościska St.** (Bezirksgericht), Myślatycze, Ostrożec, Pakość, Pnikut, Podgać, Radenice, Rudniki mit Sulkowszczyzna, Rustoweczko, Rzadkowice, Sokole, Starzawa, Strzelczyska, Tamanowice, Tulkowice, Trzciniec, Zakościele und Zawada.

Arłamowska wola, Bortiatyn, Chorosznica mit Nowosielica, Czyżowice, Dmytrowice, Dołhomościska, Dydiatycze, Hołodówka, Jaremków, Kocierzyn, Kruhin, Księżymost, Kulmatycze, Makoniów, Michalewice, Miłczyce, Mistyce, Mokrzany małe, Mokrzany wielkie, Nikłowice, Orchowice, Piaski, Podliski, Sanniki, **Sadowa Wisznia St.** (Bezirksgericht), Słabasz, Słomianka, Stojance, Szeszerzowice, Tuligłowy, Twierdza, Wiszenka, Wojkowice, Wołczyszczowice, Wołostkow, Zagrody und Zawadów.

Bojowice, Bolanowice mit Bolanówka, Chodnowice, Chraplice, Horysławice, Husaków M., Jordanówka, Lutkow, Nowosiółki, Radochónce, Złotkowice. Bezirksgericht Nizankowice.

Kalników, Małnów und Wola małnowska, Sarny mit Rehberg. Bezirksgericht Krakowiec.

14. Bezirkshauptmannschaft
Jaworow.

Jaworow St. (Bezirksgericht), Bruchnal und Podłuby małe, Czołynie, Przelbice, Rolów mit Senator, Berdychów und Berdykau, Cetula, Czarnokonec, Czernilawa, Laszki, Milaszkowice und Kleindorf, Mużyłowice (mit Kolonie), Nowosiółki, Jazównowy, Jazów stary und Nowiny, Podłuby und Moosberg, Ozomla und Szumlau, Olszanica, Szkło, Tuczapy, Zbadyn mit Kuttenberg, Tróscianiec, Wierzbiany, Załuże, Zawadów.

Bonów, Budomierz, Budzyn, Czerczyk, Drohomyśl, Gnojniec, Gnojnicka Wola, Hruszow, **Krakowiec M.** (Bezirksgericht), Kłonice, Kochanówka, Ruda kochanowska, Lubienie, Młyny, Morańce, Nahaczów, Przedburze, Porudno, Porudenko, Wulka rosnowska & Ruda krakowiecka und Huki, Rogużno, Siedliska, Semerówka, Swidnica mit Boża wola, Skolin, Szczepłoty, Wielkie oczy M., Wulka zmijowska, Wilcza góra und Zmijowska.

Starzyska wola und Korniki, Wiszenka. Bezirksgericht Janów.

15. Bezirkshauptmannschaft
Lemberg.

Basiówka, Biłohorszcze, Brzuchowice, Dublany, Grzęda, Grzybowice wielkie und małe, Hodowice, Hołosko małe, Hołosko wielkie, Jaryczow stary, Jaryczow nowy M., Kaltwasser, Kleparów, Kościejów, Krzywczyce, Kulparków mit Persenkówka, Laszki, Malechów, Pasieki, Podliski wielkie, Prusy, Rudno, Rzęsna polska, Sichow mit Wulka, Siecichow, Sygniówka, Skniłow, Skniłowek, Sokolniki, Sroki, Wulka und Hamulec, Zamarstynow, Zapytów, Zarudce, Zaszków, Zawadów, Zboiska, Zimnawoda, Zimnawédka, Znieśienie, Zubrza und Żydatycze. Landesgericht Lemberg.

Barszczowice, Biłka królewska, Biłka szlachecka, Czarnuszowice, Czerepin, Czyżki, Cżyżyków, Dawidów, Dmytrowice,

Gaje, Ganczary, Głuchowice, Hermanów, Kamienopol, Kozielniki, Krotoszyn, Kuhajów, Lesienice, Mikłaszów, Milatycze, Pikułowice, Podciemno, Podberezce, Podborce, Siedliska, Sołonka wielka, Sołonka mała, Tołczów, Unterbergen, Weinbergen, **Winniki** (Bezirksgericht), Winniczki, Wołków, Zagórze, Zuchorzycę, Żurawniki, Żyrawka.

Brodki, Chrusno stare, Chrusno nowe, Dmytrze, Dobrzany, Dornfeld. Einsiedl, Falkenstein, Glinna, Głuchowice, Humieniec, Jastrzębków, Krassów, Łany, Leśniowice, Lindenfeld. Lubiana, Maliczkowice, Miłoszowice mit Wieniawa, Mostki mit Malinówka, Nagorzany, Nawarya M., Nikonkowice, Nowosiółki, Ostrów, Piaski, Podsadki. Polana mit Hucisko und Międziaki, Polanka, Popielany, Porszna mit Węglarzyska, Pustomyty mit Wolica, Rakowiec, Reichenbach, Serdyca, Siemianówka. Sroki, **Szczerzec M.** (Bezirksgericht) und Zagródki.

Ceperów, Kukizów M., Podliski, Remenów, Stroniatyn, Wisłoboki. Bezirksgericht Kulikow.

16. Bezirkshauptmannschaft

Grodek.

Artyszczów, Bartatów, Bratkowice, Brundorf, Burgthal. Cuniow, Czerlany, Dobrostany, Drozdowice. Ebenau, **Grodek St.** (Bezirksgericht), Haliczanów, Kamienobród, Kicrnica, Kossowiec, Lubien mały, Lubien wielki, Matczyce małe mit Stronna, Małkowice, Neudorf, Obroszyn, Porzycze, Powitno, Rodatycze, Stawczany, Stodółki, Vorderberg, Weissenberg, Wola dobrostańska, Zaszkowice, Zawidowice und Zuszyce.

Borki dominikańskie, Borki janowskie, Dąbrowica, Domażyr, **Janow M.** (Bezirksgericht), Jaśniska, Jamelna, Karaczynów, Kozice, Letechówka, Łozina, Malczyce, Maydan, Mszana, Ottenhausen, Porzyce, Rokitno, Rottenhan, Stawki, Stradcz, Schönthal, Suchowola, Walddorf, Wereszyce, Wielkopole, Wroców, Zalesie, Załuże, Zielów und Żorniska.

Rzeczyczany, Hartfeld und Leśniowice. Bezirksgericht Jaworów.

Milatyn, Bar, Dobrzany, Putiatycze, Doliniany und Wolczuchy. Bezirksgericht Sądowa wisznia.

Uherce niezabitowskie. Bezirksgericht Rudki.

17. Bezirkshauptmannschaft
Żołkiew.

Biesiady, Brzyszcze mit Szabelnia und Żuki, Błyszezywody mit Opłytna, Dąbrowa und Suchorów, Dobrosin, Glińsko mit Czeremuszna & Szarpanka, Fujna, Horbawica mit Huciśko und Prowala, Krechów mit Manaster, Kunin, Maydan und Polany, Mierzwica und Wiesenberg, Macoszyn, Mokrotyn mit Kolonie Piły und Borowe, Soposzyn, Smereków, Skwarzawa nowa mit Lipnik und Nadzieja, Skwarzawa stara, Turynka, Winiki, Wiązowa, Wulka kunińska, Wola wysocka, Ruda und Chamy, Zameczek und Borowy, **Żołkiew St.** (Bezirksgericht).

Artasów, Czystynie, Doroszów mały, Doroszów wielki, Dzibułki, Henrykówka, Hrebenće, Koszelów, Krasiczyn, Kłodno, Kłodzienko, **Kulikow M.** (Bezirksgericht), Mohylany und Wierzblany, Nowesioło, Nahorce, Nadycze, Nowystaw, Przedrzymichy, Przemywołki, Pieczychwosty, Rudańce, Sulimów, Udnow, Zwertów, Żełdec und Teodorshof, Żółtańce und Wola żółtaniecka.

Borowe mit Łęgowe, Brzystauie, Butyny, Szyszaki und Kazumin, Batiatycze und Lipniki, Bojaniec mit Wierzbica und Warenica, Dworce, Derewnia mit Niedźwiednia, Dalnicz mit Groniuchy, Herawiec mit Chocholec, Kulawa mit Lazowa, Kupiczwoła, Lubela, Reklinice, Tłumacz und Zdeszów, Wolica mit Stanisławówka & Wieczorki, Strzemień, **Mosty wielkie M.** (Bezirksgericht), Zubowmost mit Bozanka und Ignacówka.

18. Bezirkshauptmannschaft
Sokal.

Baranie peretoki, Bobiatyn, Byszów, Chorbków, Cieląż, Chorobrów, Horodłowice, Ilkowice mit Walawka, Konotopy, Kopytów, Korczyn, Leszczatów, Luczyce mit Bujawa, Mianowice, Nuśmice, Opulsko, Perespa, Perwiatycze, Pieczygóry, Poturzyce mit Wulka poturzycka und Bendiuha, Podzimierz, Rozdziałów mit Andrzejówka, Sawczyn, Skomorochy und Rumoszcz, Spasów, **Sokal St.** (Bezirksgericht) mit Babiniec und Zabuże mit 6 Vorstädten, Starogród, Steniatyn mit Rojatyn, Switarzów mit Rulikówka, Szarpańce, Tartaków M. mit Tartaków und Tartakowce, Torki mit Zboiski, Tutorkowice und Szychtory, Uhrynów, Ulwowek, Wolica, Komarowa mit Komarów und Horodelce, Wojsławice, Zawisznia und Zubków

Bełz St. (Bezirksgericht), Gura mit Kuliczków, Prusinow, Budynin, Cebłów mit Tuszków, Przemysłów, Oserdów, Zużel, Waniów, Myców mit Wyżłów, Worochta, Chłopiatyn, Wierzbiąż, Machnówek, Żabcze murowane, Głuchow, Smitków, Moszków, Chatowice, Leszczków, Siebieczów, Rusin, Bezejów, Bojanice, Piwowszczyzna, Ostrów, Boratyn, Madziarki und Wydra, Krystynopol M. mit Nowydwór, Dobraczyn, Kłussów, Łiski, Przewodów, Kościaszyn, Zniatyn, Hulcze mit Chochłów, Dłużniów mit Winniki, Liwcze, Lubów mit Korków, Waręż M., Waręż, Horodyszcze ad Waręż, Sulimów und Witków.

Jastrzębica, Hohołów, Horodyszcze bazyliańskie, Radwańce mit Wulka radwaniecka, Parchacz, Tyszyce, Wołsin mit Naradna, Sielec mit Zawoń und Nosate. Bezirksgericht Mosty wielkie.

<h3 align="center">19. Bezirkshauptmannschaft
Rawa.</h3>

Bobroidy, Biszków, Budy, Boziki, Budy, Debykułajec & Pawliszcze, Dziewięcirz sammt Kolonie Einsingen, Hucisko, Hujcze, Hołe mit Lużki und Swiękowice, Huta zielona, Hołe, Horaj & Belina, Kamionka wołoska, Krzywc, Kornie, Huta lubycka, Lipnik, Lubycza M., Lubycza, Lubycza kniaże und Rudki, Mosty małe M., Przedmieście, Pieratyn, Pomlynów, Potylicz M. und Wojtowszczyzna, Prusie, Potok, **Rawa M. mit Lipnik** (Bezirksgericht), Rzyczki, Hrebenne mit Pazanie, Szabelnia & Rata, Starawieś, Siedliska, Tyniatyska, Werchrata.

Uhnow M. (Bezirksgericht), Zastawie, Karów mit Nowydwór, Bozemka und Iwanki, Dyniska, Nowosiółki przednie, Korczmin, Korczów, Poddupce mit Michałówka, Żabiżanka und Jozefówka, Rzeczyca mit Hubinek, Żurawce mit Netreba, Północki und Ruda żurawiecka, Ulhuwek, Krzewica, Tarnoszyn, Szczepiatyn, Wasyłów wielki, Machnów und Berki, Strona und Zielona, Wierzbica mit Wulka, Nowosiółki kardynalskie, Woro-

nów, Staje, Ostobuź, Tehłów, Horonów mit Bruckenthal, Chliw-
czany mit Maziarki und Podołhe, Domaszów, Sałasze, Zaborze
und Wulka mazowiecka.

Niemirów M. mit Wulka (Bezirksgericht), Przedmieście,
Parypsy, Szczyrzec mit Jasionówka, Wróblaczyn mit Ruda und
Wola, Radruż mit,Hałanie, Hrynie, Kuciery und Szkoliki, Smo-
lin mit Salaszy, Smolin niemiecki, Magierów und Borki M.,
Horodzów, Kamienna góra, Lawryków, Manasterek & Milków-
kąt, Okopy, Pogorzelisko, Zamek, Biała mit Krzcmionka, Pod-
lesie und Zawienie, Ulicko zarembane, Ulicko seredkiewicz,
Huta obedyńska und Olszalka.

Bełzec und Brzeziny. Bezirksgericht Cieszanów.

* ### 20. Bezirkshauptmannschaft
Cieszanów.

Basznia dolna mit Borowa góra, Tymcc und Ruda, Basznia
górna mit Czerwinck, Dombrowa, Sołotwina und Reichau, Bi-
hale mit Sople und Glinki, Borchów, Cewków mit Wola, Dach-
nów und Futory dachnowskie, Dombrowa und Kornagi, Ruda
szczułkowska und Sztuki, Dzików stary mit Dzików nowy,
Grządka, Lebedzic und Łominy, Huta krzyształowa, Kobylnica
ruska und Felbach, Kamienisko und Rotysko, Kobelnica wołó-
ska mit Szczeble, Hryckowe, Podloży und Mielniki, Lisiejamy
mit Ostrowiec, Niwki & Wojtowszczyzna, **Lubaczów M.** (Bezirksgericht) und Bałaje Mokrzyca und Hurcze, Lukawiec, Mil-
ków mit Wulka, Młodów und Burgau, Antoniki und Mokrzyca,
Oleszyce M. und Futory, Oleszyce stare mit Uszkowce und Za-
biała, Opaka und Feldendorf, Sieniawka und Stelmachy hryniaw-
skie, Capy und Sucholice, Staresioło mit Bachory, Czeterboki,
Ihnasze, Lihacze und Onyszki, Suchawola mit Hamarnia, Iguaty,
Kozaki, Soliły, Zakopce und Zalesie, Szczutków und Sysaki,
Wulka zapalowska und Szczybiwilki, Załuże, Zapałow mit Polanka und Buczyna.

Cieszanów M. (Bezirksgericht), Nowcsioło, Hótylub, Krzywe,
Huta stara, Bruśno stare, Bruśno nowe mit Deutschbach und Duch-
nice, Rudki, Podemszczyzna. Horynicc, Wulka horyniecka, Nowiny,

Niemstów, Ulazów mit Kozijówka, Moszczanica und Witki, Błazów recte Płazów M., Gorajec, Żukow, Freifeld und Kossobudy, Huta różaniecka, Grochy und Koryje, Ruda różaniecka, Lubliniec nowy und Tepiły, Lubliniec stary, Narol M. und Krupiec, Narol und Zagrody, Chliwiska mit Lipie, Kadłubiska mit Podleśna und Chyże, Lipsko mit Jędrzejówka M., Wola wielka, Łukawica und Łowcza.

Krowica hołodowska, Krowica lasowa, Lipowiec mit Maydan und Lindenau und Krowica sama mit Żytynia. Bezirksgericht Niemirów.

21. Bezirkshauptmannschaft
Brzeżan.

Brzeżan St. mit 4 Vorstädten (Bezirksgericht), Baranówka, Chinowice, Buszcze, Ryszki, Demnia, Hucisko, Podwysokie, Dworce, Dryszczów, Kuropatniki mit Budylówka, Kuszany, Lapszyn, Leśniki, Litiatyn, Kotów, Mieczyszczów, Nadoroźniów, Narajow M., Narajów, Olchowiec, Plichòw mit Wolica, Poruczyn, Posuchów, Potok, Potutory mit Żołnówka, Ray, Rohaczyn M., Rohaczyn, Rybniki mit Nowogrobla, Saranczuki und Baźnikówka, Szybalin, Trościaniec, Urman, Wierzbów, Wulka, Żuków und Szumlany.

Kozowa M. (Bezirksgericht), Wiktórówka, Krzywe, Medowa, Wymysłówka, Teofipolka, Wybudów, Augustówka, Ceniów, Olesin, Dubszcze, Komarówka, Kozówka, Koniuchy, Budyłów, Płotycze. Glinna, Chorobrów, Choróściec, Kaplińce, Złoczówka, Helenków, Kozłów M., Cecory, Dmuchawiec, Horodyszcze, Krasna, Plaucza wielka, Plaucza mała, Pokropiwna, Słobudka, Taurów, Kalne.

Słoboda. Bezirksgericht Złotniki.

22. Bezirkshauptmannschaft
Bóbrka.

Bóbrka St. (Bezirksgericht), Ernsdorf, Łany, Mühlbach, Pietniczany, Rehfeld, Sarniki, Rakowce, Lubeszka, Repechów, Trybuchowce, Żabokruki, Budków, Dźwinogród, Hibowice wielkie,

Horodysławice, Hryniów, Szołomyja, Suchodoł cum attinentiis, Łopuszna, Kocurów, Mikołajów M., Olchowiec, Podjarków, Podhorodyszcze, Podsosnów, Podmanastérz, Romanów, Siedliska, Staresioło, Wodniki, Wołoszczyzna, Łanki małe, Stoki, Sokołówka, Choderkowce, Strzałki, Wybranówka M., Bryńce cerkiewne, Bryńce zagórne, Borusow, Wołowe.

Berteszów, Borodczyce, Borynicze, Brzozdowce M., Bukawina und Czartorya, **Chodorów M.** (Bezirksgericht), Czyżyce, Demidów, Dobrowlany, Drohowyże, Duliby, Dziewiętniki, Hołdowice królewskie, Horodyszcze, Hranki, Hrusiatycze, Jatwięgi, Juszkowce, Kołohury, Knicsioło, Kuty, Laszki górne, Laszki dolne, Leszczyn, Łuczany, Mołodyńce, Molotów, Nahoryniec, Nowosielce, Oryszkowce, Ostrów, Ottyniowice, Podhorce, Podliski, Podniestrzany, Ruda, Stańkowce, Strzeliska nowe M., Strzeliska stare, Suchrów, Turzanowce, Wołczatycze, Zalesie, Zagóreczko, Żyrawa.

Bortniki, Czeremchów, Holeszów mit Łapszyn, Uruskie, Wierzbica. Bezirksgericht Żurawno.

23. Bezirkshauptmannschaft
Rohatyn.

Babińce, Babuchów, Bienkowce, Czercze, Cześniki, Dalnicze, Dubryniów, Dziczki, Fraga, Honoratówka, Jahłusz, Jawcze, Koniuszki, Kutce, Lipica górna, Łopuszna, Łuczyńce, Lubsza, Mełna, Obełnica, Perenówka, Podbuże, Podgrozie M., Podkamień M., Podwinie, Potok, Puków, Putiatycze, **Rohatyn St.** (Bezirksgericht), Ruda, Sołoniec, Stratyn M., Stratyn, Wyspa M., Zatanów, Zalipie, Żołczów, Załuże.

Bołszowce M., Bybło, Chochoniow, Ujazd, Wierzbiłowice, **Bursztyn M. mit Ludwikówka** (Bezirksgericht), Chorostków, Dydiatyn, Hanowce, Herbutów, Jabłonów, Jezierzany, Junaszków, Kunaszów M., Konkolniki, Korostowice, Kunicz, Kuropatniki, Lipica dolna, Meducha, Międzychorce, Nastaszczyn, Podszumlańce, Popławniki, Sarnki górne, Sarnki dolne, Sarnki średnie, Siemikowce, Skomorochi stare, Skomorochi nowe, Słobudka, Stasiowa wola, Świstelniki, Tenetniki, Zagórze, Zehilory.

Dehowa, Doliniany, Knihinicze, Ośkrzesińce, Pomonięta, Psary, Wasiuczyn, Zagórze. Bezirksgericht Chodorów.

Bouszów, Demianów, Demeszkowce, Hnuszowce mit Jastrzębica, Niemszyn, Ruzdwiany, Słobudka. Bezirksgericht Halicz.

Bukaczowce M., Czahrów, Czerniów, Kozara, Kołokolin, Martynów nowy, Martynów stary, Nowoszyn, Podmichałowce, Poświrż mit Słoboda, Wiszniow, Żurawienko, Żurów. Bezirksgericht Woynilów.

Hrehorów mit Ostrów. Bezirksgericht Żurawno.

24. Bezirkshauptmannschaft
Podhayce.

Beckersdorf, Białokiernica, Brżyków, Dobrowody, Gniłowody, Halicz, Holhocze, Horożanka M., Jabłonówka, Justynówka, Korzowa, Kotuszów, Litwinów, Łysa, Markowa, Mądzielówka, Michałówka, Mużyłów, Nossów, Nowosiółka, **Podhayce M.** (Bezirksgericht), Rudniki, Seredne, Siółko, Starcmiasto, Szweyłów, Toustobaby, Uhrynów, Wierzbów, Wolica, Wołoszczyzna, Zuhayce, Zastawcze, Zaturzyn, Zawadówka, Zawałów M., Zastawcze.

Małowody, Szczepanów, Sosnów mit Tudynka, Telacze, Uwsie. Bezirksgericht Kozowa.

Boków, Dryszczów, Hnilcze und Panowice, Sławętyn, Szumlany, Byszów. Bezirksgericht Bursztyn.

Rosochowaciec, Iżków, Bohatkowce, Siemikowce, Bieniawa, Rakowiec. Bezirksgericht Złotniki.

25. Bezirkshauptmannschaft
Przemyślany.

Biłka, Brykoń, Biała, Błotnia, Baczów, Borszów, Ciemierzyńce, Dunajów M., Dusanów, Dobrzanica, Janczyn, Krasnopuszcza, Krosienko, Kosteniów, Kimirz, Korzelice und Hulków, Ładańce, Meryszczów, Nowosiółka, Niedzielska, **Przemyślany M.** (Bezirksgericht), Pletenice, Poluchów, Podusów, Pleników, Potoczany, Podusilna, Pniatyn, Rekszyn, Strychańce, Tycznia mit Przebinie, Wołków, Wiśniowczyk, Wypyski, Wojciechowice,

Brzuchowice, Ostałowice, Uszkowice mit Czupernosów, Żędowice.

Dworzyska mit Podhayczyki und Unterwalden, **Gliniany St.** (Bezirksgericht), Hanaczów, Hanaczówka, Jaktorów, Kurowice mit Alfredówka, Krzywice, Łahodów und Siworogi, Laszki królewskie, Lipowce, Łonie, Maydan lipowiecki, Peczenia, Pohorylce, Połtew, Połnice mit Bohdanówka, Przegnojów, Poluchow, Rozworzany, Sołowa, Stanimirz, Słowita, Turkocin, Uniów mit Młynowce, Wyzniany, Zadwórze, Zamoście, Zeniów.

Hlebowice świrskie, Świrz M., Kopań. Bezirksgericht Bóbrka. Firlejów M. mit Kleszczowna. Bezirksgericht Rohatyn.

26. Bezirkshauptmannschaft
Stryj.

Brutkowce mit Błonie und Słobudka, Bereznica, Chodowice, Chromohorb, Daszawa, Dobrowlany, Dobrzany, Dołhe, Dołhołuka und Błonie, Duliby, Falisz, Grabowiec, Hołobutów, Hurnie, Kawczykąt, Kłodnica, Komarów mit Olexice und Jaroszyce, Koniuchow, Lisiatycze, Łotatniki, Lubieńce, Łukawica niżna, Łukawica górna, Machliniec, Manasterce, Niezuchów, Pietniczany und Wolica, Pukienicze, Podhorce, Rozhurcze, Siechów, Siemiginów, Staników, Strzałków, Strychańce, **St. Stryj mit Szumlańszczyzna** (Bezirksgericht), Tatarsko, Uhełna, Uhersko, Wierczany, Wola Dołhołucka, Wawnia, Zawadów, Żulin.

Annaberg, Chaszczowanie, Felizienthal, Grabowiec, Hołowiecko, Hrebenów, Huta mit Korostów, Hutar, Jamelnica, Jeleńkowate, Kalne, Karlsdorf, Klimiec, Korczyn, Koziowa, Kruszelnica, Libochora, Lawoczne, Międzybrody, Oporzec, Orawa, Orawczyk, Pławie, Podhorodce, Pobuk, Pohar, Rożanka niżna, Rożanka wyżna, Ryków, Dorf Skole, **M. Skole** (Bezirksgericht), Sławsko, Smorze, Sopot, Stynawa niżna, Stynawa wyżna, Synowudzko niżne, Synowudzko wyżne, Tarnawka, Tuchla, Tucholka, Tyszownica, Truchanów, Tysowice, Urycz, Wołosianka, Wyzłów, Żupanie.

Dzieduszyce wielkie, Morszyn, Sokołów M., Gelsendorf mit Nowy-Olexiniec, Łany. Bezirksgericht Bolechów.

27. Bezirkshauptmannschaft
Dolina.

Bolechów St. mit Salamonowa górka (Bezirksgericht), Belejów, Brzaza mit Sukiel, Cisów mit Bubniszcze, Bolechow ruski mit Dołżka, Cerkowna, Czołhany, Gierynia, Hoszów, Kamionka, Lipa, Lisowice, Niżniów gorny und dolny, Podberez mit Huziejów und Huziejow nowy, Polanica mit Jammersthal, Roztoczki, Słoboda und Luszki, Stankowiec, Taniawa mit Pöchersdorf, Tiapcze, Witwica, Wołoska wieś mit Babilon nowy, Zaderewacz mit Wola zaderewacka.

St. Dolina (Bezirksgericht), Bolechów, Dobołówka, Grabów, Hoffnungsau, Ilemnia, Jaworów, Jakubów, Kalna, Kniaziołuka, Lipowica, Łopianka, Mizuń, Mizuń nowy, Nadziejów, Nowosielica niżna, Nowosielica wyżna, Nowoszyn, Rachin, Raków, Słoboda, Strutyn niżny, Suchodół, Sułoków, Trościaniec, Turza guiła, Turza wielka, Engelsberg, Lolin, Ludwikówka, Maxymówka, Niagryn, Pacyków, Seneczów, Teresówka M., Weldzirz, Wyszków.

M. Rożniatów (Bezirksgericht), M. Perehińsko mit Angełow, Swaryczów mit Manaster, Krechowice, Strutyn wyżny, Spas mit Pohorylec und Podsuchy, Łuchy, Cieniawa mit Demnia, Duba, Rypne, Lecówka, Dubszara, Kniaziowskie, Janówka, Jasieniowice, Olchówka, Rześniate.

28. Bezirkshauptmannschaft
Kałusz.

Bania, Berłohy, Bereznica szlachecka, Chocin, Dołhe, Dobrowlany, Grabówka, Jasień, Jaworówka, **M. Kałusz** (Bezirksgericht), Kadobna, Kamień, Krasna, Kropiwnik, Kopanka, Łdziany, Landestreu, Maydan, Mysłów, Mościska, Kałusz nowy, Niebyłów, Nowica, Petranka, Poyło, Podhorki, Podmichale, Przysłup, Równia, Rypianka, Siwka, Sliwki, Słoboda niebygłowska, Słoboda równiańska, Topolsko, Ugartsthal, Uhrynów średni, Uhrynów stary, Wistowa, Zagórze, Zawoj.

Broszniów, Hołyń, Tużyłów und Kotiatycze. Bezirksgericht Rożniatów.

Babin, Cwitowa, Dołha, Dołszka, Dołpotów, Dubowica, Humenów, Łuka, Medynia, Moszkowce, Niegowce, Perekosy, Słoboda, Przewoziec, Seredne, Siółka, Siwka, Studzianka, Tomaszowce und Dombrowa, **M. Woyniłów** (Bezirksgericht).
Wierzchnia, Zawadka, Zbora. Bezirksgericht Żurawno.

29. Bezirkshauptmannschaft
Żydaczów.

Bereżnica królewska, Brzezina, Cucułowce, Czernica, Demenka podniestrzańska, Demenka leśna, Demnia, Derzów, Drohowyże, Hnizdyczów, Iłów, Iwanowce, Kijowiec, Krupsko, Malechów, **St. Mikołajów** (Bezirksgericht), Nadiatycze, Pczany, Pasieczna, Pokrowce, Roguźno, Rozdół M., Rozwadów, Rudniki, Stulsko, Tejsarów, Trościaniec, Turady, Uście, Weryń, Wolica hnizdyczowska, Wola wielka, Wola mała, Woleniów, Żurawków, Żydaczów St., Żydaczowskie folwárki.

Balicze podróżne, Balicze zarzeczne, Bujanów, Czerteż, Dubrawska, Dzieduszyce małe, Hanowce, Izydorówka, Jajkowce, Juseptycze, Korczówka, Kotoryny, Krechów, Lachowice podróżne und Marynka, Lachowice zarzeczne, Lubsza, Lutynka, Lowczyce, Lysków, Manasterzec und Starawieś, Mazurówka, Mielnicz, Międzyrzyce, Młyniska, Nowesioło M. mit Kornelówka, Oblaznica, Pobereż mit Adamówka, Protesy, Ruda M. mit Kochawina, Smuchow, Stankowa mit Kulinki, Sulatycze, Tarnawka, Włodzimirce, Zabłotowce, **Żurawno M.** (Bezirksgericht), Żyrawa.

30. Bezirkshauptmannschaft
Stanislau.

Bryń, Bednarów, Chryplin, Czerniejów, Chomiaków, Ciężów, Dobrowlany, Jamnica, Krechowce, Kołodziejówka, Knihinin, Maydan, Mykietyńce, Opryszowce, Podłuże, Pasieczna, Pacyków, Pawelcze, Rybno, **Stanislau St.** (Kreisgericht), Uhrynów górny Uhrynów dolny, Uhorniki, Wołczyniec, Zagwóźdź.

Błudniki, Delejów, Dorohów, Dubowce mit Dehowa, **Halicz** St. (Bezirksgericht), Jezupol M., Kołodziejów, Komarów, Kozina, Kryłos, Kurypów, Łany, Marjampol Dorf, Marjampol M., Ostrów, Perłowce, Pitrycz, Pobereże mit Barańowka, Podgrodzie, Pukaszowce, Sapahów, Siedliska, Sielec, Sobotów, Sokol, St. Stanisław, Temerowce, Tumicz, Tustań, Uzin, Wodniki, Wiktorów, Wołczków, Wysoczanka, Załukiew.

Jeziorko, Kończaki, Krymidów. Bezirksgericht Monasterzyska.

Czukałówka. Bezirksgericht Bohorodczany.

Tyśmieniczany, Zabereże. Bezirksgericht Nadworna.

31. Bezirkshauptmannschaft
Bohorodczany.

Bohorodczany M. (Bezirksgericht), Bohorodczany stare, Drohomirczany, Grabowiec, Horocholina, Hryniówka, Iwanikówka, Lachowce, Łysiec M., Łysiec stary, Lesiówka, Maydan, Niewoczyn, Pochówka, Posiecz, Radcza, Sadzawa, Stebnik.

Babcze, Bitków, Bogrówka, Bania, Chmielówka, Dźwiniacz, Głeboka, Hlebówka, Hwozd, Jabłonka, Kosmacz, Kryczka, Krzywiec, Markowa, Maniawa, Mołotków, Manasterczany, Porohy, Rosulna, Rakowiec, **Sołotwina M.** (Bezirksgericht), Starunia, Żuraki, Zarzycze.

32. Bezirkshauptmannschaft
Nadworna.

Cucyłów, Fitków, Hawryłówka, Kamienna, Maydan górny, **Nadworna M.** (Bezirksgericht), Nazawizów, Paryszcze, Pasieczna, Pniów, Przerósł, Strymba, Tarnowica leśna, Weleśnica dolna und górna, Wołosów, Zielona.

Delatyn M. (Bezirksgericht), Dobrotów, Dora, Hołosków, Mołodyłow, Skopówka, Jabłonica, Jamna, Krusna, Łanczyn, Łojowa, Łuh, Maydan średni, Glinki, Bednarówka, Siedliska, Maydan stary, Mikuliczyn, Tatarów, Worochta, Połonica, Osław biały, Oslaw czarny, Potok czarny, Sadzawka, Strupków, Zarzyce.

33. Bezirkshauptmannschaft
Tłumacz.

Antonówka, Bortniki, Bratyszów, Budzyn, Bukowna, Delawa, Dolina, Gruszka, Hryniowce, Jackówka. Jezierzany, Kolińce, Korolówka, Kutyska, Łokutki, Nadorożna, Niżniow M., Okniany, Olesza, Oleszów, Ostrzynia, Pałahicze, Przybyłów, Puźniki, Słobudka, **Tłumacz M.** (Bezirksgericht).

Babianka. Bohorodyczyn, Bratkowce, Chomiakówka, Czarnołóśce, Hostów, Kłubowce, Krasiłówka, Krzywotuły nowe, Krzywotuły stare, Ladzkie, Markowa, Ottynia M., Grabicz, Podpieczary, Przeniczniki, Pohonie, Słobudka, Odaje, Targowica, Tarnowica polna, **Tyśmienica St.** (Bezirksgericht), Uhorniki, Winogród, Worona, Zakrzewcze.

Bobrowniki, Dołhe, Jórkówka, Komarówka, Ladzkie. Łuka, Międzygórze, Nowosiółka, Petryłów, Rożniów, Strychańce, Trościance, Uście zielone M. Bezirksgericht Monasterzyska.

Miłowanie, Olszanica. Bezirksgericht Halicz.

34. Bezirkshauptmannschaft
Buczacz.

Baranów, Baryż, Berezówka, Bertniki, Czechów, Dubienko, Folwarki, Hrechorów, Huta stara, Huta nowa, Jarhorów, Jezierzany, Izabella, Krasiejów, Krościatyn, Kowalówka, Lazarówka. Monastarzyska, Niskołyzy, Olesza, Późniki, Sawaluszki, Słobudka górna, Słobudka dolna, Weleśniów, Wierzbiatyn, Wyczułki, Zadarów. Bezirksgericht Monasterzyska.

Buczacz St. (Bezirksgericht), Dźwinogród, Hubin, Kościelniki, Kośmierzyn, Leszczańce, Nagorzanka, Podzameczek, Porchowa, Potok M., Przewłoka mit Zalesie, Rukomysz, Rusiłów. Scianka, Skomorochy, Snowidów, Sokołów, Sokulec, Soroki, Woziłów, Zielona, Zubrzec, Żurawiniec, Żyżnomierz.

Horyhlady, Koropiec, Nawasiołka, Ostra, Przewoziec, Zalesie. Bezirksgericht Tłumacz.

Bielawińce, Bobulińce, Kujdanów, Medwedowce, Nowostawce, Osowce, Petlikowce stare, Petlikowce nowe, Pielawa, Kurdwanówka, Janówka, Podlesie. Bezirksgericht Budzanów.

Pomorce, Pyszkowce, Rzepińce, Trybuchowce, Zaleszczyki małe. Bezirksgericht Jazłowiec.

Dobropole, Mateuszówka, Sapowa, Paleśniki. Bezirksgericht Złótniki.

35. Bezirkshauptmannschaft
Kołomyja.

Ceniawa, Czeremchów, Debesławce, Działkowce, Gody, Kamionka mała, **Kołomyja St.** (Bezirksgericht), Kornicz, Korolówka, Korszów, Kropiwiszcze, Kujdańce, Liski, Matyjowce, Marjahilf, Oskrzesińce, Perezów mit Trościanka und Pilipy, Piadyki, Siemakowce mit Cuculin, Słobudka leśna mit Puhary, Sopów, Tracz, Wołowe, Załucze, Zamulińce.

Gwoździec M. (Bezirksgericht), Ostapkowce, Czechowa, Gwoździec stary, Gwoździec mały, Podostaje, Słobudka polna, Chwaliboga, Pruchniszcze, Winogród, Turka, Fatowce, Ostrowiec, Rosochacz, Podhayczyki, Nazurka, Kobylec, Zahajpol, Chomiakówka, Kułaczkowce M., Balińce, Trofanówka, Buczaczki, Rohynia.

Bunia berezowska, Berezów niżny, Berezow wyżny, Jabłonów M., Ispas, Iwanowce, Kowalówka, Kłuczów mały, Kłuczów wielki, Kniazdwór, Łucza, Łuczki, Markówka, Myszyn, Młodziatyn, **Peczyniżyn M.** (Bezirksgericht), Rungury, Rakowczyk, Słoboda rungurska, Stopczatów, Iwirska bania, Szeparowce, Tekucza, Tłumaczyk, Werbiąż niżny, Werbiąż wyżny.

Chlebiczyn leśny, Dobrowódka, Dżurków, Kamionki wielkie, Michałków, Żukocin, Żuków. Bezirksgericht Obertyn.

36. Bezirkshauptmannschaft
Horodenka.

Horodenka St. (Bezirksgericht), Czernelica M., Czerniatyn, Głuszków, Jasienów polny, Serafińce, Probalin, Strzylcze, Horodnica perediw, Potoczyska, Siemakowce, Biłka, Michalcze, Kolanki, Daleszowa, Dąbki, Rypużyńce, Kopaczyńce, Koniszowce, Olchowiec, Olejowa korolówka, Olejowa korniow, Raszków, Tyszkowce, Okno, Wierzbowce, Korniów, Chmielowa.

Bałahorówka, Chocimirz M., Czortowiec, Hanczarów, Harasymów, Hawrylak, Jakóbówka, Isaków, Łuka, Manaster, Niezwiska, **Obertyn M.** (Bezirksgericht) mit Netrebówka, Piotrów, Podwerbce, Rakowiec, Semenówka, Siekierczyn, Uniż, Woronów, Żabokruki, Żywaczów.

Soroki, Targowica, Toporowce. Bezirksgericht Gwozdziec.

Podwysokie. Bezirksgericht Śniatyn.

37. Bezirkshauptmannschaft
Śniatyn.

Alhinówka, Bełełuja, Budyłów, Drahasymów, Hankowce, Karłów, Kniaże, Kułaczyn, Łubkowce, Mikulińce, Orelec, Potoczek, Russów, **Śniatyn St.** (Bezirksgericht), Stecowa, Tuława, Uście, Widynów, Wołczkowce, Zadubrowce, Załucze, Zawale, Przerwa.

Borszczow, Chlebyczyn, Demycze, **Zabłotów M.** (Bezirksgericht), Tuluków, Kielichów, Oleszków, Trojca, Trościaniec, Ilińce, Rudniko, Nowosielice, Rożnów, Dżurów, Popielniki, Tuczapy.

Krasnostawce. Bezirksgericht Gwozdziec.

38. Bezirkshauptmannschaft
Kossów.

Babin, Brustury, Chomczyn, Czerhanówka, Horod, Jasionów górny, Jaworow, **Kossów M.** (Bezirksgericht), Kossów stary, Krzyworównia, Manastersko, Moskalówka, Mykietyńce, Pistyn M., Prokurawa, Riczka, Smodna, Szeszory, Sokołówka, Utoróp, Wierzbowce, Żabie.

Berwinkowa, Białoberezka, Chorocowa, Dołhopol, Fereskula, Hołowy, Hryniawa, Jabłonica, Kobaki, Krasnoilla, Kutty stare, **Kutty St.** (Bezirksgericht), Polanki, Perechrestne, Rybno, Roztoki, Rożen maly, Rożen wielki, Słobudka, Stebne, Tudiów, Uścieryki.

Akreszory, Kosmacz. Bezirksgericht Peczeniżyn.

39. Bezirkshauptmannschaft
Zaleszczyki.

Zaleszczyki St. (Bezirksgericht), Zaleszczyki stare mit Filipcze, Dobrowlany, Bedrykowce, Żyrawka, Zeżawa, Pieczarna,

Dźwiniacz, Dupliska, Lesienieczniki, Holyhrady, Kasperowce, Grodek M., Kułakowce, Duninów, Kościelniki, Szerytowce, Zazulińce, Sinków, Kołodróbka, Szuparka, Szyszkowce, Nowosiółka kościukowa, Chudyjowce, Korolówka M., Jurjampol, Skowiatyn, Winiatyńce.

Uścieczko M., Tłuste M., Iwanie, Torskie, Hinkowce, Berestek, Chartanowce, Uhryńkowce, Błyszczanka, Manasterek, Bilcze und Dobrokół, Muszkarów, Myszków mit Teklówka, Olexińce, Szerszeniowce, Szypowce, Lisowce, Kapuścince, Milowce, Anielówka, Rożanówka, **Tłuste** Dorf (Bezirksgericht), Hołowczyńce, Karolówka, Worwolińce, Słone, Nagorzany, Nyrków, Czerwonogród, Szutromińce.

Burakówka, Beremiany, Capowce, Chmielowa, Drohiczówka, Łatacz, Popowce, Sadki, Swierzkowce, Słobudka. Bezirksgericht Jazłowiec.

40. Bezirkshauptmannschaft
Borszczów.

Babińce ad Dźwinogród, Babińce ad Krzywcze, Bielowce, Boryszkowce, Chudykowce, Dźwiniaczka, Dźwinogród, Filipkowce, Germakówka, Horoszowa, Iwanie puste, Kudryńce M., Kozaczówka, Krzywcze dolne, Krzywcze górne, Krzywcze M., Łatkowce, Michałków, **Mielnica M.** (Bezirksgericht), Młynówka, Niwica, Nowosiółka, Okopy M., Olchowiec, Paniowce zielone, Sapahów, Trubczyn, Uście biskupie M., Wołkowce, Zalesie, Zawale.

Bereżanka, **Borszczów M.** (Bezirksgericht), Buzdiakowce, Cygany, Dembówka, Głęboczek, Gusztyn, Gusztynek, Jezierzany M., Jezierzanka, Iwanków, Kozaczyzna, Łanowce, Łosiacz, Muszkatowce, Piłatkowce, Piszczatyńce, Podfilipie, Puklaki, Skała M., Skała stara, Słobudka ad Borszczów, Słobudka ad Podfilipie, Strzałkowce, Tarnawka, Trójca ad Podfilipie, Turylcze, Wierzchniakowce, Wierzbówka, Wołkowce, Wysuczka, Załucze, Zbryż ad Burdiakowce, Zielińce, Zwiahel bei Tarnawka.

41. Bezirkshauptmannschaft
Husiatyn.

Bednarówka, Bosyry, Czabarówka, Czarnokońce małe, Czarnokońce wielkie, Horodnica, Hrynkowce, **Husiatyn St.** (Bezirksgericht), Kociubinczyki, Krzywenkie, Oparszczyzna, Liczkowce, Olchowczyk, Nowostawce, Probużna M., Samołuskowce, Siekierzyńce, Sidorów, Słobudka, Suchodół, Szydłowce, Czarnokoniecka wola, Trojanówka, Tłusteńkie, Trybuchowce, Wasylków, Wasylkowce, Zielona.

Celejów, Chłopówka, Chorostków M., Hadryńkowce, Howiłów wielki, Howiłów mały, Jabłonów, Iwanówka, Karaszyńce, Kluwińce, Kociubińce, **Kopyczyńce M.** (Bezirksgericht), Kotówka, Maydan, Mszaniec, Myszkowce, Niżborg stary, Oryszkowce, Peremiłów, Postołówka, Rakówkąt, Suchostaw M., Krogulec, Tudorów, Uwisła, Wierzchowce, Zubinczyki.

42. Bezirkshauptmannschaft
Czortków.

Biały Potok, **Budzanów M.** (Bezirksgericht), Byczkowce, Kossow, Laskowce, Romaszówka, Rydoduby, Skomorosze, Skorodyńce, Wierzbowiec, Zwiniacz, Kulczyce, Chomiakówka.

Antonów, Biała, Białobożnica, Chomiakówka, Czerkawszczyzna, **Czortków St.** (Bezirksgericht) mit Słobudka, Czortków stary, Dawidkowce, Dolina, Jagielnica M., Jagielnica stara, Kołędziany, Kalinowszczyzna, Muchawka, Nagorzanka. Rosochacz, Szwajkowce, Szmańkowczyki, Strósówka, Salówka, Siemiakowce, Sosolówka, Słobudka, Swidowa, Szmańkowce, Szulhanówka, Uhryń, Ułaszkowce M., Wygnanka, Zabłotówka.

Bazar, Browary, Cwitowa, Duliby, Dżuryn, **Jazłowiec M.** (Bezirksgericht), Koszyłowce, Nowosiółka, Pauszówka, Połowce, Przedmieście, Słobudka ad Dżuryn, Krzywołuka. Znibrody.

Zalesie. Bezirksgericht Husiatyn.

43. Bezirkshauptmannschaft
Tarnopol.

Bajkowce mit Polczyk, Berezowica wielka, Biała, Bucniów mit Kalasantówka, Chodaczków wielki, Czerniłów ruski mit Samborówka, Chołhańszczyzna, Czystyłów, Denysów, Dołżanka, Domamorycz, Draganówka, Janówka, Kipiaczka, Kupczyńce mit Maryanka und Józefowka, Kutkowce, Ostrów, Petryków, Poczapińce, Proniatyn, Rusianówka, Smykowce, Słupki, **Tarnopol St.** (Kreisgericht), Toustoług, Żabojki, Zagrobela, Zaścianka mit Kisielówka.

Mikulińce M. (Bezirksgericht), Konopkówka, Wola mazowiecka, Baworów, Białoskórka, Czartorya, Grabowiec, Łuczka, Ludwikówka, Ładyczyn, Łuka wielka, Myszkowice, Magdałówka, Nastasów, Ostalce, Kozówka, Suszczyn, Skomorochy, Smolanka, Krzywki, Proszowa, Zasławie.

Cebrów, Czernichów, Dubowce, Hladki, Hluboczek wielki, Horodyszcze, **Ihrowice** (Bezirksgericht), Iwaczów dolny, Iwaczów górny, Isypowce, Jankowce, Kokutkowce, Kurniki szlacheckie, Kurowce, Łozowa, Małaszowce, Nosowce, Obarzańce, Pleszkowce, Płotycze, Seredyńce, Stechnikowce, Szlachcińce, Worobijówka, Zarudzie.

Czernelów mazowiecki und Romanówka. Bezirksgericht Zbaraż.

Podsmykowce. Bezirksgericht Skałat.

44. Bezirkshauptmannschaft
Zbaraż.

Zbaraż St. (Bezirksgericht), Zbaraż stary, Bażarzyńce, Załuże, Tarasówka, Zarubińce, Iwaszkowce, Nowiki, Czernichowce, Werniaki, Ohrymowce, Zarudzie, Wałąchówka, Stryjówka, Hrycowce, Kretowce, Lubianki wyżne, Lubianki niżne, Hluboczek mały, Krasnosielce, Roznoszyńce, Kapuścince, Zurudeczka, Sieniawa, Sieniakówka, Szyły, Łysieczyńce, Suchowce, Szelpaki, Kujdańce, Romanowe sioło.

Bogdanówka, Dobromirka, Dorofijówka, Hnilice małe oder Hniliczki, Hnilice wielkie, Hołożyńce, Hołotki, Huszczanki, Jacowce, Klebanówka, Klimkowce, Korszyłówka, Koszlaki, Koziary, Łozówka, **Medyń** (Bezirksgericht), Mysłowa, Nowesioło, Obodówka, Palczyńce, Pieńkowce, Prosowce, Skoryki, Staromiejszczyzna und Podwołoczyska, Supranówka, Toki, Worobijówka, Terpiłówka, Żadniszówka.

Mszczaniec, Ditkowce, Berezowica mała, Iwanczany, Kurniki, Kobyła, Dobrowody, Czumałe, Opryłowce, Netreba. Bezirksgericht Ihrowice.

45. Bezirkshauptmannschaft

Skałat.

Skałat M. (Bezirksgericht), Borki wielkie, Chmieliska, Chodaczków mały mit Konstantynówka, Czerniszówka, Dyczków, Faszczówka, Hałuszczyńce, Horodnica, Iwanówka, Kaczanówka, Kamionki, Kołodziejówka, Krasówka, Krzywe, Molczanówka, Nowosiółka, Orzechowice, Panasówka, Połupanówka, Rosochowaciec, Rożyska, Skałat stary, Tarnoruda M., Zerebki królewskie, Zerebki szlacheckie.

Bilitówka, Borki małe, Buczyki, Dubkowce, Eleonorówka, **Grzymałów M.** (Bezirksgericht), Hlibów, Kałaharówka, Kokoszyńce, Kozina, Krasne, Kręciłów, Leżanówka, Łuka mała, Mazerówka, Nowosiółka, Okno, Ostapie, Pajówka, Podlesie, Poznanka hetmańska, Poznanka gniła, Rasztowce, Soroka, Sorocko, Sadzawki, Stawki, Touste M., Tarówka, Wolica, Wychwatyńce, Zarubińce, Zielona.

46. Bezirkshauptmannschaft

Trembowla.

Bernadówka, Boryczówka, Deryniówka, Dołhe, Hleszczawa, Humniska, Janów M., Kobyłowłoki, Krowinka, Małów, Młyniska, Nałuże, Ostrowczyk, Podhayczyki, Podgórzany, Plebanówka, Ruzdwiany, Semenów, Słobudka und Olendry, Słobudka und Zniesienie, Strussów M., **Trembowla St.** (Bezirksgericht), Warwaryńce, Wolica, Wybranówka, Załawie, Zaścinocze, Zazdrość, Zubow.

Brykula nowa, Brykula stara, Chmielówka, Darachów, Zajworówka, Mogilnica, Pantalicha, Romanówka, Sokołów, Chatki, Sokolniki, Wiśniowczyk M., **Złotniki** (Bezirksgericht), Burkanów, Tiutków, Zarwanica.

Iławcze mit Józefówka, Łoszniów. Bezirksgericht Mikulińce.

47. Bezirkshauptmannschaft

Złoczów.

Bieniów, Bełzec, Boniszyn, Chilczyce, Czyżów, Folwarki, Gołogóry M., Gołogórki, Horodyłów, Jasinowce, Jelechowice, Krasnosielce, Kropiwna, Koropiec, Kniaże, Kondratów, Lackie wielkie, Lackie małe, Łuka, Maydan, Poczapy, Płuchow mit Bronisławówka und Kazimirów mit Podlipce, Remizowce, Ryków, Snowicz, Skwarzawa, Strutyn, Scianka, Szpikolosy, Trościaniec mały, Uhorce, Woroniaki, Wicyn, Zalesie, Zazule, Zarwanica, Zarzyce, Zaszków, Żuków, **Złoczów St.** (Kreisgericht) mit Szlaki und Gliniany.

Jezierna M., Ostaszowce, Daniłowce, Nestorowce, Bogdanówka, Białkowce, Olejów, Białokiernica, Bzowica, Harbuszów, Łopuszany, Hukałowce, Perepelniki, Nuszcze, Iwaczów, Wołczkowce, Jezierzanka, Bohutyn, Hodów mit Józefówka, Rozhadów, Żabin, Sławna, Pleśniany, Kalne und Bubszczany, Cecowa, Trawotłoki, Lawrykowce und Zarudka, Urlów und Chrabuźna, Torchów und Machnowce, Pohrebce, Presowce und Korszyłów, Zarudzie, Pomorzany M., **Zborów M.** (Bezirksgericht), Jarczowce, Tustogłowy, Młynowce und Grabkowce, Kudobińce, Wołosówka und Podhayczyki, Mszana und Żukowce, Beremowce, Moniłówka, Kudynowce, Meteniow, Kabarowce, Jarosławice, Serwiry und Jackowce.

Olesko M. (Bezirksgericht), Juśkowce, Podlesie, Zakomarze, Rozwarz, Sobołówka, Podhorce und Zatrude, Zahorce, Chwatów, Hucisko, Sassów M., Pobócz, Chmielowa, Kołtów, Ruda ad Kołtów, Opaki, Werchobuż, Huta werchobuzka, Białykamień M. mit Gawraczyzna, Czeremosznia, Żulice, Usznia, Buzek.

Bezbrudy, Krasne, Ostrowczyk polny, Pietrycze, Stronibaby, Uciszków. Bezirksgericht Busk.

Bałuczyn, Bortków, Firlejówka mit Marmuszowice, Kutkorz M., Mitulin, Nowosiółki, Olszanka mała, Olszanica, Skniłów, Trędowacz. Bezirksgericht Gliniany.

Białogłowy, Kruhów, Manajów, Neterpińce. Bezirksgericht Załośce.

48. Bezirkshauptmannschaft
Brody.

Berlin, Bielawce, Bołdury, Brzatyn, **Brody St.** (Bezirksgericht), Buczyna, Czernica, Ditkowce, Folwarki małe, Folwarki wielki, Gaje ditkowieckie, Gaje smoleńskie, Gaje starobrodzkie, Grzymałówka, Hołoskowice, Hucisko, Jazłowczyk, Klekorów, Koniuszków, Korsów mit Łahodów, Leszniów M., Nakwasza, Nawiczyzna, Piaski, Ponikowice, Ponikwa, Starebrody, Sznyrów, Smulno, Suchodoły, Suchawola, Tetylkowce, Wysocko, Wołochy und Zabłotce mit attinentis.

Batków, Blich, Czepiele, Czystopady, Dudyń, Gontowa, Hnidawa, Hołubica, Huta pieniacka, Jaśniszcze, Kutyszcze, Litowisko, Łukawiec, Maydan, Markopol M., Milno, Nieniacz, Orzechowczyk, Palikrowy, Panasówka, Pańkowce, Pieniaki, Podbereźce, Podkamień M., Popowce, Ratyszcze, Reniów, Seretce, Styberówka, Styszkowce, Trościaniec, Wertełka, Wierzbowczyk, Zagórze, **Załośce M.** (Bezirksgericht), Zwyżyn.

Toporów M., Stanisławczyk M. mit Bordulaki, Szczurowice M., **Łopatyn mit Trytki** (Bezirksgericht), Mikołajów, Sterchowce mit Adamówka, Chmilno, Kustyn, Hrycowola, Podmanastyrek, Laszków mit Nowostawiec und Bebechi, Zawidcze mit Bryndasówka und Dembowice, Batyów, Baryłów mit Zielona und Wygoda, Ruda mit Mamczury, Manastyrek, Strzemilcze mit Zahałka, Smarzów, Romanówka, Uwin, Rudeńko ruskie und lackie, Stolpin mit Kosztelan, Trojca mit Letków, Turze mit Hucisko turzańskie und Barzany, Baczka mit Bajmaki.

Czyżki, Konty mit Brachówka, Ożydów mit Angelówka, Jasionów, Kadłubiska, Łabacz, Rażniów, Dubie, Czechy, Bołozynów, Przewłoczna und Kobyle, Sokołówka M. Bezirksgericht Olesko.

49. Bezirkshauptmannschaft
Kamionka strumiłowa.

Derewlany, Dernów, Dobrotwór M., Horpin, Jasienica polska, Jasienica ruska, **Kamionka St.** (Bezirksgericht), Łany polskie, Łapajówka, Nahorce, Obydów, Ruda, Sielec, Sokołów, Spas, Streptów, Stryhanka, Tadanic, Wyrów, Zdechów wielki, Zdechów mały, Łany niemieckie, Jagonia, Podzamcze und Krzywólanka.

Chołojów M., Dmytrów, Józefów, Krzywe, Manasterek, Mirów, Mukanie, Niestanice, Niwice, Ohladów, Opłucko, Ordów, Pawłów, Peratyn, Płowe, **Radziechów M.** (Bezirksgericht), Sinków, Srodopolce, Stanin, Stojanów M., Suszno, Tetewczyce, Witków nowy M., Witków stary, Wolica boryłowa, Wulka suszańska.

Busk St. (Bezirksgericht), Banunin, Budki, Chreniów, Czanyż, Dziedziłów, Grabowa, Humniska, Jabłonówka, Jakimów,

Kędzierzawce, Kozłów, Kupcze, Lanerówka, Lisko, Milatyn nowy, Milatyn stary, Niesłuchów, Nieznanów, Nowosiółki, Ostrów, Podburzany, Połoniczna, Rakobuty, Rusiłów, Rzepniów, Sokole, Ubinie, Wierzblany, Wolica, Żuratyn.

Kulików, Niemilów. Bezirksgericht Łopatyn.

B. West-Galizien.

Oberlandesgericht und Landesgericht

in

Krakau.

Bezirkshauptmannschaften, Kreis- und Bezirksgerichte.

50. Bezirkshauptmannschaft

Krakau.

Batowice, Bieńczyce, Boleń, Busutów, Branice cum att. Chałupki, Stryjów, Holendy und Wola rusiecka, Bibice, Czulice, Czyżyny mit att. Łęg, Dziekanowice, Dojazdów, Grembałów, Gorlica murowana, Górka narodowa, Giebułtów mit Trojadyn, Głęboka, Krowodrza, Krzesławice, Kantarowice, Krzysztoforzyce, Kościelniki mit Górka und Cło, Karniów, Koćmierzów, Lubocza, Luczarowice, **Mogiła mit Kopanie** (Bezirksgericht), Mystrzowice, Olsza, Prądnik biały, Prądnik czerwony, Pleszów mit Kujawy, Prusy, Przylasek rusiecki mit Kępa, Pękawice, Rakowice, Raciborzowice mit Prawda, Ruszcza, Sulechów, Stanisławice ad kościelniki, Tonie, Trojanowice, Węgrzce, Wadów, Wyciąże mit Przylasek wyciązki, Witkowice, Węgrzynowice, Wolica mit Laskościelnicki, Wróżenice mit att. Rogów, Zastów, Zesławice, Zielonki mit att. Marszowice.

Alexandrowice mit Kochanów und Kleszczów, Baczyn, Balice mit Burów, Szczyglice und Podkamycze, Brzoskwinia, Budzyn, Bronowice małe, Bronowice wielkie, Bielany, Chełm mit Zakamycz, Cholerzyn, Chrośno, Czułow, Czułówek, Czernichów mit att. Bór und Rataniec, Czernichówek, Dąbrowa, Grotowa, Jeżierzany, Koszów, Kamień, Kłokoszyn mit att. Kępa, Pasieka und Bugaj, **Liszki** (Bezirksgericht), Łobzów, Mydlniki, Morawica, Mników, Nowawieś szlachecka, Nowawieś narodowa, Olszanica, Przegorzały, Przeginia duchowna, Przeginia narodowa, Rusocice, Rybna, Rząska duchowa mit Rząska szlachecka, Piekary, Rączna, Ściejowice, Śmierdząca, Sułkowa, Wola justowska, Wołowice mit Niwka, Zagańcie, Żwierzyniec mit att. Półwsie.

Bolechowice, Brzezie narodowe und szlacheckie, Karniowice, Kobylany, Modlnica mit Modlniczka, Tomaszowice, Ujazd, Więckowice, Zelków, Zabierzów. Bezirksgericht Krzeszowice.

Czarnawieś mit Kawiory, Dąbie mit Głębinów und Beszcz, Piaski und Grzegorzki. Bezirksgericht Krakau Magist.

51. Bezirkshauptmannschaft
Chrzanów.

Babice, Bobrek górny und dolny, Balin mit Cezarówka, Bolęcin, Chełmek mit Zachełmek, **St. Chrzanów** (Bezirksgericht), Dulowa, Dąb, Gorzów mit Pustynia, Gromiec mit Szyjki, Górka, Kwaczała mit Siemiota, Jankowice, Kościelec, Karniowice, Kąty Libiąż wielki mit Poprzetniki, Libiąż mały mit Jaworek und Moszydło, Mętków mały und wielki, Młoszowa, Ostropole, Olszyny, Pogorzyce mit Borowiec, Płaza mit Obłazki, Piła, Rozkochów, M. Trzebinia, Trzebinia, Trzebiaka mit Berezka und Miechów, Wygiezłów, Źródła, Żarki mit Zjajki, Zagórze.

Byczyna mit Jeziorki, Ciężkowice mit Dobra, Dombrowa, Długoszyn, Czyzówka, Góryluszowskie, **M. Jaworzno mit Pechnik** (Bezirksgericht), Niedzieliska und Kolonia górnicza, Jeleń M., Luszowice, Myślachowice, Płoki, Siersza, Wodna, Szczakowa.

Alwernia M., Brzezinka, Brodła, Czerna, Czałkowice, Frywald, Filipowce, Grojec, **Krzeszowice M.** (Bezirksgericht), Lgotta, Mirów mit Podłęż, Paczałtowice mit Debniki, Miękinia, Niegoszowice mit Sowiarka, Nielepice mit Młynka, Nowojowagóra mit att. Gwozdziec, Nowagóra M., Ostrężnica, Oklesna, Psary, Pisary, Poręba, Radwanowice, Regulice, Rudawa, Rudno, Sielec, Nieporaż mit Karnorówka, Sanka północna und południowa, Tenczynek, Wola filipowska, Zalas, Zbyk, Zary mit att. Dubie.

52. Bezirkshauptmannschaft
Wieliczka.

Bierzanow mit Kacin, Brzączowicc, Czechówka, Chojne górne und dolne, Dębniki mit Rybaki, Gołkowice, Kapelanka, Kosocice mit Barysz, Kurdwanow dolny und górny, Ludwinow, Lyczaka, Olszowice, Prokocim, Przewoź, **St. Podgorze** (Bezirksgericht) mit Stawisko, Płaszow mit las płaszowski, Piaski małe und wielkie, Podstolice, Rybytwy, Rząka, Raysko, Rzeszotary, Swiątniki górne, Soboniowice mit Strzałkowice, Siepraw, Stojowice, Wola duchacka, Wróblowice, Zakrzówek, Zbydniowice, Zakliczyn, Wrząsowice mit Pokrzewnica.

Bogucice, Byszyce 1. Theil, Bugaj, Biskupice, Bielczyce szlacheckie und ad Liplas, Bieńkowice mit Sikorzeniec, Brzegi, Bodzanow, Czarnohowice, Chorągwica, Dziekanowice, Dobranowice mit Wola, Falkowice, Grabie mit Zymbrzeg und Szczurow, Grabówka mit Babiny und Poremby, Gorzkow mit Czarnociny und Byszyce 2. Theil, Grajów, M. Gdów mit Grzybowa, Hucisko, Jawczyce, Janowice, Kokołów, Kozmice wielkie, Kozmice małe, Krzyszkowice, Klasno, Kunice 1. Theil, Jankówka, Lednica górna und dolna mit Mierzącka, Lednica niemiecka, Lazany, Mietniow, Maławieś, Niława mit Kunice 2. Theil, Nowawieś, Pawlikowice mit Taszyce, Przebieczany, Rożnowa, Raciborsko mit Witkowice, Rudnik, Sledziejowice, Siercza mit Wolica, Signeczow, Sulkow, Sułów, Szczygłów, Sławkowice, Sieraków mit Zbyszówka, Strumiany, Sórówki mit Kawki, Trąbki mit Darczyce, Tomaszkowice, Wola podłazańska, Winiary, **Wieliczka St.** (Bezirksgericht), Zabawa, Żabłocie, Zborowek.

Brzezowa mit Targoszyna, Czasław, Dąbie mit Bukownik, **Dobczyce M.** (Bezirksgericht), Glichow, Gruszow. Kwapinka,

Kornatka mit Burletka, Kumorniki, Krzyworzeka, Kawce, Kędzierzynka, Lipnik, Krzesławice mit Kwaszowice, Murzyn, Poznachowice, Poznachowice górne, Podolany, Raciechowice, Stadniki, Stryszowa, Skrzynka, Sawa, Wiśniowa, Weglówka, Zagorzany, Zalesiany, Zręczyce, Zasań, Zegartowice mit Bigorzówka, Zerostawice.

Bodzów, Borek fałęcki, Brzyczyna górna und dolna, Buków, Chorowice, Gaj, Kobierzyn, Kostrze, Koło tynieckie, Kopanka, Korabinki, Konary, Kulerzów, Jugowice, Libiertów, Łusina, Łagiewniki, Mogilany, Opatkowice, Pychowice, Rzozów, Samborek, Sidzina, Swoszowice, Siarczana góra, **Skawina St.** (Bezirksgericht), Skotniki, Tyniec, Włosań.

Brzezie, Czyżów, Chrość, Cichawa, Dąbrowa, Gruszki, Jaroszówka, Krakuszowice, Kleczany, Liplas, Marszowice, Niewiarow mit Swidówka, Ochmanów, Podborze, Nieznanowice, Pierzchów, Pierzchowice, Niegowice, Staniątki, Suchoraba, Słomiróg, Szarów, Szczytniki, Swiątniki, Wiatowice, Zagórze, Zakrzów, Zakrzowiec, Zborzyce, Wegrzce wielkie und małe. Bezirksgericht Niepołomice.

53. Bezirkshauptmannschaft
Bochnia.

Bochnia St. (Bezirksgericht), Brzeznica, Buczkow mit Rzyski und Liszki, Bogucice, Bessów, Bieńkowice mit Bieńkowice baczyńskie, Borek, Bratucice, Buczkow mit Dembina, Buczyna mit Dombrowica, Dąbie, Grabina, Bubinka, Włosławice und Podsobołowice, Chodenice cum attinentiis Trinitatis, Chełm, Cikowice, Cerekiew, Cząsławice, Domienice, Drwinia, Dziewiń, Dąbrówka, Gorzków, Gierczyce, Gawłów nowy, Gawłów stary, Gawłowek, Grobla, Jodłówka, Kolanów, Krzyżanowice małe, Krzeczów, Lazy mit Podjasień, Łapczyce, Moszczenica, Mikłuszowice, Majkowice stare, Majkowice nowe, Nieszkowice, Ostrów królewski, Ostrów szlachecki mit Komarow, Podedworce, Proszówki, Rzezawa, Siedlec, Stanisławice, Krzyżanowice wielkie, Słomka, Swiniarów, Nidary nowe und stare mit Podlesie, Stradomka, Turzec, Trawniki, Uście solne cum attinentiis, Łanie·

Wygoda, Wola drwińska mit Zielona, Wyżyce mit Stryow, Wrzępnia mit Michał, Zatoka mit Smykow.

Borowna, Bełdno, Bytomsko, Cichawka, Chronow mit Łopuszna, Dołuszyce, Kamionna, Kobyle, Kopaliny, Kurow, Kierlikówka, Krolówka, Leszczyna, Leksandrowa, Łomna, Lipnica murowana M., Lipnica górna, Lipnica dolna, Łąkta górna, Łąkta dolna, Nieprześna, Nieszkowice wielkie, Olhawa, Pasierbiec, Pogwizdów, Połow duży, Rzegocina, Rozdziele górne, Rordziele dolne, Raybrot, Sobotow mit Sieradzka, Trzciana mit Glinik, Libichow und Zyznówka, Wola nieszkowska, Wiśnicz stary, Wiśnicz mały, **Wisniez nowy M.** (Bezirksgericht), Zonia, Zawada.

Boczów, Brzezowa Żuk, Dombrowica mit Chrostowa, Podegrodzie, Grabie, Kopanow, Kobylec, Kamyk, Łapanów M., Lubomirz, Rdzawa, Tarnawa, Ujazd, Ubrzez, Wieruszyce, Wola wieruszycka, Wolica, Wieniec, Zbydniow mit Podjasień. Bezirksgericht Dobczyce.

Chobot, Grodkowice, Kłay mit Koszyna, Kółko, Leszkowiec, Łysokanie, **M. Niepołomice** (Bezirksgericht) mit Mszęcin, Podłęże, Wola zabierzowska, Targowisko, Wola batorska mit Kępiany, Zabierzow mit Łaznia und Nowawieś, Xiążnice małe und wielkie.

Barczków, Popędzina. Bezirksgericht Radłow.

54. Bezirkshauptmannschaft
Brzesko.

Brzesko M. (Bezirksgericht), Brzezowiec, Biesiadki, Będzieszyna, Biadoliny, Czchów M., Dembno, Dobrociesz, Druszków pusty cum attinentiis Grabie, Doły, Gosprzydowa, Gnojnik, Jastew, Jurkow, Jaworsko, Jasień, Jadowniki, Iwkowa, Lewniowa, Łoniowy, Grądy mit Kopaliny, Maszkienice, Mokrzyska mit Bucz, Okocim, Perła, Połom mały, Porąbka ad Iwkowa mit Brzezowa, Porąbka ad Uszew, Pomianowa cum attinentiis Nowawieś, Słotwina, Szczepanów M., Sterkowiec, Tymowa, Tworkowa mit Laśniowa, Uszew, Wola dembińska, Wojakowa, Wokowice, Zerków, Wytrzyszczka, Zawada.

Bielcza mit Warys, Bogumiłowice, Biadoliny, Biesnik, Borowa, Charzowica mit Melsztyn, Dzierzaniny, Domosławice mit Biskupiec, Filipkowice, Fasciszowa, Faliszowice, Grabno, Gwozdziec, Konczyska, Łysagóra, Łopón, Łętowiec mit Dembina łętowska, Łukanowice cum attinentiis Isep und Zawodzie, Lusławice mit Lusławiczki, Milówka, Niedzwiedza, Olszany, Olszawa, Piaski druszków, Paleśnica, Ruda, Radwany, Rudka, Rostoka, Sufczyn, Słona, Struże, Sukmanie, **Wojnicz St.** (Bezirksgericht), Więckowice mit Chybie, Wielkawieś, Wola strużka, Wesołów cum attinentiis Ujazd, Żawada, Zdonie, Złota, Zamoscie, Zakliczyn lanckoroński M.·

Borzęcin, Biskupice, Dombrówka morska mit Witowisko, Dołęga, Górka mit Sekółki und Kopaniny, Kwików, Kopacze, Księże, Łęki, Marcinkowiec, Niwka, Niedziclisko, Przyborów, Przybysławice, Pojawie, Ruda, **Radłów** (Bezirksgericht), Rajsko, Ryłowa, Rrząchowa, Szczurowa, Strzelce wielkie, Strzelce małe, Wał, Ruda mit Smietana, Wola radłowska, Wola przemykowska, Zabawa cum attinentiis, Podwale und Zdarzec, Zdrohec, Zaborów.

Poremba, Uszwica. Bezirksgericht Wiśnicz.

Zakrzów mit Wola. Kreisgericht Tarnow.

Kąty. Kreisgericht Neu-Sandec.

Jamna. Bezirksgericht Ciężkowice.

55. Bezirkshauptmannschaft

Wadowice.

Bachowice, Babice, Barwald dolny, Barwald średni, Chocznia, Chrząstowice, Grodzisko, Gorzeń górny, Gorzeń dolny, Jaroszowice mit Zaskawie, Jaszczurowa mit Jamniki, Kossowa, Klecza dolna und średnia, Klecza górna, Lipowa, Łączany, Łgota, Łękawica mit Zagórz, Miejsce, Mucharz, Półwieś, Roków, Radocza, Ryczów, Spytkowice, Skawce, Swinna poremba, Tomice, Tłuczań górna, Tłuczań dolna, **Wadowice St.** cum attinentiis (Bezirksg.), Mikołaj, Witanowice, Wzoniki, Zawadka, Zygadowice.

Barwald górny, Baczyn, Brody mit Solec, Bugaj, Brzeźnica mit Pasieka, Bęczyn mit Bęczynek, Brzezinka, Dąbrówka, Harbutowice, Jastrzębia dolna, Jaśkowice, Jzdebnik, **Kalwarya M.** (Bezirksgericht) mit Stanisław dolny und górny, Kopytówka, Leśnica, Landskron St. mit Jastrzębia, Lencze górne, Marcy poremba, Nowedwory, Palcza, Paszkówka cum attinentiis Pobiedz, Przytkowice, Podolany, Podhybie, Stryszow, Stronie, Skawinki, Stanisław dolny und górny, Sosnowice, Wysoka ad Kalwarya, Wielkie drogi mit Trzebol, Zarzyce wielkie, Zarzyce małe, Zakrzów, Zahełmna, Zebrzydowice.

Andrychau St. (Bezirksgericht), Andrychau Dorf, Brzezinka, Chobot, Frydrychowice, Graboszyce, Gierałtowice, Gierałtowiczki, Głębowice, Inwald, Kaczyna, Koziniec, Laskowa, Nidek, Ponikiew, Palczowice, Piotrowice, Roczyny, Rzyki, Rudze, Sułkowice, Smolice, Trzebieńczyce, Targanica, Przybradz, Wieprz, Zagórnik, Zator St.

Borek szlachecki, Facimiech, Gołuchowice, Krzęcin, Ochodza, Pollanka Haller, Zelczyna. Bezirksgericht Skawina.

Podolsze, Przeciszow mit Kolipowieckie. Bezirksgericht Oświęcim.

Śleszowice dolne und górne. Bezirksgericht Ślemien.

Marcówka, Budzow, Zembrzyce. Bezirksgericht Maków.

56. Bezirkshauptmannschaft
Biala.

Bujaków, Bulowice, Bielany, Czaniec, Hecznarowice, Kozy, **Kenty St.** (Bezirksgericht), Kańczuga, Kobiernice, Malec, Osiek, Łęki, Międzybrodzie ad Kobiernice, Pisarzowice, Porąbka, Nowawieś, Starawieś dolna oder Unter-Altdorf, Starawieś górna oder Ober-Altdorf, Witkowice, Willamowice M.

Babice, Budy, Brzoszkowice, Brzeszcze, Brzezinka, Dwory, Grojec, Jawiszowice, Karmencze, Kruki, Klucznikowice, Łazy, Monowice, **Oświęcim St.** (Bezirksgericht), Pławy, Przecieszyn, Polanka wielka, Poremba wielka, Rajsko, Skidzień, Starestawy, Wilczkowice, Włosienice, Zaborze.

Bark, Bestwin, Bestwinka, **Biała St.** (Bezirksgericht), Biała Vorstadt, Buczkowice, Bór Ladygowice, Bierna, Bystra, Bór wiłkowski, Dankowice, Gudziska stara, Godziska nowa, God-

ziska wilkowska, Glemieniec, Halenów oder Alzen, Huciska,
Janowice, Kaniów stary, Kaniów bestwiński, Kaniów dankowski,
Komorowice, Kalna, Lipnik mit Leszczyn, Międzybrodzie ad Lip-
nik, Rybarzowice, Szczyrk, Salmopol, Straconka.

57. Bezirkshauptmannschaft
Sajbusch.

Czernichów, Hucisko, Jeleśna, Jsep, Korbielów, Krzyżowa,
Leśna, Międzybrodzie, Moszczanica, Ostre, Pietrzykowice, Przy-
lęków, Peweł mała, Peweł wielka, Przyborów, Koszarawa, Lipowa, Radziechów, Słotwina, Sienna, **Saybusch St.** (Bezirksgericht) mit Koliby, Żywiec stary, Sporysz mit Obszar, Swinna,
Sopotnia mała, Sopotnia wielka, Trześnia, Trzebinia, Mutne,
Wieprz, Zabłocie, Zadziele, Zarzęc.

Bruśnik, Bystra, Cięcina, Cisiec, Juszczyna, Kameczuica,
Miłówka M. (Bezirksgericht), Nieledwia, Rajcza, Rycerka dolna,
Rycerka górna, Sol, Ujsol.

Kuków, Krzeszów, Gilowice, Kocierz ad Moszczanica, Kocierz ad Rychwaldek, Kocoń, Kurów, Łękawica, Łysina, Las,
Lachowice, Oczków, Okrajnik, Peweł, Pewełka, Rychwald, Rychwaldek, Sucha M., **Slemień** (Bezirksgericht), Strzyszawa, Tar
nawa górna, Tarnawa dolna.

58. Bezirkshauptmannschaft
Miślenice.

Borzęta, Byśnia, Bączałka, Chełm, Dolnawieś, Głogoczów
Górnawieś, Jasienica, Jawornik, Krzywaczka, Krzęczanów, Lu-
bień, Krzyszkowice, **Myślenice St.** (Bezirksgericht), Polanka,
Pcim, Rudnik, Stróża, Trzebunia, Tenczyn, Więciorka, Zawada,
Zawadka.

Bogdanówka, Bystra, Bielanka, Chabówka, **Jordanow St.**
(Bezirksgericht), Krzeczow, Łętownia, Malejowa, Naprawa, Poni-
ce, Rabka, Raba wyszna, Rokiciny, Rdzawka, Skomielna czarʋo
Skomielna biała, Skawa, Spytkowce, Sidzina, Sieniawa, Słonne,
Skomielna czarna, Tokarnia, Toporzysko, Wysoka, Zaryte, Wię-
cierza.

Droginia mit Banowice, Łęki, Osieczany, Poremba, Trzemeśna. Bezirksgericht Dobczyce.

Bieńkówka, Biała, Grzechinia, Juszczyna, Jachówka, Kojszówka, **Maków M.** (Bezirksgericht), Osielec, Wieprzec, Skawica, Zawoja, Żarnówka.

Radziszów, Jurczyce, Wola radziszowska. Bezirksgericht Skawina.

Sułkowice Biertowice. Bezirksgericht Kalwaryja.

59. Bezirkshauptmannschaft
Neu-Sandec.

Biczyc, Bilsko mit Roćmirowa, Białawoda, Bącza mit Kunina, Barnowiec, Chomranice, Chełmiec, Czaczow, Dombrowa, Dombrówka, Frycowa, Falcowa, Falkowa, Grabie, Gołąbkowice, Homrzysko mit Złotne, Jelna, Jauszowa, Krasne, Klęczany, Klimkówka, Kurów, Kunów mit Jamnica, Lipie, Łososina dolna mit Jakóbowice, Lączne und Sadowa, Łęki, Librantowa, Łęka, Michalczowa, Marcinkowice, Milkowa, Naściszowa mit Kwieciszowa und Grabowa, **Neu-Sandec St.** (Kreisgericht), Nawojowa, Chruślice, Paszyn, Piątkowa, Poremba mała, Popardowa, Rabkowa, Rujówka, Rdziostów, Roszkowice, Rybień, Sienna, Strzętła, Starawieś, Weber, Siedlec mit Słowikowa, Trzctrzewnia, Tęgoborze mit Just, Swidnik und Struga, Wronowice mit Łyczanka, Wilkonosza, Wola marcinkowksa, Wielogłowy mit Ubiad, Wielopole, Witowice dolne, Witowice górne, Wola Kurowska, Zbyszyce, **Zawadka** mit Rozdziele, Zabełcze, Zalubińczę, Zawada, Żeleznikowa.

Barczyce, Brzyna, Brzezna, Biegonice, Chochorowice, Czarny potok, Długołęka, Gaboń mit Praczka, Gołkowice, Gostwica, Jazowsko, Juraszowa 1. Theil, Kokuszka, Kadcza, Łomnica, Łazy, Młodów, Mostki, Moszczanica wyżna, Moszczanica niżna, Myślec, Mokrawieś oder Juraszowa 2. Theil, Obłazy, Obidza, Olszanka, Naszacowice, Niakowa mit Szymanowice, Neudörfl, Olszana, Popowice, Piwniczna St., Przysietnica, Podegrodzie, Podrzyce, Rostoka, Rytro, Rogi, Suchostruga, Skrudzina 1. Theil, Opalna oder Skrudzina 2. Theil, **Alt-Sandec St.** (Bezirksgericht) mit Cyganowice, Świniarsko mit Maławies, Stadło, Wola krogulecka, Wiglanowice.

Białawoda, Czarnawoda, Czerniec, Jaworki 1. Theil, Jaworki 2. Theil, Kiczna, Łącko M., Maszkowice, Szczawnica, Szlachtowa, Tylmanowa, Zabrzez, Zagorzyn mit Wola piskulina und Kopcowa, Zarzyce. Bezirksgericht Krościenko.

Dubne, Jastrzębik, Jedrzejówka, **Krynica** (Bezirksgericht), Krzyłówka, Leluchow, Łąbowa, Łabowiec, Łosie, Muszyna St., Milik, Muszynka, Maciejowa, Nowawieś, Powroźnik, Rostoka mała, Rostoka wielka, Rzegicstow, Szczawnik, Słotwina, Składniszcze, Tylicz M., Uhryń, Wojkowa, Wierzchomla wielka, Wierzchomla mała, Zubrzyk, Złockie.

Bartkowa mit Posadowa und Bębny, Bujne mit Posadowa, Glinik mit Podglinik, Grodek mit Kobyle, Janczowa, Rostoka mit Brzeziny, Podole mit Gurowa, Załęże, Zagórze mit Gierowa, Wiatrowicc mit Habalina und Trapie, Rożnów mit Łazy und Łaziska, Radajowice, Tabaszowa mit Witkówka, Znamierzowice, Lipnica wielka, Łyczana, Jasienua. Bezirksgericht Ciężkowice.

Jadamwola, Stankowa, Zbikowice, Krasne. Bezirksgericht Limanowa.

Trzycierz. Bezirksgericht Grybów.

60. Bezirkshauptmannschaft

Neumarkt.

Białka, Brzegi, Bukowina, Bańsko, Biały Dunajec, Czarny Dunajec M., Chochołów, Ciche, Dembno, Dział, Długopole, Dzianisz, Groń, Gliczarów, Grońków, Harklowa, Klikuszowa, Krauszów, Koscielisko, Knurow, Lasek, Ludzimierz, Leśnica, Łopuszna, Morawczyna, Międzyczerwone, Murzasichle, Maruszyna, Niwa, **Neumarkt St.** (Bezirksgericht), Odrowąż, Obidowa, Ostrowsko, Pieniążkowice, Pyzówka, Podczerwone mit Kaniowka, Poronin, Szkrypne, Rogoźnik, Ratulów, Starebystre, Szaflary, Szlembark, Waxmund, Wróblówka, Witów, Załuszne, Zakopana mit Olsza, **Zubsuche** mit Bystra, Zaskale.

Czorstyn, Grywald, Huba, Haluszowa, Kluszkowice, Krośnica, **Krościenko St.** (Bezirksgericht), Maniów, Mizerna, Ochotnica, Sromowce niżne, Sromowce wyżne, Tylka.

61. Bezirkshauptmannschaft
Limanowa.

Bałazówka, Jaworzna, Jadłownik, Jastrzębie, Krasne mit Łasosice, Kisielówka, Koszary, Kamionka, Kobylczyna, Krosna, Kanina, **Limanowa M.** (Bezirksgericht), Łososina górna, Łukowica, Lipowe, Mstów mit Dąbrówki, Młynne, Mordarka, Męcina, Młynczyska, Owieczka, Piekiełko, Pisarzowa, Pryszowa, Ryje mit Kosteza, Rzeki mit Lipie und Sadek, Rybie nowe, Rupniów, Rostoka, Słupie, Szyk, Słopnica nobile, Szarycz, Sowliny, Starawieś, Sechna, Strzeszyce, Siekierzyna, Stronie, Swidnik, Ujanowice, Wołowa góra, Wysokie, Zmiąca, Zagorów, Zawada.

Chyżówka, Dobra, Ilisne, Gruszowiec, Góra Ś. Jana mit Pobręczyn, Gruszów mit Godusza, Janowice mit Dobroniow, Jurków, Jasna mit Podłopienie, Konina, Kasinka, Kasina wielka, Łętowa, Łostówka, Lubomierz, Mszana dolna, Mszana górna, Markuszowa, Niedzwiedź, Olszówka, Podobin, Poremba wielka, Porąbka, Półrzyczki, Przenosza, Pogorzany mit Smykowiec, Raba niżna, Raciborzany, Słomka, **Skrzydlna** (Bezirksgericht), Stróża kotula oder Strózkiewicz, Szczyrzyce mit Abramowice, Tymbark M., Włostowka, Wilczyce, Wola skrzydlańska, Wilkowisko, Stopnica królewska, Witów, Zadziele, Zamieście mit Góry, Zawadka.

Kamienica, Szczawa, Zalesie, Zasadne, Zbłudza. Bezirksgericht Krościenko.

Stare, Rybie. Bezirksgericht Dobczyce.

Laskowa, Makowica mit Pasieka. Bezirksgericht Wiśnicz.

62. Bezirkshauptmannschaft
Grybów.

Biała niżna, Biała wyżna, Bogusza, Binczarowa, Chodorowa, Cieniawa, **Grybów St.** (Bezirksgericht), Gródek, Jezów mit Wilczyska und Moroń, Korzenna mit Świegocin, Królowa polska,

Kamionka wielka, Kąclowa, Krużlowa wyżna, Krużlowa niżna, Koniuszowa, Królowa ruska, Mszalnica, Mogilno, Posadowa, Ptaszkowa, Stróże niżne, Stróże wyżne, Siołkowa mit Zofinow, Starawieś strzylawka, Wojnarowa.

Biliczna, Banica, Brunary niżne, Brunary wyżne, Berest, Czertyzne, Czarna, Czyrna, Jaszkowa, Florynka, Izby, Kamianna, Kotów, Mochnaczka niżna, Mochnaczka wyżna, Polany, Piorónka, Snietnica, Stawisza, Wawrka. Bezirksgericht Krynica.

Bruśnik, Bogoniowice, Bubowa M., Berdechów, Brzana dolna Brzana górna, Bukowiec, **Ciężkowice** St. (Bezirksgericht), Falkowa, Jastrzębia, Jankowa, Kąsna górna, Kąsna dolna, Kipszna, Lipniczka, Ostrusza, Przydonica, Siekierzyna, Stróżna, Tursko. Mystków. Kreisgericht Neu-Sandec.

63. Bezirkshauptmannschaft
Gorlice.

Bieśnik, Berdychów, Bugaj, Bielanka, Bystra, Blechnarka, Bodaki, Dominikowice, Dragaszów, **Gorlice** St. (Bezirksgericht), Glinik mariampolski, Gładyszów, Hańczowa, Kuńkowa, Kwiatóu. Konieczna, Kobylanka, Klęczany, Klimkówka, Leszczyny, Łosic, Lużna, Ług, Męcina mała, Męcina wielka, Malastów, Nowica, Polna. Przegonino, Pentna, Pstrążne, Przysłup, Ropica polska, Ropa, Ropki, Ropica ruska, Regetów wyżny, Regetów niżny, Rychwald, Szalowa, Sokół, Stróżowka, Szymbark, Sękowa. Siary, Skwirtne, Smerekowiec, Uscie ruskie M., Wola łużańska, Wyskitne, Wysowa, Wapienne, Wirchnia, Zagorzany, Zdynia.

Bartne, Bezirksgericht Zmigrod.

Biecz St. (Bezirksgericht), Biecz Vorstadt, Bełna, Bugaj, Binarowa, Biesna, Bednarka, Korczyna mit Załawie, Kwiatonowice, Kołkówka, Kryg, Libusza, Lipniki, Moczezenica, Mszanka, Pagorzyna, Rozdziele, Rozembark, Racławice, Rzepienik biskupi, Rzepienik marciszewski, Rzepienik strzyżewski M., Rzepienik suchy, Strzeszyn, Sietnica, Staszówka, Siedliska, Turza, Wojtowa, Zborowice.

Banica, Czarne, Długie, Jasionka, Krzywa, Lipna, Nieznajowa, Radoczyna, Wołowiec, Bezirksgericht Dukla.

Sędziszowa, Zimnawódka mit Plawna, Bezirksgericht Ciężkowice.

64. Bezirkshauptmannschaft
Tarnów.

Biała, Chyszow, Dąbrówka infułacka, Dąbrówka ad Szczepanowice, Grabówka, Jodłówka, Klikowa, Komorów, Krzyż, Koszyce małe, Koszyce wielkie, Kłokowa, Gumniska, Lubcza Lubinka, Łękawica, Lichmin, Łowczówek, Mikołajowice, Nowedworze, Ostrów, Pogwizdów, Pleśna, Póremba, Pogórska wola mit Piskle, Rzędzin, Rychwald, Rzuchowa, Radlna, Sierakowice, Strusina, Szczepanowice mit Zawodzie, Sieciechowice, Swirczków, Skrzyszów, Szynwald, Siemichów, Swiebodzin, **Tarnów St.** (Kreisgericht) mit Zawale, Terlikówka, Tarnowiec, Trzemeśna, Wierzchosławice, Wola rzędzińska, Woźniczna, Zabłocie, Zawada mit Wulka, Zbyłtowska góra, Zgłobice, Zaczarnie.

Brzozowa, Burzyn, Bistoszowa, Chojnik, Dombrówka, Gromnik, Golonka, Garbek, Joniny, Kielanowice, Karwodrza, Kowalowy, Lubaszowa, Łowczów, Meszna opacka, Meszna szlachecka oder Buchciec, Piotrkowice, Ryglice, Siedliska, **Tuchow St.** (Bezirksgericht), Uniszowa, Zabłędza, Zalasowa.

Rudka. Bezirksgericht Radłów.

Brnik, Żelazówka. Bezirksgericht Dombrowa.

Błonie, Janowice mit Gierowa und Podbrczie, Wróblowice. Bezirksgericht Wojnicz.

Bobrowniki wielkie mit Jurkow, Bobrowniki małe mit Dobczyce, Fink, Głów, Ilkowice mit Rudne und Sanoka, Kobierzyn, Łysia góra, Łukowa, Nieciecza, Niedonice, Odporyszów, Pawęzów, Partyn mit Łęgi, Podlesie, Sieradza, Smigno, **Żabno M.** mit Przedmieście (Bezirksgericht).

Jastrząbka nowa, Jawornik, Jodłówka mit Walki, Zdziary, Zukowice stare, Zukowice nowe, Łęki górne. Bezirksgericht Pilzno.

65. Bezirkshauptmannschaft
Dombrowa.

Borki, Brzezówka, **Dombrowa** (Bezirksgericht), Dombrówka Delastowice, Dombrowica M. mit Podkościele, Bagienica, Grądy und Bór, Gruszów mały, Gruszów wielki, Kupienin, Kozubów mit Oleśnica, Laskówka, Lubasz, Łęka szczucińska, Łęka Żabiecka, Luszowicy, Lipiny, Maniów mit Czołnow, Medrzechów, Nieczajna, Odmet, Podborze mit Breń, Radwan, Ruda, Radgoszcz, Smęgorzów, Swarzow, Szczucin M., Skrzynka, Suchygrunt, Swidrówka, Szarwark, Smyków mały, Smyków wielki, Wulka grządzka, Wola szczucińska, Wulka mędrzechowska, Wojcina, Zabrnie, Załuże, Zazamcze, Zdary mit Kaczówka.

Adamierz, Bieniaszowice, Biskupice, Boruszowa, Bolesław, Bugaj, Cwików, Chorążec, Czyżów, Dombrówka, Greboszów, Goruszów, Gorzyce, Hubenice, Janikowice, Karsy, Kozłów, Kanna, Kuzie, Klyz, Konavy, Lubiczko, Laskówka, Łęka siedlecka, Oleśno, Pałuszyce, Pawłów, Podlipie, Pilcza, Otwinów stoiński mit Konopka, Pierzyce, Pasieka, Samocice mit Łęka, Siedliszowice, Sikorzyce, Strojców, Swiebodzin mit Koziarówka, Siedlec, Tonie mit Błonie und Brzcźnica, Uścic jezuickie, Wola greboszowska, Wola zelichowska, Wielopole mit Borek, Bucze und Bobrek, **Żabno** (Bezirksgericht), Zawierzbie, Zalipie, Zakirchale, Zelichów, Demblin, Jagodniki, Jadowniki mokre, Miechowice wielkie, Miechowice małe, Nowopole, Wietrzychowice mit Szymonowice und Pasierb, Wola rogowska.

Słupiec. Bezirksgericht Zassów.

66. Bezirkshauptmannschaft
Mielec.

Borowa mit Gizowa, Babule, Borki, Brzyście, Czajkowa, Chożelów, Chrząstow, Cyranka, Domaciny, Durdy, Gliny małe, Goleszów, Galuszowice, Grochów, Hyki mit Dembiaki, Josefsdorf, Kebłów mit Tarnowek, Kliszów, Krzemienica mit Górki, Knapy mit Smykłe, Jaślany mit Pierzchnie, Młodochów, Malinic, **Mielec M.** (Bezirksgericht), Ostrowek, Plawa, Padew, Piechoty, Przykop, Pluty, Rzyska, Reichsheim, Rożniaty mit Niziny, Rzędzianowice, Schönanger, Sadkowa góra, Szydłowice, Toporow, Trześnia, Tuszów, Wola pławska, Wojków, Wola zdakowka, Wola chorzelowska, Wojsław mit Smoczka, Złotniki, Zarównie, Zachwiejów, Zaduszniki mit Majdan mały.

Breń osuchowski, Czermin, Dulcza mała, Gliny wielkie, Górki, Grzybów, Hohenbach, Izbiska, Jamy mit Przybysz, Kawęcin mit Dąbrówka, Kiełków mit Zaborz, Łysaków, Łysakówek, Otałęż, Podleszany, Partynia, Pień, Piątkowice, Podborze, Podlesie, Rydzów, Radomyśl M., Surowa, Szafranów, Trzciana, Wola otałęzka, Wola mielecka, Wadowice górne, Wadowice dolne, Wola wadowska, Wampierzów, Wulka dulecka, Xiążnice mit Wulka, Ziempniów, Zgórsko. Bezirksgericht Zassów.

Dobrynin, Jagodnik, Kossowy, Hüttenwald, Ostrów ad Tuszów, Ostrów ad Baranów, Przyłek mit Hucina, Rzochów, Rzemień mit Łuże, Siedlanka, Trzesowka. Bezirksgericht Kolbuszów.

Małec. Bezirksgericht Dombrowa.

67. Bezirkshauptmannschaft

Ropczyce.

Borek mały, Borek wielki, Brzyzna, Budzisz, Brzeziny, Bystrzyca, Broniszów, Chechły, Góra ropczycka, Gnojnica, Glinik, Iwierzyce, Kozodra, Konice, Łączki kucharskie, Nockowa, Nawsie, Pietrzejowa, Pstrągowa, **Ropczyce St.** (Bezirksgericht) mit Średnie, Rzegocin, Szkodna, Sosnice, Witkowice, Wierczany, Wiszniowa, Wielopole M., Zdziary, Zagorzyce.

Borecz-ek, Białybór mit Blizne, Cierpisz, Czarna, Hucisko, Huta, Kamionka, Leszcze, Niwiska, Ocieka mit Wola und Dąbie, Poręby, Ruda, Tuszyma, Trześnia, Zapole. Bezirksgericht Kolbuszów.

Jaszczurowa, Julkowice, Kalembina, Korzuchów, Niewodna, Rożanka, Szufnarowa, Wiśniowa mit Jezowa, Zawadka. Bezirksgericht Frysztak.

Brzezówka, Lubzina, Łopuchowa M., Mała, Niedźwiada. Okonin, Ostrów, Paszczyna, Sepnica mit Slustowa, Skrzyszów. Bezirksgericht Dembica.

Będziemysl, Dąbrowa, Kawęcin mit Księżymost, Kleczany, Krzywa, Olchowa mit Lipie, Przedmieście mit Podlasek, Sedziszów M., Sielec, Trzciana, Wolica ługowa, Wolica piaskowa mit Potok. Kreisgericht Rzeszów.

68. Bezirkshauptmannschaft

Pilzno.

Braciejowa, Bobrowa, Brzeźnica, **Dembica M.** (Bezirksgericht),
Gawrzyłowa, Gumniska Fox, Góra motyczna, Grabiny, Kawęcin,
Korzeniów, Latoszyn, Meciszów, Nagawszczyna, Nagoszyn,
Pustków mit Wola, Podgrodzie mit Grabówka, Pustynia mit
Kondzicrz und Kozłow, Straszęcin, Stasiówka, Stobierna, Wola
wielka, Wola żyrakowska, Wolica, Zawada, Zyraków.

Bieolowy, Borowa, Czarna, Chotowa mit Słup, Dulczówka,
Dobrków, Głobikowa, Głowaczkowa mit Gołonki, Gębiczyna,
Golęczyna mit Złotorya, Goszejowa dolna und górna, Głobi-
kówka, Jaworze górne, Jaworze dolne, Jastrząbka stara, Jaźwiny,
Kotary, Lipiny mit Rzędziny und Koziawola und Zajączkowice,
Lęki dolne, Machowa, Mokrzec, **Pilzno St.** (Bezirksgericht),
Pilzniowek, Parkosz, Połomyja, Róża, Słotowa, Strzegocice,
Siedliska, Smarzowa, Wiewiórka, Zawadka.

Brzostek M., Bukowa, Bączałka, Demborzyn, Dembowa,
Grudna dolna, Grudna górna, Jodłowa M., Januszkowice,
Kamienica dolna, Klecie, Kamienica górna, Nawsie brzosteckie,
Opacionka, Przeczycą, Skurowa, Wola brzostecka, Zagórze. Be-
zirksgericht Brzostek.

Błonie, Dąbie, Dombrówka wisłocka, Dulcza wielka, Kąd-
ziółki, Łączki kucharskie, Mokre, Przerytybor, Przecław M.,
Podole, Ruda, Wyłow, **Zassów** (Bezirksgericht), Zdziarzec,
Zarówka.

Budyń, Dzwonowa, Lubcza, Wola lubecka, Zwiernik. Bezirksgericht Tuchów.

69. Bezirkshauptmannschaft

Jaslo.

Bryły, Brzyście, Brzyszczki, Bączal dolny, Bączal górny,
Brzczówka, Bierówka, Czeluśnica, Chrząstówka, Dąbrówka,
Dobrucowa, Dembowiec M., Gorajowice, Gliniczek, Grudna
kempska, Gąsówka, Glinik niemiecki, Haukówka, **Jasło St.,**
Bezirksgericht), Jareniówka, Jabłonica, Krajowice, Kaczorowy,
Kowalowy, Kunowa, Laszki, Łęgosz, Lipnica górna, Lisów,

Lisówek, Łazy, Majscowa, Niegłowice mit Bajdy, Niepla, Opacic, Osobnica, Przysieki, Pusta wola, Rostoki, Potakówka, Sobniów, Swięcany, Sławęcin, Siedliska, Szepietnica, Skołyszyn, Szebnie, Sądkowa, Tarnowiec, Trzcinica, Ulaszowice, Umieszez, Wróblowa, Walowice mit Wolica, Wrócanka, Warzyce, Wola dembowiecka, Zarzyce, Załęże mit Markuszówka, Zołków mit Lichtarz, Zimnawoda.

Biezdziedza, Bieździatka mit Łazy, Cieszyna, **Frysztak M.** (Bezirksgericht), Glinik średni, Glinik górny, Gogołów mit Hula, Kobyle, Lubła, Lublica, Łączki, Łęki, Pstrągówka, Przybówka, Pietrusza wola, Rzepnik, Siekłówka, Stępina, Twierdza, Widacz, Wojaszówka, Wysoka.

Brzyska, Błaszowa, Czermna, Kłodowa, Kołaczyce M., Lipnica dolna, Nawsie Kołaczyckie, Olpiny M., Szerzyny, Sworzowa, Sowina, Ujazd, Zurowa. Bezirksgericht Brzostek.

Głęboka, Harklowa, Olszyny, Jodłówka mit Nasalowa und Kozłówki. Bezirksgericht Biecz.

Cieklin, Dobrzynia mit Kłopotnica, Dułębek, Dzielec, Gorzycc, Łężyny, Łajsce, Łubno opacie und Łubno szlacheckie, Lubienko, Osiek M., Pagórek und Radość, Swierchowa, Wola cieklińska, Zawadka, Czekaj, Folusz mit Huta samoklęska, Mrukowa, Mytarz, Pielgrzymka, Samoklęski: Bezirksgericht Zmigród.

70. Bezirkshauptmannschaft
Rzeszów.

Błędowa, Bzianka, Boguchwała, Drabinianka, Krasne mit Wulka, Lutoryż, Łąka, Lukawiec, Miłociu, Niechóbrz, Nosówka Pobitno, Przybyszówka, Palikówka, Ruskawieś, Racławówka mit Zabierzów und Kielanówka, **Rzeszów St.** (Kreisgericht), Swilcza, Staroniwa mit Wygnaniec & Psiarnisko und Podzamcze, Staromieście górne und dolne, Terleczka, Wilkowyja, Malawa mit attin. Boreczek und Wilkowyja, Wola zgłobieńska, Woliczka, Załęże, Zwięczyzna, Zgłobień.

Biała, Budziwoj, Błędowa, Borek stary, Borek nowy, Brzezówka, Cierpisz, Chmielnik, Dylągówka, Grzegorówka, Hermanowa, Hyżne, Hucisko, Hadle szklarskie, Jawornik M., Kielnarowa, Kraczkowa, Lubenia, Łęcka, Matysówka, Słocina, Siedliska, Sołónka, Straszydło, Szklary, **Tyczyn M.** (Bezirksgericht), Wola rafałowska, Widaczów, Zalesie, Zabratówka.

Babica, Bliznianka M., Białka, Baryczka, Brzeżanka, Blazowa, Czudec M., Czudec Vorstadt, Gbiska, Godowa, Gwoździanka, Glinnik, Jawornik, Futoma, Konieczkowa, Kąkolówka, Łętownia, Małówka, Nowawieś, Połomya, Piątkowa, Niebylec M., **Strzyzów M.** (Bezirksgericht), Strzyżów Vorstadt, Tropic, Wyrzne, Zarzyce, Zaborów, Żarnowa.

Bratkowice, Budy, **Głogów St.** (Bezirksgericht), Jasionka, Lipia, Nowawieś, Rogoźnica, Rudna wielka, Rudna mała, Trzebowisko mit Górka, Wola cicha, Wysoka, Zabajka, Zaczernie.

Dobrzechów, Grodzisko, Markuszówka, Kozłówek, Oparówka. Bezirksgericht Frysztak.

Stobierna. Bezirksgericht Sokołów.

71. Bezirkshauptmannschaft
Kolbuszów.

Hucisko, Kupno, Kolbuszow, Mrowla, Poremby, Kupińskie, Pogwizdów, Przewrotne, Styków, Werynia mit Klapówka, Widełka. Bezirksgericht Głogów.

Dzikowiec mit Dymyrka, Górno mit Zabor und Dołęga, Kopcie, Lipnica mit Jeziorek, Markowiczna, Mazury, Nienadówka, Płazówka mit Kąty, Raniszów, Kolonie Ranischau, **Sokołów M.** (Bezirksgericht), Staniszewskie, Trzeboś, Trzebnska cum attinentiis Kąty und Zmysłów, Turza, Wola raniżowska, Wildenthal, Rusinów mit Koziołek, Wola rusinowska, Wulka sokołowska, Zielonka, Wilcza wola mit Spie und Zmysłow.

Brzostowa góra, Hnta komorowska, Krządka, Maydan, Komorów. Bezirksgericht Tarnobrzeg.

Cisowlas, Gwozdziec, Korabin, Nart nowy und stary. Bezirksgericht Nisko.

Cmolas, Bukowiec, Dubas, Domatków, Haydykówka, **Kolbuszów M.** (Bezirksgericht), Kolbuszowa dolna, Kolbuszowa górna, Mechowiec, Nowawieś, Przedborz, Poremby mit Dymarka und Ruda, Swirczów, Wola domatkowska, Zarębki.

72. Bezirkshauptmannschaft
Tarnobrzeg.

Antoniów mit Wola, Brzoza, Brandwica, Chwałowice mit Grudza und Łazek, Dombrowa mit Attinenzen, Goczałkowice und Brzoza, Gorzyce, Harzewice, Dombrowa rzeczycka, Grembów, Jamnica, Jaśkowice, Kotowa Wola, Łapiszów, Maydan zbydniewski, Motycze nobile, Motycze spirituale, Musików, Ostrowek, Orzechów, Pniów mit Dąbrowka und Czekop, Popowice, Pilchów, Radomyśl M., **Rozwadów M.** (Bezirksgericht), Rzeczyca długa, Rzeczyca okrągła, Sokolniki, Skowierzyn, Sadowice mit Kawęczyn, Turbia, Wrzawy, Witkowice, Wola rzeczycka, Zaleszany, Zbydniow, Zalesie ad Gorzyce, Zalesie ad Pniow, Żabno.

Chmielów, Cygany, Dąbrowica, Dzików, Dęba, Furmany, Jadachy, Jeziorko, Kajmów, Kocmierzów, Krawcy, Mokrzyszów, Miechocin, Machów, Nadbrzezie, Ociców, Przyszów szlachecki, Rosalin, Stale, Sielec, Sobów, **Tarnobrzeg M.** (Bezirksgericht), Tarnawska wola, Trześń, Wielowieś, Zakrzów, Zarzekowice, Zupawa.

Pławo. Bezirksgericht Nisko.

Baranow M., Koło und Przewóz, Dmytrów mały, Dmytrów wielki, Gołegowola, Nagnajow, Siedleszczany, Skopanie, Suchorzew. Bezirksgericht Mielec.

73. Bezirkshauptmannschaft
Nisko.

Bojanow M., Cholewiana góra, Groble, Jatta, Jezów, Kamień, Kończyce, Kopki, Koziarnia mit Kolonie Laski, Łowisko, Łętownia, Nowosielce, **Nisko M.** (Bezirksgericht), Pryszów camerale, Przędziel, Racławiec, Rudnik M., Steinau, Słup maziarnia, Sojkowa, Stany, Stróża, Tarnogóra, Wolina cum attinentiis, Nowawieś, Wulka łętowska, Zalesie.

Borki, Bieliny, Bieliniec, Bukowina, Dąbrówka, Dbrowica, Domostawy, Golce, Glinianka, Huta deręgowska, Jarocin, Katty und Katyły, Kłyżów, Kurzyna mała, Kurzyna wielka, Mostki, Pysznica, Studzieniec, Rauchersdorf, Szyperki, **Ulanów M.**

(Bezirksgericht), Wulka tanewska, Wulka bielińska, Zarzyce, Zdziary.

Hucisko, Jelna mit Judaszówka, Königsberg, Łukawa, Ruda, Sarzyna, Wola zarzycka. Bezirksgericht Leżajsk.

74. Bezirkshauptmannschaft
Łańcut.

Brzyska Wola, Biedaczów, Brzoza królewska, Chodaczów, Dembno, Dornbach, Gillershof, Giedlarowa, Grodzisko górne M., Grodzisko dolne, Gwizdów, Jastrzębiec, Kuryłówka mit Tarnowiec, **Leżajsk St.** (Bezirksgericht), Laszecyny, Ozanna, Opalenisko, Przychojec, Rzuchow, Siedlanka, Staremiasto, Wierzawice, Wulka grodziska, Wulka niedzwiedzka.

Budy łańcuckie, Białobrzegi, Brzoza stadnicka, Czarna, Dembina, Dombrówka, Głuchów, Kosina, Korniaków, Krzemienica, **Łańcut St.** (Bezirksgericht), Medynia łańcucka, Podzwierzyniec, Przedmieście, Rakszawa, Roguźno, Smolarzyny, Sonina, Strażów, Wola mała, Wola wielka, Węglińska, Wysoka, Zmysłówka, Zołynia M., Zalesie oder Nowawieś.

Białoboki, Budy przeworskie mit Burdasz, Chałnpki, Chodakówka, Dębów, Gorzyce, Gniewczyna, Głogowiec, Gorliczyna, Grzęska, Gac, Hadle kańczuckie, Jagieła, Kańczuga, Krzeczowice mit Bóbrka, Łopuszanka mala, Łopuszanka wielka, Maćkówka, Mirocin, Mokra strona, Mikulice, Manasterz, Markowa, Nowosielec, Naziatycze, Ostrów, Pantalowice, Rozborz, **Przeworsk M.** (Bezirksgericht), Siedleczka, Studzian, Swiętoniowa, Siennów, Siełesz, Tarnawka, Tryńcza Ujezna, Ubieszyn, Urzejowice, Wulka ogryszowska, Wulka malkowa, Wolica, Zuklin, Zagórze.

Pogwizdów. Kreisgericht Rzeszów.

Albigowa, Handzlówka, Husów. Bezirksgericht Tyczyn.

Wulka pod lasem. Bezirksgericht Głogów.

Königreich Dalmatien.

Statthalterei, Oberlandesgericht, Landesgericht

in

Zara.

Bezirkshauptmannschaften, Kreis- und Bezirksgerichte.

1. Bezirkshauptmannschaft
Zara.

Borgo Erizzo, Cèrno und Malpaga, Diklo, Kožino, Boccagnazzo Murvica, Smoković, Bibinje, Zemonico, Škąbèrnje, Galovac, S. Casslano, Sestrunj und Rivanj, Ugljan, Lukoran, St. Eufemia, Poljana, Oltre, Kale, Kukljica, Dragove, Božava und Zvirinac, Bergulje, Punte bianche, Soline Birbinj, Sauro, Luka, Sman, Sale, Zlagava, Rava, Eso ponentale, Eso scirocale, Ždrelac, Bagno, Dobropoljana, Neviane und Mèrljane, Pasman, Tkon, Vergada, Gorica, Rastane, Torette und Kremčine, S. Filippo und Giacomo, Zaravecchia, Pakošćane, Pontadura, Brevilacqua, Peterčane, Nona, Zaton, Vèrkè, Ražance, Radovin, Ljuba, Poljica, Vicoćane, Dračevac, Briševo mit Grue, Polesnik, Suovare, Castel-Venier, Slivnica, Possedaria, Islam latino, Rúpalj, Islam greco, Kašić, Novigrad mit Polje, Pridraga, Smilčić, Biljane inf. mit Tèrljuge und Vèrljane, Ulbo, Selve, Premuda, Isto, Zapuntello, Melada. Landesgericht Zara.

Arbe (Bezirksgericht), Loparo, Valle S. Pietro, Campora, Mondaneo, Banjol, Barbato.

Pago (Bezirksgericht) mit Gorica, Barbato, Kolane, Dinjiška, Novalja mit Puntalon, Povljana, Vlašić.

2. Bezirkshauptmannschaft
Benkovac.

Benkovac (Bezirksgericht), Biljane superiore, Bruska Korlat, Nadin, Raštević, Polaća, Tinj, Jagodnje inferiore, Jagodnie superiore, Zapušane, Seranje, Pristeg, Vrana, Radosinovac, Banjevac, Kulaatlagić, Burović, Sopot und Podlug, Perušić, Kolarine, Vužić-, Prović und Morpolača, Stankovac, Lisičić und Podgradje, Lepuri, Kožlovac, Lišane, Bulić, Popović, Bergud, Rodaljice.

Obbrovazzo (Bezirksgericht), Tribanj, Starigrad, Teline, Jesenice, Zaton, Muškovci, Golubić, Krúpa, Kruševo, Bilišane mit Pristane, Žegar mit Bogetić, Zelengrad, Medvidje, Karin mit Kunovac.

Kistanje (Bezirksgericht), Nunić, Dobropoljci, Ivoševci mit Rudelle, Kolašac, Biovičinoselo, Modrinoselo, Parčić, Bieline, Èrvenik superiore mit Stankovac, Èrvenik inferiore.

3. Bezirkshauptmannschaft
Knin.

Knin (Bezirksgericht), Kninskopolje, Vèrpolje, Mokropolje mit Prives, Padjene, Otton mit Bender, Radiljevac, Plavno, Golubić, Žagrović mit Donjane Okiestovo, Radučić, Stèrmica, Polaća, Vèrbnik, Biskupia mit Lepure, Orlić Karić, Rigjane, Mataše mit Bobodol, Ljubatić, Suknovci, Lukar, Ramljane, Zverinac, Uzdolie, Puljane, Bogetić, Mrátovo, Čitluk, Oklaj, Razvadje.

Dèrniš (Bezirksgericht), Bogetić, Bristane, Karalić, Siratovci, Štikovo, Drinovci und Nos, Ključ, Coacine, Velušič, Trebbocconi, Badanj, Siverić, Teplju, Bisčić, Miočić, Parčić, Kadina Glavica, Kaujáne, Otavice, Gradac, Baljke, Mirilović in campagna, Zavoglave, Krićke, Ružić mit Gajne, Mosch, Umljanović,

Kljake, Žitnić, Sedramić, Pavkovoselo, Planjane, Vinovo inferiore, Pokrovnik, Radonić, Mirilović in Zagorje, Ostrogasica, Podumci, Unesić, Nevest und Cera, Ljubo stine und Kopreno, Sitno.

4. Bezirkshauptmannschaft
Sebenico.

Sebenico (Bezirksgericht), Borgo di mare, Gorica mit Borgo di terra, Maddalena, Campo di Abbasso, Castel Andreis, Capocesto, Rogoznica, Boraja, Vèrpolje. Dubrave, Slivno, Danilo-Kraljice, Danilo-Biranj, Konjevrate und Tartaro, Lozovac, Vrulje mit Bilice, Cèrnica, Zaton, Rasline, Zlosela, Morter, Stretto, Bétina, Jezerà, Trebocconi, Vodice, Zuri mit Caprie, Provićio mit Lepurina, Zlarin, Crappano.

Scardona (Bezirksgericht) mit Bičine, Sonković und Gra-ćac, Cista grande und picola, Primatovci, Dubravica, Velikaglava mit Rastovo, Bratiškovci, Vaćiane, Bribir, Ostrovica, Rupe und Ićievo, Smèrdelje und Varivode, Gjeverske.

5. Bezirkshauptmannschaft
Spalato.

Spalato· (Kreisgericht), Salona, Mravince, Kučine, Žèrnovnica, Sitno, Srinjine, Sasso, Stobrec, Postrana, Jesenice, Slatine, Villa inferiore, Villa superiore, Villa media, Villa Grohote, Castel-Vitturi, Castel-Cambio, Castel-Abadessa, Castel Sučurac, Konjsko Clissa, Dugopolje, Kotlenice, Muć inferiore, Muć superiore, Krivac, Pribude, Braćević, Milesine, Ogorie inferiore, Ogorie superiore Ramljane, Postinje inferiore, Postinje superiore, Sutina, Neorić, Gizdavac, Prugovo superiore, Prugovo inferiore, Broćianac.

Traù (Bezirksgericht), Seghetto, Žedno, Okruh, Castel Stafileo, Castel nuovo, Castel vecchio, Bosoljina, Zirona, Račice, Sevid, Bristivica, Sitno, Sratok, Suidol, Trolokve, Pergomet, Lepenice, Labin, Ljubitovica, Prapalnica, Vinovac, Blisna, Lećievice, Nizko, Vučivica, Radošić, Dugohabe, Korušce, Brestanovo, Kladnjice, Divoević, Visoka, Zvarljevo, Vinovo superiore, Utore inferiore, Utore superiore, Nevest, Unesić.

S. Pietro della Brazza (Bezirksgericht), Mircc, Spliska, Skrip, S. Giovanni, Humazzo inferiore, Humazzo superiore, Pučišće, Prasnice, Povik, Selca, Villanuova, S. Martino, Bol, Dol, Postire, Neresi, Dračevica, Murvica, Milná, Bohovišće.

Almissa (Bez.-Ger.), Dubrava, Gatta, Cista, Tugari, Duchie, Zakukac, Zvekanje, Kostanje, Podgradje, Kučišće, Sfinišće, Rogoznica, Slime, Novasela, Blato, Kreševo, Katuni, Opanci, Žeževica.

6. Bezirkshauptmannschaft
Sign.

Sign (Bezirksgericht), Vučipolje, Bitelič inferiore mit Dubova Vrata, Bitelić superiore, Bajagić, Obrovac, Liev, Gala, Otok-Korito-Ovérle, Udovičić, Ruda, Vostane, Kamensko, Tiarice, Grab, Vedrine, Kaporice, Velič, Vèrpolje, Strižirep, Budimir, Ugljane, Podravlje, Satrić, Ervace, Karakasica, Lukane, Glavice, Radošić, Sikane, Bernace, Turiake, Cossute-Bradarić-Trilj-Gardun, Vojnić, Susci, Koprivno, Kraj, Prisoje, Krusvar, Ercegovci, Bisco, Dolac inferiore mit Rosci, Sriane mit Putišić, Dolac superiore, Trambusi, Dabar mit Laktac.

Vèrlika (Bez.-Ger.), Chievo, Sorgente Cettina, Vinalić, Ježević Garjak, Koljane, Civljane, Cossore, Podosoje, Maovice, Otišić.

7. Bezirkshauptmannschaft
Imoski.

Imoski (Bezirksgericht), Piolosaz, Glavina, Aržano, Dobranje, Svit, Studence, Ričice, Biožine, Cistà, Lovreć, Lokvičić, Postranje, Vinjane, Poljíca, Medov-Dolac, Podhabje, Runović, Grabovac, Zagvozd, Kèrstalice, Slivno, Zupa, Rašćiane.

8. Bezirkshauptmannschaft
Makarska.

Makarska (Bezirksgericht), Brelle, Velobèrdo, Bast, Bascavoda, Coltisina, Tučepi, Podgora, Dražnice, Igrane, Živogošće, Dèrvenik, Zastrog, Podazza, Brist, Gradac, Bacchina, Makar.

Metkovič (Bezirksgericht), Fort Opus, Comin, Desne, Plina, Pasečina, Viddo, Borovci, Struge, Dobranje, Vidonje, Slivno.

Vèrgorac (Bez.-Ger.), Dussina mit Vuja, Klenak, Kokorić, Ravča, Draljane, Kozica, Prapatnica, Ora, Stilje, Zuvojane, Poljica.

9. Bezirkshauptmannschaft
Lesina.

Lesina (Bezirksgericht), Brušje, Grabić, Dol, Cittavecchia, Vèrboska, Vèrbani, Sfirze, Gjelsa, Pitve, Vrisnić, Zastrašišće, S. Giorgio Gdinj, Bogomolje.

Lissa (Bezirksgericht), Comisa.

10. Bezirkshauptmannschaft
Curzola.

Curzola (Bezirksgericht), Lombarda, Zernova, Pupnata, Račišće, Kzarra, Smokvica, Blata, Vallegrande, Lagosta.

Sabioncello (Bezirksgericht), Stanković, Nakovan, Viganj, Kučište, Sottomonte, Duba, Vručica superiore, Trappano, Oskorušno, Prisarina, Podbućje, Potomje, Kuna, Osobljava, Piavičino, Sresser, Janjina, Tèrstenik, Popovaluka, Giuliana, Koso, Putniković, Briesta.

11. Bezirkshauptmannschaft
Ragusa.

Ragusa (Kreisgericht), Borghi Pile und Ploče und Bosanka, Gravosa mit Lapad, Bergatto superiore, Bergatto inferiore, Gèrbavac, Martinovići, Makošice, Čelopeci, Čibuča, Baići, Petrača, Brašina, Savèrlje, Soline, Plat, Osonić, Petrovoselo, Makošćica, Obuljeno, Prievor, Rosgiatto, S. Stefano, Komolac, Čajković, Knežica, Gionghetto, Malfi, Valdinoce, Ljuba, Gromača, Kliševo, Cannosa, Barsešćina, Marčevo, Mravinjac, Dubravica, Majkovi superiore, Majkovi inferiore, Calamotta-Mezzo, Luka di Giupana, S. Giorgio.

Ragusa vecchia (Bezirksgericht), Oboá, Jasenice, Stravča, Brotnjice, Uskopolje, Močići, Čilipi, Gabrilli, Šiljesći, Dèrvenik, Milianići, Duba, Kuna, Pridvorje, Komaj, Popovići, Lovorno, Ljuta, Dunave, Marcine, Zastolje, Gruda, Radovčići, Poljice, Paglie-dardo, Vodovalja, Pločice, Gjurinići, Vitaljina.

Stagno (Bez.-Ger.), Stagno picolo, Broce, Metokia, Boļjenović, Duba, Česvinica, Kodilje, Sparagović, Zabérdje, Donciagne, Imotica, Topello, Stredica, Stuppa, Oselje, Smokovljani, Visočani, Tarnovica, Točionik, Cepikuće, Lisac, Podmoć, Zaton di Dolli, Giunta di Dolli, Mravinjica, Tarnova, Bunić, Slano, Bagno, Gargurići, Govedjari, Blatta, Babinopolje, Prosdjura, Maranovići, Coritti Dolli.

12. Bezirkshauptmannschaft
Cattaro.

Cattaro (Kreisgericht), Špiljari, Škaljari, Cavatz, Mèrčevac, Bogdašić, Lepetane, Mulla, Pèrčanj, Teodo, Lastva superiore, Lastva inferiore, Stolivo, Dobrota, Portorose, Mèrkovi, Zabèrdje, Krašić, Babunci, Radovanić, Berguli, Gošić, Radović, Niković, Milović, Bogišić, Gjurašević, Lješević, Dub, Sutvara, Vranović, Pobèrdje, Nalješić, Pellinovo, Šišić, Pricradi, Kubasi, Glavatičić, Zagora, Kovači, Gorović, Lastva, Glavati, Krimovice, Višnjevo, Prievor.

Risano (Bezirksgericht), Stèrp mit Lipsi, Kostanjica, Gjurić, Perast, Orahovac, Krivošie superiore, Krivošie inferiore, Ubli, Morinj, Ledenice superiore, Ledenice inferiore.

Castelnuovo (Bezirksgericht), Topla, Trebesin, Ratiševina, Mojdež, Mokrine, Podi, Kameno, Žliebi, Sasović, Kuti, Kumbor, Gjenović, Baošić, Bianca, Kruševica, Jošica.

Budva (Bez.-Ger.), Maini inferiore, Maini di mezzo, Podostrog, Pobori superiore, Pobori inferiore, Stojanović, Prentočić, Martinović, Uglješević, Bečić, Podbabao, Dubrović, Kuljace, Pèrsno, Čelobèrda, S. Stefano, Gennasi, Blisikuće, Vèrba, Tudorović, Drobnić, Kèrstac, Katun, Zukovica, Novoselje, Castel-Lastva, Koluderac, Buljarica.

Erzherzogthum

Oesterreich u. d. Enns.

Statthalterei, Oberlandesgericht, Landesgericht

in

Wien.

Bezirkshauptmannschaften, Kreis- und Bezirksgerichte.

1. Bezirkshauptmannschaft

Sechshaus.

Braunhirschen, Fünhhaus, Gaudensdorf, Meidling (Ober-), Meidling (Unter-), Reindorf, Rustendorf, **Sechshaus** (Bezirksgericht).

Altmannsdorf, Atzgersdorf, Baumgarten, Breitensee, Erlaa, Hacking, Hetzendorf, **Hietzing** (Bezirksgericht), Hütteldorf, Kalchsburg, Lainz, Liesing, Mauer, Penzing, Schönbrunn, Speising, St. Veit an der Wien.

Breitenfurth, Gablitz, Hadersdorf, Laab, Mauerbach, Pressbaum, Tullnerbach, **Purkersdorf** (Bezirksgericht), Wolfsgraben.

2. Bezirkshauptmannschaft

Hernals.

Döbling (Ober-), Döbling (Unter-), Dornbach, Gersthof, **Hernals** (Bezirksgericht), Lerchenfeld (Neu-), Neustift, Ottagrinn, Pötzleinsdorf, Sallmannsdorf, Sievring (Unter-), Sievring (Ober-), Waldegg (Neu-), Währing, Weinhaus.

Grinzing, Heiligenstadt, Höflein, Kahlenbergerdörfel, Kierling, **Klosterneuburg** (Stadt) (Bezirksgericht), Kritzendorf, Nussdorf, Weidling, Weidlingbach.

Altenberg, St. Andrä, Baumgarten, Chorherrn, Freundorf, Greifenstein, Hadersfeldt, Hintersdorf, Judenau, Kirchbach, Königstetten (Markt), Kogel, Langlebarn, Langenrohr, Muckendorf, Ollern, Rapoltenkirchen, Ried, Röhrenbach, Sieghartskirchen (Markt), Staasdorf, Tulbing, **Tulln** (Stadt) (Bezirksgericht), Wördern, Wolfpassing, Zeiselmauer.

3. Bezirkshauptmannschaft
Bruck a. d. Leitha.

Arbesthal, **Bruck an der Leitha (Stadt)** (Bezirksgericht), Gallbrunn, Gerhaus, Göttlesbrunn, Getzendorf (Markt), Höflein bei Bruck, Mannersdorf (Markt), Margarethen am Moos, Pachtfurth, Pischelsdorf, Prugg an der Leitha (Schlossbezirk), Rohrau (Markt), Sarasdorf, Sommerein (Markt), Stixneusiedl, Trautmannsdorf, Wilfleinsdorf.

Altenburg (Deutsch-), Berg, Elend, **Hainburg** Stadt) (Bezirksgericht), Hasslau (Deutsch-), Hasslau (Croatisch-), Hollern, Hundsheim, Petronell (Markt), Prellenkirchen, Regelsbrunn, Scharndorf, Schönabrunn, Wildungsmauer, Wolfsthal.

Achau, Albern, Ebergassing, Ebersdorf (Kaiser-, Gemeinde und Schloss), Ebersdorf (Kaiser-, Landjägermeister, ämtliche Besitzungen), Enzersdorf an der Fischa, Fischamend (Dorf), Fischamend (Markt), Gutenhof, Hennersdorf, Himberg (Markt), Kettenhof (Alt-), Kettenhof (Neu-), Kleederling, **Laa** (Ober-), Laa (Unter-), Lanzendorf (Ober-), Lanzendorf (Unter-), Leopoldsdorf, Mannswörth, Neusiedl (Klein-), Pellendorf, Rannersdorf, Rauchenwarth, Rothneusiedl, Schwadorf, **Schwechat** (Markt) (Bezirksgericht), Simmering, Wiener-Herberg, Zwölfaxing.

4. Bezirkshauptmannschaft
Wiener-Neustadt.

Brunn am Steinfeld, Dreistetten, Eggendorf, Emmerberg, Fischau, Hölles, Hochwolkersdorf, Katzelsdorf, Lanzenkirchen,

Lichtenwörth, **Matzendorf**, **Maiersdorf**, **Muthmannsdorf**, **Neustadt** (Wiener-, Stadt) (Kreisgericht), Piesting (Ober-), Piesting (Markt), Schlatten, Schwarzenbach (Markt), Sollenau, Theresienfeld, Walpersbach, Weikersdorf, Winzendorf, Wöllersdorf, Zillingsdorf (Markt).

Au (Markt), Brodersdorf, (Deutsch-), Ebenfurth (Stadt), **Ebreichsdorf** (Bezirksgericht), Gramat-Neusiedl, Hof (Markt), Landegg, Mitterndorf, Moosbrunn, Münchendorf, Pottendorf (Markt), Reissenberg (Markt), Seibersdorf (Markt), Siegersdorf, Tattendorf, Trumau, Velm, Waltersdorf (Ober-, Markt), Waltersdorf (Unter-), Wampersdorf, Weigelsdorf.

Dürnbach, **Gutteusteiu** (Bezirksgericht), Miessenbach, Mukkendorf, Peisching, Pernitz, Rohr, Schwarzau (Markt), Waidmannsfeld, Wopfing.

5. Bezirkshauptmannschaft
Baden.

Alland, **Baden** (Stadt) (Bezirksgericht), Gainfahrn, Günselsdorf, Grossau, Heiligenkreuz, Klausen-Leopoldsdorf, Kottingbrunn, Pfaffstetten, Raisenmarkt, Schönau, Sooss, Teesdorf, Traiskirchen (Markt), Tribuswinkel, Vöslau, Weikersdorf bei Baden.

Altenmarkt (Markt), Berndorf, St. Corona, Enzersfeld, Fahrafeld, Furth, Grillenberg, Hörnstein, Kleinfeld, Leobersdorf (Markt), Maria-Zell (Klein-), Neuhaus, Nöstach, **Pottenstein** (Markt) (Bezirksgericht), Schwarzensee, Tenneberg, St. Veit an der Triesting, Weissenbach.

Berchtoldsdorf, Biedermannsdorf, Brunn am Gebirge (Markt), Brühl (Hinter-), Brühl (Vorder-), Enzersdorf (Maria-), Gaden, Giesshübel, Grub, Gumpoldskirchen (Markt), Guntramsdorf (Markt), Inzersdorf, Kaltenleutgeben, Laxenburg (Markt), **Mödling** (Markt) (Bezirksgericht), Neudorf, Rodaun, Siebenhirten, Sittendorf, Sparbach, Sulz, Vösendorf, Weissenbach.

6. Bezirkshauptmannschaft
Neunkirchen.

Breitenau, Buchberg, Danneg, Dunkelstein, Erlach, Flatz, Gerasdorf, Grünbach, Gundrams, Hafning, Hassbach, Hettmannsdorf,

Höflein, St. Johann, Loipersbach, Mollram, Natschbach, **Neun-kirchen** (Bezirksgericht), Neusiedl, Peisching, Pitten, Raglitz, Ramplach, Rohrbach, Säubersdorf, Sautern, Scheiblingkirchen, Schiltern, Schrattenbach, Schwarzau, Seebenstein, Sieding, Strasshof, Thernberg (Markt), Urschendorf, St. Valentin (zerstreut), Warth, Wartmannsstetten, Willendorf, Würflach.

Altendorf, Breitenstein, Buchbach, Danneg (Ober-), Enzenreith, **Gloggnitz** (Markt) (Bezirksgericht), Grafenbach, Köttlach, Kranichberg, Pottschach, Prigglitz, Raach am Hochgebirge, Reichenau, Schottwien (Markt), Tachenberg, Thiermannsdorf, St. Valentin, Vöslendorf, Wimpassing.

Aspang (Amt), **Aspang** (Markt) (Bezirksgericht), Edlitz (Markt), Feistritz, Grimmenstein, Kirchberg am Wechsel (Markt), Molczek, Thomasberg, Zöbern.

Aigen, Gschaid, Hochneukirchen, **Kirchschlag** (Markt) (Bezirksgericht), Krumbach (Markt), Lembach, Liechtenegg, Schönau (Amt), Stang, Stickelberg, Wiesmath (Markt).

7. Bezirkshauptmannschaft

Korneuburg.

Bisamberg, Enzersdorf (Klein-), Enzersfeld, Enzersdorf (Lang-), Ernstbrunn (Markt), Floridsdorf, Gänserndorf (Ober-), Hagenbrunn, Harmannsdorf, Jedlersdorf (Gross-), Jedlersee, Karnabrunn, **Korneuburg** (Stadt) (Kreisgericht), Kreutzstetten (Ober-), Leobendorf, Rohrbach (Ober-), Russbach (Gross-, Markt), Seebarn, Simonsfeld, Stammersdorf, Stetten, Strebersdorf, Tresdorf, Wetzleinsdorf, Würnitz.

Fellabrunn (Nieder-, Markt), Gaisruck, Glasweinerwald, Grafendorf, Haselbach, Hausleithen, Hautzenthal (Ober-), Herzogbierbaum, Hollabrunn (Nieder-), Leitzersdorf, Maisbierbaum, Mugl (Gross-), Pettendorf (Markt), Russbach (Nieder-), Seming, Sierndorf (Markt), Steinabrunn, Stetteldorf (Markt), **Stockerau** (Markt) (Bezirksgericht), Streitdorf.

Bockfliess (Markt), Ebersdorf (Gross-), Engersdorf (Gross-), Gerasdorf, Hautzendorf, Kreutzstetten (Nieder-), Kronberg, Mannhartsbrunn, Minichsthal, Neubau, Obersdorf, Olberndorf

(Unter-), **Pillichsdorf**, Schleinbach, Siessenbrunn, Traunfeld, Ulrichskirchen (Markt), Wagram (Deutsch-), Wolfpassing, **Wolkersdorf (Markt) (Bezirksgericht).**

8. Bezirkshauptmannschaft
Enzersdorf (Gross-).

Andlersdorf, Aspern, Breitenlee, Breitstetten, Ekartsau (Markt), **Enzersdorf** (Gross-, Stadt) (Bezirksgericht), Essling, Glinzendorf, Grosshofen, Haringsee, Hirschstetten, Kagran, Kimmerleinsdorf, Kopfstetten, Leopoldau, Leopoldsdorf, Mannsdorf, **Markgrafneusidl**, Mühlleiten, Orth (Markt), Parbasdorf, Pframa, Probsdorf, Raasdorf, Rutzendorf, Sachsengang, Schönau, Siebenbrunn, Straudorf, Wagram (Kroatisch-), Wittau.

Baumgarten, Breitensee, Dörfles, Engelhartstetten, Groissenbrunn, Hof an der March (Markt), Lassee, Loimersdorf, **Marchegg** (Stadt) (Bezirksgericht), Schönfeld, Untersiebenbrunn, Stopfenreith (Markt), Stripfing, Tallesbrunn, Weiden (Ober-), Weikendorf (Markt), Witzelsdorf (Markt), Zwerndorf.

Angern (Markt), Auersthal, Ebenthal, Gänserndorf (Unter-), Götzendorf, Grub, Harras (Klein-), Kollenbrunn, Mannersdorf, Martinsdorf, **Matzen** (Markt) (Bezirksgericht), Ollersdorf, Pierawarth, Prottes, Raggendorf (Markt), Reiersdorf, Ruppersdorf (Hohen-, Markt), Schönkirchen (Markt), Schweinbartt (Gross-, Markt), Spannberg, Stillfried, Velm, Weidendorf.

9. Bezirkshauptmannschaft
Mistelbach.

Asparn (Markt), Bullendorf, Ebendorf, Eibesthal, Erdberg, Frettingsdorf, Gaunersdorf (Markt), Grafensulz, Herrnleis, Hobersdorf, Hörersdorf, Hüttendorf, Ketlasbrunn, Ladendorf (Markt), Lanzendorf, Leis (Nieder-), Michelstetten, **Mistelbach** (Markt) (Bezirksgericht), Olgersdorf, Paasdorf, Schletz, Schrick, Siebenhirten, Wilfersdorf (Markt).

Altenmarkt, Altmanns, Ameis, Baumgarten (Klein-), Ehrensdorf, Eichenbrunn, Enzersdorf, Fallbach, Gaubitzsch, Gnadendorf, Hagenberg, Hagendorf, Hanfthal, Harras (Gross-), **Laa**

(Stadt) (Bezirksgericht), Leis (Ober-), Loosdorf, Neudorf (Markt), Neusiedl(Kotting-), Patzmannsdorf, Pottenhofen, Pyhra, Ruppersdorf (Alt-), Ruppersdorf (Neu-), Schotterlee (Ober-), Schotterlee (Unter-), Staatz, Stinkenbrunn (Unter-), Stronsdorf (Markt), Ungarndorf, Waltersdorf, Wildendirnbach, Wultendorf, Wulzeshofen, Zlabern, Zwingendorf.

Bernhardsthal, Bischofwarth, Draserhofen, Falkenstein, **Feldsberg** (Stadt) (Bezirksgericht), Garschenthal, Guttenbrunn, Hadersdorf (Klein-), Hausbrunn (Markt), Herrnbaumgarten, Katzelsdorf, Lichtenwarth (Alt-), Ottenthal, Poisbrunn, Poisdorf (Markt), Rabensburg, Reinthal (Markt), Schrattenberg, Schweinbarth (Klein-), Steinabrunn, Stützenhofen, Themenau (Ober-), Themenau (Unter-), Walterskirchen, Wetzelsdorf, Wilhelmsdorf.

Absdorf (Nieder-), Balterndorf, Baumgarten, Böhmischkrut (Markt), Dobermannsdorf, Drösing (Markt), Dürnkrut (Markt), Ebersdorf, Eichhorn, Erdgress, Geiselberg, Gösting, Hauskirchen, Hohenau (Markt), Jedenspeigen (Markt), Inzersdorf (Gross-), Loidesthal, Maustrenk, Neusidl an der Zaya, Prinzendorf, Ringelsdorf, Sirndorf, Sulz (Nieder-), Sulz (Ober-), Waltersdorf, **Zistersdorf** (Stadt) (Bezirksgericht).

<h2 style="text-align:center">10. Bezirkshauptmannschaft
Hollabrunn (Ober-).</h2>

Altenmarkt, Aspersdorf, Bergau, Braunsdorf, Breitenwaida, Dietersdorf, Eggendorf im Thale, Eitzersthal, Entzersdorf im Thale, Fahndorf, Fellabrunn (Ober-), Goggendorf, Göllersdorf (Markt), Grabern (Mitter-), Grabern (Ober-), Gross, Grundt, Guntersdorf (Markt), Haslach (Markt), **Hollabrunn** (Ober-, Markt) (Bezirksgericht), Immendorf, Kalladorf, Kammersdorf, Kirchberg (Klein-), Kleedorf, Nappersdorf, Namdorf (Gross-), Pranhartsberg, Puch, Roggendorf, Roseldorf (Markt), Schalladorf, Schönborn, Schöngrabern, Sitzendorf, Sitzenhart, Sonnberg, Stainabrunn (Ober-), Stelzendorf (Gross-), Stelzendorf (Klein-), Stetteldorf (Klein-), Stinkenbrunn (Ober-), Stranzendorf, Thern (Ober-), Thern (Unter-), Weikersdorf (Klein-), Weyerburg, Wullersdorf (Markt).

Alberndorf, Augenthal, Hadres, **Haugsdorf** (Gross- und Klein-, Markt) (Bezirksgericht), Jetzelsdorf, Kadolz (Gross-), Mailberg (Markt), Markersdorf (Unter-), Obritz, Peygarten, Pernersdorf, Pfaffendorf, Ragelsdorf, Seefeld (Markt).

Deinzendorf, Dietmannsdorf, Höflein (Klein-), Leodagger, Markersdorf (Markt), Nalb (Ober-), Nalb (Unter-), Pillersdorf, Platt, Pulkau (Markt), Riedentbal (Klein-), Röschitz (Markt), Rötz-Altstadt, **Rötz** (Stadt) (Bezirksgericht), Rötzbach (Mitter-), Rötzbach (Ober-), Rötzbach (Unter-), Rohrendorf, Schrattenthal (Stadt), Waitzendorf, Watzelsdorf, Zellerndorf.

Bayerdorf, Bösendirnbach, Burgfrieden der Herrschaft Mühlbach, Diendorf am Walde, Dippersdorf, Dürnbach (Ober-), Dürnbach (Unter-), Ebersbrunn, Eggendorf (am Walde), Elsarn, Frauendorf, Gaindorf, Gettsdorf, Glaubendorf, Grafenberg (Markt), Grübern, Hohenwartb, Hollenstein, Kiblitz, Limberg, Maissau (Stadt), Mäuseldorf (Gross-), Minicbhofen, Mühlbacb, Parisdorf, Pfaffstätten, Radelbaum (Markt), Ravelsbach (Ober-), **Ravelsbach** (Unter-) (Bezirksgericbt), Reinprechtsdorf (Klein-), Rohrbach, Ronthal, Schleinz (Nieder-), Stoitzendorf, Straming, Strass (Markt), Wartberg, Wetzdorf (Gross-), Wetzdorf (Klein-), Wiedendorf, Wilmersdorf, Zemling, Ziersdorf.

11. Bezirkshauptmannschaft
St. Pölten.

Böheimkirchen (Markt) auch Böhmkirchen, St. Georgen am Steinfelde, Gerersdorf, Göblasbruck, Grafendorf (Markt), Hafnerbach (Markt), Haindorf, Haunoldstein, Jeutendorf, Kasten, Kreisbach, Margaretben, Markersdorf bei Sierning (Markt), Maumau, Michelbach (Markt), Neidling, **St. Pölten** (Stadt) (Kreisgericht), Pottenbrunn, Pyhra (Markt), Ratzersdorf, Sassendorf, Spratzern, Stattersdorf, Stössing, Viehhofen, Wald, Weinburg, Wilbelmsburg (Markt), Windpassing.

Aggsbach, Anzendorf, Brunn, Erlauf, Ganzbach (Markt), Gerolding, Kicking, Krumnussbaum, Loosdorf (Markt), Matzleinsdorf, Mauer, **Melk** (Markt) (Bezirksgericbt), Ornding, Pöcblarn (Stadt), Schollach, Schönbichl (Markt), Schrattenbruck, Spielberg, Zelking.

Ambach, St. Andrä an der Traisen, Ederding, Einöd, Franzhausen, Frauendorf, Gemeinlebarn, Götzersdorf, Hain (Gross- und Klein-), Haushaim, **Herzogenburg** (Markt) (Bezirksgericht), Inzersdorf, Kapelln, Karlstetten, Nussdorf, Oberndorf, Obritzberg, Ossarn, Radelberg, Reichersdorf, Statzendorf, Stollhofen, Traismauer (Markt), Weissenkirchen, Wölbing (Ober-, Markt), Wölbing (Unter-).

Frankenfels (Markt), Grünau, **Kirchberg** an der Pielach (Markt) (Bezirksgericht), Loich, Rabenstein (Markt), Schwarzenbach.

Anzbach, Asperhofen, Brand, Christofen, Innbruck, Johannesberg, Kirchstetten, **Lengbach** (Neu-, Markt) (Bezirksgericht), Lengbach (Alt-), Markersdorf, Neustift, Ollersbach, Raipoltenbach, Tausendblum, Totzenbach.

Abstetten, **Atzenbrugg** (Bezirksgericht), Guttenbrunn, Hasendorf, Michlhausen, Murstetten, Ponsee, Reidling, Rust, Ritzenberg, Trasdorf, Würmlaa, Zwentendorf.

12. Bezirkshauptmannschaft
Lilienfeld.

Annaberg, St. Egydi, Hohenberg (Markt), **Lilienfeld** (Bezirksgericht), Türnitz (Rotte).

Eschenau, **Hainfeld** (Markt) (Bezirksgericht), Kaumberg (Markt), Ramsau, Rohrbach, Traisen, St. Veit an der Gölsen (Markt), Zell (Klein-).

13. Bezirkshauptmannschaft
Scheibbs.

St. Anton, Buch, Ernegg, Etzersstetten, Feichsen, St. Georgen an der Leis, Grüs, Hochriess, Hub, Lehen, Lohnitzberg, Marbach, Mitterwasser, Neustift, Oberndorf (Markt), Ochsenbach (Ausser-), Pötzelsdorf, Puchenstuben, Purgstall (Markt), Pyhrafeld, Reitlingberg, Rogatsboden, Rothenhaus, Schachau, Schabendorf, **Scheibbs** (Markt) (Bezirksgericht), Scheibbsbach, Sölbing, Steinakirchen (Markt), Wasen, Wang, Wechling, Weinzierl, Wieselburg (Markt), Wolfpassing, Zarnsdorf, Zehetgrub, Zehnbach.

Ahorn, Altenreith, Amt (Ober-), Amt (Unter-), Franzenreith, **Gaming** (Markt) (Bezirksger.), Gresten (Markt), Göstling, Hochkogelberg, Kienberg, Lunz (Amt), Lunz (Dorf), Perwarth, Puchberg, Ranndegg (Markt), Reinsperg, Schadneramt, Waldamt, Ybbsbachamt.

Aichbach, Aigen (Gross-), Bischofstetten, St. Gotthard, Grimmegg, Haimberg, Hürm, Inning, Kälberhart, Kettenreith, Kilb (Markt), Kirnberg, St. Leonhart am Forst (Markt), **Mank** (Markt) (Bezirksgericht), Okert, Plankenstein und Texing, Pöllendorf, Rainberg, Rametsberg, Ritzengrub, Rupprechtshofen, Schmidbach, Siegendorf, Teufelsdorf, Umbach.

14. Bezirkshauptmannschaft
Amstetten.

Amstetten (Markt) (Bezirksgericht), Ardagger (Markt), Ardagger (Stift), Euratsfelden, Greinsfurth, Haag, Hausmening, Kollmitzberg, Neuhofen (Markt), Oed (Markt), Oehling, Preinsbach, Schönbüchl, Sindelburg, Stephanshart, Ulmerfeld (Markt), Viehdorf, Wallsee (Nieder-, Markt), Winklarn, Zeillern (Markt).

Behamberg, Erla, Ernsthofen, **Haag** (Markt) (Bezirksgericht), Haidershöfen, Pantaleon, Strengberg (Markt), St. Valentin.

Blindenmarkt (Markt), Ferschnitz, Freyenstein, St. Georgen am Ybbsfelde, Götzbach, Hössgang, Judenhof, Karlsbach, Landfriedstetten, St. Martin, Nabegg, Neumarkt (Markt), Neustadt (Markt), Petzenkirchen, Ratzenberg, Säusenstein, Schaltberg, Windpassing, Wolfstein (Klein-), **Ybbs** (Stadt) (Bezirksgericht).

Alhartsberg, St. Georgen am Reith, Haselgraben, Hollenstein (Gross-), Kröllendorf, St. Leonhart am Walde, Maisberg, Opponitz, Prolling, Schwarzenberg, Sonntagsberg, Waidhofen an der Ybbs (Dorf), **Waidhofen** an der Ybbs (Stadt) (Bezirksgericht), Windhag, Ybbsitz (Markt), Zell-Arzberg, Zell (Markt).

Abetzberg, Aschbach (Markt), Aschbach (Ober-), Biberbach, Bubendorf, Hausleithen (Mitter-), St. Johann, Kirnberg, Krenstetten, Maillersdorf, St. Michael, **St. Peter in der Au** (Markt)

(Bezirksgericht), Seitenstetten (Markt), Seitenstetten (Dorf), Weistrach, Wolfsbach.

Altenmarkt, Artstetten (Markt), Auratzberg, Bayerstötten, Briel (Hofamt), Dorfstetten, Fritzelsdorf, Gottsdorf, Harth, Isper, Kehrbach, Kollnitz, Kapelleramt, Lehen, Leiben (Markt), **Marbach an der Donau** (Markt), Maria Taferl, Münichreith, Nöchling, Nussendorf, St. Oswald, **Persenbeug** (Markt) (Bezirksgericht), Pöchlarn (Klein-, Markt), Rappoltenreith, Weitenegg (Markt), Weinberg.

15. Bezirkshauptmannschaft
Krems.

Brunn im Felde, Donaudorf, Dross, Dürnstein (Stadt), Eglsee, Gneixendorf, Imbach, **Krems** (Stadt) (Kreisgericht), Landersdorf, Loiben (Ober-), Loiben (Unter-), Nöhagen, Priel, Rehberg (Markt), Rohrendorf (Ober-), Rohrendorf (Unter-), Senftenberg (Markt), Stein (Stadt), Stixendorf, Strazing (Markt), Theyss, Weinzierl, Weinzierl am Walde.

Aigen, Angern, Arnsdorf (Mitter-), Arnsdorf (Ober-), Baudorf, Bergen (Ober-), Bergen (Unter), Fucha (Ober-), Fucha (Tiefen-), Furth bei Mautern (Markt), Geyersberg, Hallenburg (Markt), Höbenbach, Krustetten, **Mautern** (Stadt) (Bezirksgericht), Mauternbach, Palt, Rossatz (Markt), Rührsdorf, Schenkenbrunn, Steinaweg, Thallern, Wagram bei Hollenburg.

Freischling, Gobelsburg (Markt), Haindorf, **Langenlois** (Markt) (Bezirksgericht), Lengenfeld (Markt), Mittelberg, Mollands, Neustift (Schönberg), Plank, Reith, Schiltern (Markt), Schönberg (Markt), Stiefern, Zöbing (Markt), Waldkörper am Manhartsberge (vereinigte).

Altengschwendt, Brunn am Walde, Dautendorf, Eisenberger (Amt), Eisengraben, Felling, **Gföhl** (Markt) (Bezirksgericht), Gföhleramt, Grünbach (Nieder-), Grünbach (Ober-), Idolsberg, Jaidhof, Jeittendorf, Krumau (Markt), Ladings, St. Leonhard am Hornerwald, Lichtenau, Litsch und Wurfenthalgraben, Loiwein (Markt), Marbach, Meissling, Mittelbergeramt, Motten, Mottingeramt, Ostra, Peygarten, Raspach, Rastenfeld (Markt),

Reitern, Schiltingeramt, Seeb, Senftenbergeramt, Taubitz, Wolfs-
hoferamt.

Absdorf, Altenwörth, Bierbaum, Dörfl, Engabrunn, Engel-
mannsbrunn, Etsdorf (Markt), Fels, Feuersbrunn, Frauendorf,
Gösing, Grafenwörth (Markt), Hadersdorf (Markt), Haitzendorf,
Hippersdorf, Jettsdorf, Kammern, **Kirchberg am Wagram**
(Markt) (Bezirksgericht), Königsbrunn, Mallon, Neuaigen, Neu-
stift, Ottenthal, Riedenthal (Gross-), Ruppersthal, Sebarn, Stock-
stall (Mitter-), Stockstall (Ober-), Stockstall (Unter), Urzenlaa,
Wagram, Weikersdorf (Gross-, Markt), Wiesendorf (Gross-),
Wiesendorf (Klein-), Winkl.

Aggsbach (Markt), Els (Markt), Elsarn, Emmersdorf, Gos-
sam, Gschwend, Gut am Steg, Habruck, Heinrichsschlag (Gross-),
Hofamt, Joching, Laach am Jauerling (Markt), Lobendorf,
Marbach, Mödelsdorf, Mühldorf (Markt), Nonnersdorf, Ranten-
berg, **Spitz** (Markt) (Bezirksgericht), Trandorf, Weissenkirchen,
Wösendorf (Markt), Zinntring.

Arndorf, Aschelberg, Bruck, Filsendorf, Laimbach, Laibers-
dorf, Mannersdorf, Mollendorf, Mürfelndorf, Neudorf, Pöbring,
Pöggstall (Markt) (Bezirksgericht), Pömmerstall, Raxendorf,
Seiterndorf, Troibetsberg, Weinling, Weiten (Markt), Würns-
dorf (Markt), Zeining.

16. Bezirkshauptmannschaft
Horn.

Altenburg, St. Bernhard, Breitenaich, Brunn, Buchberg,
Burgstall (Gross-), Dappach, Dietmannsdorf, Etzmannsdorf,
Feinfeld, Frauenhofen, Fuglau, Gars (Markt), Haselberg, **Horn**
(Stadt) (Bezirksgericht), Kommegg, Kotzendorf, Mahrersdorf,
St. Marein, Meiers, Messern (Markt), Mold, Mödring, Mörters-
dorf, Mühlfeld, Neubau, Neukirchen (Stadt), Nördersdorf,
Nonndorf, Nonndorf an der Wild, Pernegg (Markt), Poigen,
Posselsdorf, Raisdorf, Rodingersdorf, Röhrnbach, Rosenburg,
Rothweinsdorf, Tautendorf, Thumau, Trabenreith, Waiden, Wa-
poltenreith, Winkl, Wolfshof, Zaingrub, Zitternberg.

Dallein, Felling, Fladnitz (Nieder-), Fladnitz (Ober-), Frons-
burg, **Fugnitz**, **Geras** (Markt) (Bezirksgericht), Goggitsch, Har-

124

degg (Stadt), Harth, Heinrichsdorf, Heufurth, Höflein (Ober-),
Hötzelsdorf, Hofern, Kottaun, Langau (Markt), Mallersbach,
Merkersdorf, Pingendorf, Plaissing, Prutzendorf, Purgstall, Rie-
gersburg, Sallapulla, Schirmannsreith, Sieghartsreith, Starrein,
Trautmannsdorf, Waschbach, Weitersfeld, Zettlitz, Zissersdorf.

Burgstall (Klein-), Buttendorf, **Eggenburg** (Stadt) (Bezirks-
gericht), Engelsdorf, Etzmannsdorf, Gauderndorf, Gumping,
Harmannsdorf, Jetzelsdorf (Klein-), Kainreith, Kattau, Kühn-
ring, Maigen, Matzelsdorf, Meiseldorf (Klein-), Missingdorf,
Mixnitz (Ober-), Mixnitz (Unter-), Rafing, Reinprechtspölla,
Reippersdorf (Gross-), Roggendorf, Röhrawiesen, Sachsendorf,
Schleinitz (Burg), Stockern, Theras, Wolkenstein (Unter-), Zo-
gelsdorf.

<h3 align="center">17. Bezirkshauptmannschaft</h3>

Zwettl.

Brand, Eschabruck, Friedersbach (Markt), Gerotten, Glock-
nitz (Gross-), Göttfritz (Gross-). Gradnitz, Gschwend, Jagenbach,
Jahrings, Kühbach, Limbach, Maunshalm, Marbach am Walde,
Nondorf (Nieder-), Nondorf (Ober-), Oberndorf, Perndorf, Raben-
than (Unter-), Riegers, Rosenau (Dorf), Rosenau (Schloss), Rud-
manns, Sallingstadt, Schönau (Klein-), Schweiggers (Markt),
Strahlbach (Ober-), Waldhausen, Weissenbach (Gross-), **Zwettl**
(Stadt) (Bezirksgericht), Zwettl (Stift).

Arbesbach, Etzen, Fraberg, **Gerungs** (Gross-, Markt) (Bezirksgericht), Griesbach, Heinreichs, Hypoltz, Kainrathschlag, Kirchbach, Langschlag, Langschlager-Waldhäuser, Melon (Alt-), **Mitter-
schlag**, Oberkirchen, Pehendorf, Pertenschlag (Gross-), Pfaffendorf,
Prettrobruck, Purrath, Rammelhof, Rapottenstein (Markt),
Roitten, Rosenauer obere Waldhäuser, Siebenhöf, Wiesensfeld,
Wetzles (Klein-), Wurmbrand.

Abschlag, Albrechts, Brühl, Dietmanns, Eichberg, Fried-
reichs, Harbach, Harmannschlag, Heinreichs, Höhenberg, Hörmanns, Karlstift, Langfeld, Lauterbach, Lembach (Ober-), St.
Martin, Mistelbach, Naglitz, Neusiedl (Gross-), Pertolz (Gross-,
Markt), Pyhrabruck, Reichenau, Reinprechts, Schagges, Schönau

(Gross-), Siebenlinden, Spital, Thaures, Thiergarten, Ulrichs, Unserfrau, Waltenstein, Watzmanns, Weikertschlag, Weissenbach, **Weitra** (Stadt) (Bezirksgericht), Weitra (Alt-), St. Wolfgang, Wolfgers (Gross-), Wultschau.

Alentsteig (Stadt) (Bezirksgericht), Breitenfeld, Döllersheim (Markt), Edelbach, Eschenbach, Felsenberg, Franzen, Göpfritz, Haselbach (Gross-), Heinrichs, Kirchberg an der Wild, Merkenbrechts, Pernschlag, Plöttbach (Nieder-), Pölla (Alt-), Pölla (Neu-, Markt), Poppen (Gross-), Scheideldorf, Schlagles, Schwarzenau, Stögersbach, Thaua, Thaures.

Albrechtsberg, Bernton, Elsenreith, Gloden, Grafenschlag, Gutenbrunn (bei Edelsberg), Kirchschlag, Kottes, Langschlag, Martinsberg, Minichreith, Moderberg, Moniholz, Neuhof, Nondorf (Gross-), Nondorf (Klein-), Oed, **Ottenschlag** (Markt) (Bezirksgericht), Purk, Reichspolds, Reinprechts (Gross-, Markt), Sallingberg (Markt), Schönbach (Markt), Spielberg, Traunstein (Markt), Ulrichsschlag, Voitsau, Voitsschlag, Weichselberg.

18. Bezirkshauptmannschaft
Waidhofen a. d. Thaya.

Buchbach, Dietmanns, Eberharts (Gross-), Fistritz, Gerharts, Göpfritz, Hollenbach, Jahrotten, Kainraths, Loibes, Markel, Mayres, Nonndorf, Pfaffenschlag, Poppen-Veste, Puch, Rafings, Schlader, Siegharts (Gross-), Thaya (Markt), Ulrichsschlag, Vestennöting, Waidhofen (Alt-), **Waidhofen a. d. Thaya** (Stadt) (Bezirksgericht), Waldreichs, Wienings, Windigsteig (Markt).

Aigen, Blumau (Markt), Drosendorf (Altstadt), Drösidl, Drosendorf (Stadt), Eggersdorf, Eibenstein, Ellends, Elsern, Grossau, Grünbach (Ober-), Japons, Kollmitzgraben, Ludweis (Markt), Medsiedl, Mostbach, Oberndorf (bei Raabs), Oed, Pertholz (Unter-), **Raabs** (Markt) (Bezirksgericht), Rabesreith, Radl, Rossa, Schweinburg, Speisendorf (Markt), Thuma, Thumritz, Weikertschlag (Markt), Weinern, Wenjapons, Wolfsbach, Zabernreith.

Amaliendorf, Beinhöfen, Böhmzeil (Stadt), Eibenstein, Eilfang, Erdweis, Eschenau, Gmünd (Stadt), Göbhardts, Grund-

schachen, Heinreichs, Hirschbach, Hohenaich, Hollenstein, Jaud-
ling, Jetzles, Kirchberg (am Walde), Kotting-Hörmanns, Langegg, Nondorf, Rottenschachen, Rupprechts (Gross-), Schönau,
Schrems (Markt) (Bezirksgericht), Schrems (Nieder-), Schwarza
(Lang-), Schwarzbach, Sparbach, Steinbach, Siessenbach, Ulrichs,
Vitis (Markt), Warnings, Weissenalbern, Wielands, Witschko-
berg, Zuggers.

Altmanns, Brand, Eberweis, Eggern, Eisgarn, Finsternau,
Gopprechts, Griesbach, Haugschlag, Heidenreichstein (Markt),
Hirschenschlag, Hörmanns, Illmanns, Leopoldsdorf, **Litschau**
(Stadt) (Bezirksgericht), Reinberg (Heidenreichsteiner), Rein-
berg (Litschauer), Reingers, Reitzenschlag, Rohrbach, Schand-
achen, Schlag, Schönau, Seyfryds, Thaures, Wolfsegg.

Dobersberg (Markt) (Bezirksgericht), Edlitz, Engelbrechts
(Stadt), Fratres, Gastern, Gilgenberg, Göpfritzschlag, Illmau,
Karlstein, Kautzen (Markt), Merkengersch, Motten, Münichreith,
Peygarten, Rappolz, Reibers, Reinberg, Taxen, Tiefenbach,
Waldhers, Waldkirchen.

Erzherzogthum

Oesterreich o. d. Enns.

Statthalterei, Landesgericht

in

Linz.

(Oberlandesgericht Wien.)

Bezirkshauptmannschaften, Kreis- und Bezirksgerichte.

---

1. Bezirkshauptmannschaft

Linz.

Hörsching, Kleinmünchen, Kirchberg, Leonding, Oftering
Pasching, St. Peter, Traun, Wilhering. (Landesgericht Linz.)

Alberndorf in der Steuergemeinde Steinbach, Altenberg,
Engerwitzdorf, Gallneukirchen (Markt), Helmonnsödt (Markt),
Katzbach, Lichtenberg, Pöstlinberg, Sonnberg, Steyregg (Stadt),
Urfahr (Markt) (Bezirksgericht).

Bergheim, Eidenberg, Feldsstorf, Feldkirchen, Freuden-
stein, Geng, Goldwörth, St. Gotthard, Gramastetten (Markt),
Herzogsdorf, Lacken, Landshaag, Mühldorf, Mühllacken, **Ottens-
heim** (Markt) (Bezirksgericht), Stamering, Walding.

Asten, **Enns** (Stadt) (Bezirksgericht), Hergelsberg, Kron-
storf, Lorch.

Ansfelden, Ekelsberg (Markt), **St. Florian** (Markt) (Bezirksgericht), Hofkirchen, Niederneukirchen.

2. Bezirkshauptmannschaft
Freistadt.

Amesreith, **Freistadt** (Stadt) (Bezirksgericht), Grünbach, Guttenbrunn, Hiltschen, Hirschbach, Käfermarkt (Markt), Kerschbaum, Lasberg (Markt), Leopoldschlag (Markt), Lichtenau, March, Matzelsdorf, Neumarkt (Markt), Oswald St. (Markt), Pernau, Rainbach, Rauchenödt, Sandl, Schwand, Steinböckhof, Summerau, Trosslsdorf, Waldburg, Wartberg, Windhaag (Markt), Wippl, Zeiss.

Amesschlag, Bernhardsschlag, Ditrichschlag, Haibach, Königschlag, Laimbach, **Leonfelden** (Markt) (Bezirksgericht), Lichtenstein, Oberneukirchen (Markt), Ottenschlag, Reichenau (Markt), Reichenthal, Schenkenfelden (Markt), Stiftung, Waldschlag, Waxenberg, Weigerschlag, Weissenbach (Ober-, Markt), Zwettl (Markt).

Königswiesen (Markt), St. Leonhard (Markt), Liebenau, Pierbach, Schönau, Weidersfelden (Markt), **Weissenbach** (Unter-, Markt) (Bezirksgericht).

3. Bezirkshauptmannschaft
Perg.

Allerheiligen, Altenburg, Arbing, Au, Baumgarten, Baumgartenberg, Bergkirchen, Buchberg, Hofstetten, Innernstein, Langacker, Lebing, Mitterkirchen (Markt), Münzbach (Markt), Naarn (Markt), **Perg** (Markt) (Bezirksgericht), Rechberg, Ruprechtshofen, Weinzierl, Windhaag.

Dimbach (Markt), Dörfl, Eitzendorf, Gassen, St. Georg am Wald, **Grein** (Stadt) (Bezirksgericht), Hendorf, Kalmberg, Klamm (Markt), Kreutzen (Markt), Letten, Linden, St. Nikola (Markt), Pabneukirchen (Markt), Panholz, Riedersdorf, Sachsen, Struden, St. Thomas (Markt), Waldhäusen (Markt), Wetzelsberg, Wetzlstein.

Aich, Brawinkl, Erdmannsdorf, Guttau (Markt), Hagenberg, Hinterberg, Hundsdorf, Lanzendorf, Mistlberg, Pregartdorf, **Pregarten** (Markt) (Bezirksgericht), Selker, Tragwein (Markt), Untergaisbach, Unterweitersdorf, Wartberg, Zell (Markt).

Altaist, Bodendorf, St. Georgen an der Gusen (Markt), Haid, Langenstein, Luftenberg, Marbach, Mauthausen (Markt), Obenberg, Pührach, Ried, Schwertberg (Markt), Windegg.

4. Bezirkshauptmannschaft

Rohrbach.

Atzberg, Berg, Friendorf, Hörbich, Kicking, Kirchbach, Kollerschlag, St. Leonhard, Nebelberg. Oepping, Peilstein (Markt), Pogendorf, **Rohrbach** (Markt) (Bezirksgericht), Sarleinsbach (Markt), Sprinzenstein.

Aigen (Markt) (Bezirksgericht), Berdetschlag, Julbach, Klaffer, Schindlau, Schlägl, Schwarzenberg, Ullrichsberg.

Afisl, Ahorn, **Haslach** (Markt) (Bezirksgericht), Helfenberg, Lichtenau, Oswald, St. Schönegg, Stephan St.

Hofkirchen (Markt), **Lembach** (Markt) (Bezirksgericht), Marsbach, Neustift, Niederkappel, Oberkappel, Ollerndorf, Pfarrkirchen, Putzleinsdorf (Markt), Ranaridl, Witzersdorf.

Altenfelden, Auberg, St. Johann, Kirchberg, Kleinzell, St. Martin, **Neufelden** (Markt) (Bezirksgericht), Neuhaus, Niederwaldkirchen, St. Peter, Pürnstein, St. Ulrich, St. Veit, Windischberg.

5. Bezirkshauptmannschaft

Wels.

Aschet, Fischlham, Gunskirchen, Holzhausen, Krenglbach, Lichtenegg, Marchtrenk, Oberschauersberg, Ottstorf, Pernau, Pichl, Puchberg, Puchkirchen, Schleissheim, Steinhaus, Thalheim, Tanbach, Valentin, Weilbach, **Wels** (Stadt) (Kreisgericht).

Alkaven, Aschach (Markt), **Efferding** (Stadt) (Bezirksgericht), Fraham, Grossstroheim, Haibach, Homtkirchen, Hiezenbach, Mairhof, Oedt in Bergen, Pupping, Scharten, Schaumburg.

St. Agatha, St. Marienkirchen, ǀMichaelnbach, Prambachkirchen, St. Thomas, **Waitzenkirchen** (Markt) (Bezirksgericht).

Enzendorf, Gallspach (Markt), St. Georgen, **Grieskirchen** (Stadt) (Bezirksgericht), Hofkirchen, Mangelburg, Neumarkt

(**Markt**), Parz. Pollham, Pötting, Schliesselberg, Schönau, Taufkirchen, Tollet, Wallern.

Aichkirchen, Bachloch, Bachmaning, Edt, **Lambach** (Markt)
(Bezirksgericht), Meggenhofen, Neidharting, Neukirchen, Offen-
hausen (Markt), Pennewang, Stadl, Stadl Paura, Steinerkirchen (Markt), Steinerkirchen am Innbach, Wimsbach (Markt).

6. Bezirkshauptmannschaft
Vöklabruck.

Ampflwang, Aurach, Gampern, Hainbach, Neukirchen, Ober-
achmann, Puchheim, Schörfling (Markt), Seewalchen, Timmel-
kam, Tratberg, Ungenach, Unterregau, **Vöklabruck** (Stadt)
(Bezirksgericht), Weyreck, Zell am Pettenfürst.

Abtstorf, Attersee, Berg, Eggenberg, Fornach, Franken-
burg (Markt), **Frankenmarkt** (Markt) (Bezirksgericht), Freyn,
St. Georgen (Markt), Hintersteining, Hofberg, Hörgesteig,
Lichtenbuch, Nussdorf, Pabing, Pfaffing, Pöndorf, Redleiten,
Strass, Vöklamarkt (Markt), Walligen, Weiskirchen.

Au, St. Lorenz, **Mondsee** (Markt) (Bezirksgericht), Ober-
aschau, Oberwang, Rabenschwandt, Tiefgraben, Unterach, Zell
am Moos.

Atzbach, Ausserpühret, Deising, Desselbrunn, Kemating.
Maning, Niederthalheim, Oberndorf, Ottnang, Pitzenberg, Püh-
ret, Redlham, Roitham, Rutzenham, Rühstorf, Schlatt, **Schwan-
nenstadt** (Stadt) (Bezirksgericht), Windern, Wolfsegg (Markt).

7. Bezirkshauptmannschaft
Steyr.

Aschach, Garsten, Gleink, Jägerberg, Kleinraiming, Losen-
steinleiten, Sierning, **Steyr** (Stadt) (Kreisgericht), Ternberg,
Thaustetten, Unterwald.

Gaflenz (Markt), Grossraming, Lausa Losenstein, Neustift,
Reichraming, **Weyr** (Markt) (Bezirksgericht).

Eberstallzell, Hall (Markt), Kirchberg, Kremsegg, **Kremsmünster** (Markt) (Bezirksgericht), Kremsmünster (Unterburg-
fried), Ried, Rohr, Sadtlondt, Sipbachzell, Wartberg.

Allhaming, Kematen, St. Marien, **Neuhofen** (Markt) (Bezirksgericht), Pieberbach, Weisskirchen.

8. Bezirkshauptmannschaft
Kirchdorf.

Jezersdorf, **Kirchdorf** (Markt) (Bezirksgericht), Klaus, Michldorf, Nussbach, Oberschlierbach, Pettenbach, Schlierbach, Steinbach am Zyberg.

Edlbach, Hinterstoder, Pankraz, Pichl, Rading, Rosenau, Rossleiten, Spital, Vorderstoder, **Windischgarsten** (Markt) (Bezirksgericht).

Grünburg, Molln, **Steinbach** (Bezirksgericht), Waldneukirchen.

9. Bezirkshauptmannschaft
Gmunden.

Altmünster, **Gmunden** (Stadt) (Bezirksgericht), Grünau, Gschwandt, Kirchham, St. Konrad, Laakirchen, Lindach, Neukirchen, Ohlsdorf, Ort, Traunkirchen, Vichtwang, Verchdorf.

Ebensee, Goisern, Gosau, Hallstadt (Markt), **Ischl** (Markt) (Bezirksgericht), St. Wolfgang (Markt).

10. Bezirkshauptmannschaft
Braunau.

Adenberg resp. Handenberg, **Braunau** (Stadt)(Bezirksgericht) St. Georgen, Gilgenberg, Mining, Neukirchen, St. Peter, Ranshofen, Schwand, Ueberackern.

Auerbach, Bischelsdorf, Feldkirchen, Jeging, St. Johann, Kirchberg, Lochen, Lengau, **Mattighofen** (Markt) (Bezirksgericht), Munderfing, Palting, Schalchen.

Altheim (Markt), Aspach, Burgkirchen, Helpfau, Henhart, St. Laurenz, **Mauerkirchen** (Markt) (Bezirksgericht), Moosbach, Polling, Rossbach, Treubach, St. Veit, Weng.

Ach und Hochburg, Eggelsberg, Franking, Geratsberg, Haigermoos, Moosdorf, Ostermiething, St. Pantaleon, Radegund, Tarsdorf, **Wildshut** (Bezirksgericht).

11. Bezirkshauptmannschaft
Ried.

Andrichsfurth, Aurolzmünster (Markt), Eberschwang, Hohenzell, Kirchheim, Lohesburg, Mehrnbach, Mettmach, Neuhofen, Pattigham, **Ried** (Markt) (Bezirksgericht), Schildorn, Taiskirchen, Tumeltsham, Waldzell.

Aistenshaim, Gaspoltshofen, Gebeltskirchen, Geyersberg, **Haag** (Markt) (Bezirksgericht), Pram, Rottenbach, Wendling.

Geinberg, St. Georgen, Gurten, Katzenberg, Lambrechten, St. Martin, Mörschwang, **Obernberg** (Markt) (Bezirksgericht), Reichensberg, Senftenbach, Utzenaich, Weilbach.

12. Bezirkshauptmannschaft
Scheerding.

Brunnenthal, Eggerding, St. Florian, Freinberg, Mairhof, St. Marienkirchen, Münzkirchen, Rainbach, Schartenberg, **Scheerding** (Stadt) (Bezirksgericht), Stadthof, Suben, Taufkirchen, Wernstein.

Bruck, Eschenau, Kallham, Naternbach, Neukirchen am Wald (Markt), **Peuerbach** (Markt) (Bezirksgericht), Stegen, Wasen.

St. Aegidi, **Engelhartszell** (Markt) (Bezirksgericht), Esternberg, Kopfing, St. Roman, Vichtenstein, Waldkirchen (Markt).

Altschwendt, Andorf, Dirsbach, Dorf, Enzenkirchen, **Raab** (Markt) (Bezirksgericht), Riedau, Siegharding, Willibald, Zell.

Herzogthum Salzburg.

Landesregierung und Landesgericht

in

Salzburg.

(Oberlandesgericht Wien.)

Bezirkshauptmannschaften und Bezirksgerichte.

1. Bezirkshauptmannschaft

Salzburg.

Aign, Bergheim, Elixhausen, Elsbethen, Eugendorf, Gnigl, Grossgmain, Grödig, Hallwang, Koppel, Leopoldskron, Maxglan, Morzg, Plainfeld, Siezenheim. Landesgericht Salzburg.

Anthering, Dorfbeuern, St. Georgen, Gömming, Lambrechtshausen, Nussdorf, **Oberndorf** (Bezirksgericht), Weitwörth.

Berndorf, **Mattsee** (Bezirksgericht), Obertrum, Seeham, Schleedorf.

Hemmdorf, **Neumarkt** (Markt) (Bezirksgericht), Seekirchen (Markt), Seekirchen (Landgemeinde), Strasswalchen (Markt).

Ebenau, Faistenau, Fuschl, Hintersee, Hof, **Thalgau** (Bezirksgericht), Thalgauberg.

St. Gilgen (Bezirksgericht), Strobl.

Adnet, Burgfried, Dürnberg, **Hallein** (Stadt) (Bezirksgericht), Krispl, Oberalm, Taxach, Thurnberg.

Golling (Markt) (Bezirksgericht), St. Kolomann, Kuchl (Markt), Obergäu, Scheffau, Torren, Vigaun.

Abtenau (Markt) (Bezirksgericht), Annaberg.

2. Bezirkshauptmannschaft

Zell am See.

Bruck, Bruckberg, Fusch, Kaprun, Maishofen, Piesendorf, Saalbach, Thumersbach, Viehhofen, **Zell am See** (Markt) (Bezirksgericht).

Bramberg, Hollersbach, Krimml, **Mittersill** (Markt) (Bezirksgericht), Mittersill (Landgemeinde), Neukirchen, Niedernsill, Stuhlfelden, Uttendorf, Wald.

Bucheben, Dienten, Embach, Eschenau, St. Georgen, Lend, Rauris (Markt), Sonnberg, **Taxenbach** (Markt) (Bezirksgericht), Wolfbachsthal.

Alm, Leogang, **Saalfelden** (Markt) (Bezirksgericht), Saalfelden (Landgemeinde).

Lofer (Markt) (Bezirksgericht), St. Martin, Unken.

3. Bezirkshauptmannschaft

St. Johann.

Goldegg, Grossarl, Hüttschlag, St. Johann (Markt), **St. Johann** (Landgemeinde) (Bezirksgericht), Kleinarl, St. Veit (Markt), Wagrain (Markt), Wagrain (Landgemeinde), Weng (Goldegg-Weng).

Bischofshofen, Hüttau, Mühlbach, Pfarr-Werfen, Weng (Werfen-Weng), **Werfen** (Markt) (Bezirksgericht), Werfen (Landgemeinde).

Altenmarkt, Filzmoos, Flachau, Forstau, Gasthof, St. Martin, Palfen, **Radstadt** (Stadt) (Bezirksgericht), Radstadt (Landgemeinde), Schattbach, Sinnhub, Sonnberg, Taxen, Untertauern.

Dorfgastein, **Hofgastein** (Markt) (Bezirksgericht), Hofgastein (Landgemeinde), Wildbad-Gastein.

4. Bezirkshauptmannschaft
Tamsweg.

St. Andrä, Göriach, Haiden, Lassaberg, Lessach, Mariapfarr, Mörtelsdorf, Pichl, Ramingstein, Sauerfeld, Seethal, Steindorf, **Tamsweg** (Markt) (Bezirksgericht), Unternberg, Weisspriach, Wölting, Zankwarn.

St. Margarethen, Mauterndorf (Markt), **St. Michael** (Markt) (Bezirksgericht), St. Michael (Landgemeinde), Muhr, Tweng, Zederhaus.

Herzogthum Steiermark.

Statthalterei, Oberlandesgericht, Landesgericht

in

Gratz.

Bezirkshauptmannschaften, Kreis- und Bezirksgerichte.

1. Bezirkshauptmannschaft

Lietzen.

Lietzen (Bezirksgericht), Pihrn, Weissenbach, Ardning, Hall, Weng, Johnsbach, Krumau, Admont (Markt), Aigen.

Irdning (Markt) (Bezirksgericht), Lantschern, Aigen, Altirdning, Donnersbach, Donnersbachwald, Stainach, Wörschach, Pürgg, Neuhaus, Tauplitz, Niederöblurn.

Aussee (Markt) (Bezirksgericht), Reitern, Strassen, Grundelsee, Altaussee, Pichl, Mitterndorf.

Lassing (Sonnseite), Lassing (Schattenseite), Oppenberg, **Rottenmann** (Stadt) (Bezirksgericht), Wersbichl, Edlach, St. Lorenzen, Trieben, Au, Gaishorn, Tregelwang, Dietmannsdorf, Bärndorf.

Haus (Markt), Grössenberg, Aich, **Sladming** (Markt) (Bezirksgericht), Klaus, Rohrmoos, Unterthal, Ramsau, Pichl-Preunegg.

Oeblarn, Grösssölk, St. Nikolai, Kleinsölk, **Gröbming** (Markt) (Bezirksgericht), Pruggern, Michaelerberg, St. Martin, Mitterberg.

St. Gallen (Markt) (Bezirksgericht), Oberreith, Weissenbach, Altenmarkt (Markt), Landl, Gams, Palfau, Wildalpen.

2. Bezirkshauptmannschaft

Murau.

Murau (Stadt) (Bezirksgericht), Katsch, St. Georgen ob Murau, Ranten, Tratten, Sedbach, Rinnegg, Lassnitz, Stallbaum, Triebendorf, Krakaudorf, Krakauschatten, Krakauhintermühlen, Schöder, Einach, Stadl, Falkendorf, St. Ruprecht, Predlitz, Frojach.

Oberwölz (Stadt) (Bezirksgericht), Winklern, Niederwölz. St. Peter am Kammersberg (Markt), Pöllau, Petersdorf. Feistritz.

Fessnach, Lorenzen, Scheifling, Lind, St. Georgen, Marein, Perchau, **Neumarkt** (Markt) (Bezirksgericht), Dürnstein, Mülln, Jakobsberg, Margarethen, Kulm, St. Veit, St. Lambrecht (Markt), Zeitschach, Adendorf, St. Blasen, Teufenbach.

3. Bezirkshauptmannschaft

Judenburg.

Judenburg (Stadt) (Bezirksgericht), Waltersdorf, Murdorf, Reifling, Oberweg, Fohnsdorf, Kumpitz, Pöls, Feistritzgraben, Möschitzgraben, Rothenthurn, St. Peter, Pichl, Wöll, St. Georgen, Pichelhofen, Scheiben, Unzmarkt (Markt), Frauendorf, Weisskirchen (Markt), Schoberegg, Feistritz, Fisching, Reissstrasse. Allersdorf.

Knittelfeld (Stadt) (Bezirksgericht), Flatschach, Gross-Lobming, Mittel-Lobming, Klein-Lobming, Rachau, Lorenzen, Margarethen, Marein, Seckau (Markt), Dürnberg, Puchschachen, Feistritz, Gall.

Oberzeiring (Markt) (Bezirksgericht), Brettstein, Oswald, Pusterwald, St. Johann, Hohenthauern, Oberkurzheim.

Obdach (Markt) (Bezirksgericht), Obdachegg, Prethal, Granitzen, Kienberg, Lavantegg, Schwarzenbach.

4. Bezirkshauptmannschaft
Leoben.

Leoben (Stadt) (Kreisgericht), Mühlthal, Donnawitz, Niklasdorf, Proleb, Göss, St. Michael, Traboch, St. Stefan, Kraubath, St. Peter, Trofapach (Markt), Gai, Hafnig, Vordernberg (Markt).

Kammern, **Mautern** (Markt) (Bezirksgericht), Kallwang, Wald.

Eisenerz (Markt) (Bezirksgericht), Hieflau, Radmer.

5. Bezirkshauptmannschaft
Bruck.

Breitenau, Kirchdorf, **Bruck** (Stadt) (Bezirksgericht), Oberaich, Picheldorf, Tragöss, Katharein, Kapfenberg (Markt), Hafendorf, Parschlug, Schaldorf, Frauenberg, Lorenzen.

Mürzhofen, Allerheiligen, Landgemeinde Kindberg, **Kindberg** (Markt) (Bezirksgericht), Stanz, Veitsch, Wartberg, Krieglach.

Langenwang, Gans, **Mürzzuschlag** (Markt) (Bezirksgericht), Spital, Kapellen, Altenberg, Neuberg, Mürzsteg.

Aflenz (Markt) (Bezirksgericht), Etmissel, St. Ilgen, Fölz, Turnau.

Maria-Zell (Markt) (Bezirksgericht), Aschbach, Hallthal, St. Sebastian.

6. Bezirkshauptmannschaft
Weitz.

Weitz (Markt) (Bezirksgericht), Naas, Gschaid, Haselbach, Mortautsch, Steinberg, Kogl, Garrach, Klein-Semmering, Greith, Krottendorf, Ober-Fladnitz, Landscha, Oberdorf, Ponigl, Trenstein, Kathrein, Passail (Markt), Arzberg, Haufenreith, Krammersdorf, Tober, Hohenau, Radegund, St. Ruprecht (Markt), Grub, Arndorf, Kühwiesen, Dörfl, Lohngraben, Mitterdorf, Neudorf, Unter-Fladnitz, Pichl, Puch, Bärendorf, Klettendorf, Harl, Höfling, Elz, Etzersdorf, Pesen, Unter-Feistritz, Fladnitz, Neudorf.

Pischelsdorf (Markt), Rettenbach (Ober-), Hart, Hirnsdorf, Gersdorf, Grossspesendorf, Presguts, Prebuch, Reichendorf, Rohrbach, Kulming, Gschmeyer, Gniess, Frössaugraben, Unter-Grossau, Arnwiesen, Egelsdorf, Sinabelkirchen, Rettenbach (Unter-). Ober-Grossau, Oed und Ottendorf, Wind.-Pöllau, Wind.-Hartmannsdorf, Unter-Lassnitz, Fünfing, Nitschaberg, Wolfsgruben, Nitscha. Kaltenbrunn, Gamling, **Gleisdorf** (Markt) (Bezirksgericht), Wünschendorf, Pirching, Hofstätten, Wetzawinkel, Takern (1. Viertel), Takern (2. Viertel), Zöbing, Kroisbach, Goggitsch, Margarethen, Entschendorf, Sulz, Labuch, Urscha, Ungerdorf, Flöking, Pirka, Wilfersdorf, Ludersdorf, Albersdorf, Wollsdorferegg. Postelgraben, Wollsdorf, Fünfing, Wolfsgruben, Affenberg, Brodersdorf, Höf, Präbach, Eggersdorf.

Birkfeld (Markt) (Bezirksgericht), Fischbach, Gaisen, Amasseg, Sonnleitberg, Gschaid, Haslau, Piregg, Weissenegg, Anger (Markt), Baierdorf, Ober-Feistritz, Viertel-Feistritz, Naintsch, Aschau, Strallegg, Weiglhof.

7. Bezirkshauptmannschaft
Hartberg.

Hartberg (Stadt) (Bezirksgericht), St. Johann, Penzendorf, Staudach, Ring, Eggendorf, Schildbach, Habersdorf, Safenau Unter-Lungitz, Wenireith, Unter-Rohr, Ober-Rohr, Hopfau, Weinberg, Schölbing, Buch, Stambach, Erdwegen, Grafendorf, Gräfler-Viertel, Seibersdorf, Rohrbach, Lafnitz, Wagendorf, Ober-Lungitz, Ober-Saifen, Neudau, Wörth, Limbach, Lemberg, Ebersdorf, Neustift, Wagenbach, Geisseldorf, Grosshart, Hohenbruck, Waltersdorf, Wagenberg, Sebersdorf, Rohrbach, Leitersdorf, Blaindorf, Mitterdambach, Löffelbach, Flattendorf, Kalndorf, Kopfing, Hartl, Dienersdorf, Kaibing.

Vorau (Markt) (Bezirksgericht), Puchegg, Schachon, Vornholz, Riegersbach, Reinberg, Wenigzell, Waldbach, St. Jacob, Rettenegg, Ratten, Kathrein, Kleinschlag, Mönichwald.

Friedberg (Stadt) (Bezirksgericht), Ehrenschachen, Pingau, Dechantskirchen, Schlag, Hochenau. St. Lorenzen, Schäffern. Sparbaregg.

Ober-Neuburg, Unter-Neuburg, Zail bei Pöllau, Rabenwald, Winkel, Ober-Saifen, Köppelreith, Prätis, **Pöllau** (Markt) (Bezirksgericht), Hinteregg, Schönau, Winzendorf, Hofkirchen, Ober-Tiefenbach, Unter-Tiefenbach, St. Johann, Siegersdorf, Stubenberg, Freyenberg, Buchberg, Voggenberg, Zail bei Herberstein.

8. Bezirkshauptmannschaft

Feldbach.

Feldbach (Markt) (Bezirksgericht), Gniebing, Weissenbach, Oedt, Mühldorf, Gossendorf, Leitersdorf, Lödersdorf, Raabau, Kornberg, Altenmarkt, Riegersburg (Markt), Lembach, Breitenfeld, Walkersdorf, Reith, Schweinz, Krennach, Auerspach, Edelsbach, Rohr, Kaug, Mitterfladnitz, Ebersdorf, Stadenzen, Fladnitz, Kirchberg, Oberdorf, Wörth, Oberstorcha, Axbach, Paldau, Saatz, Perlsdorf, Kollberg, Obergnas, Ranning, Poppendorf, Gnas (Markt), Fischa, Maierdorf, Trautmannsdorf, Gleichenberg, Merkendorf, Haag, Wilhelmsdorf, Waldsberg, Dirnbach, Stainz, Sulzbach, Karbach, Muggendorf, Krussdorf, Grub.

Fehring (Markt) (Bezirksgericht), Schiefer, Weinberg, Hochenbrugg, Unter-Lamm, Habegg, Stang, Hatzendorf, Johnsdorf, Höflach, Pertlstein, Petzelsdorf, Petersdorf, Gutendorf, Mahrensdorf, Kapfenstein, Wind.-Kölldorf, Baierisch-Kölldorf, Jam, Neustift-Waltra, Plesch, Aigen, Klapping, Risola, Frutten, Giesselsdorf, Hochstraden.

Fürstenfeld (Stadt) (Bezirksgericht), Stadtbergen, Kohlgraben, Mayerhofen, Altenmarkt, Speltenbach, Bierbaum, Blumau, Steinbach, Lindegg, Burgau (Markt), Riegersdorf, Hainersdorf, Steinbach, Kroisbach, Hartmannsdorf, Ilz (Markt), Nestelbach, Mutzendorf, Hochenegg, Aichberg, Ziegenberg, Kleegraben, Neudorf, Buchberg, Kalsdorf, Grosswilfersdorf, Hainfeld, Reigersberg, Herrnberg, Aschbach, Ruppersdorf, Tautendorf, Söchau, Hartl, Rittschein, Uebersbach, Dietersdorf, Gillersdorf, Loipersdorf, Stein.

Petersdorf, Zerlach, **Kirchbach** (Bezirksgericht), Ziprein, Frössengraben, St. Stefan, Lichtenegg, Aschau, Krottendorf,

Baumgarten, Unter-Auersbach, Lugitsch, Jagerberg, Grastorf, Ungerdorf, Wetzelsdorf, Gloiach, Schwarzau, Frannach, Mitter-Labill, Unter-Labill, Maggau.

9. Bezirkshauptmannschaft
Gratz.

Gratwein (Markt), Eisbach, Gschmaid, Stiwoll, Thal, Gösting, Kalsdorf, Unter-Premstätten, Wündschuh, Zwaring, St. Bartholomä, St. Oswald, Reitteneg, Rohrbach, Hitzendorf, Attendorf, Haselsdorf, Liebach, Tobel, Eggenberg, Strassgang, Seyersberg, Pirka, Feldkirchen, Schattleiten, Stattegg, Weinitzen, Unter-Andritz, Fölling, Kainbach, Premstetten, Haselbach, Hart (Pfarre Eggersdorf), Purgstall, St. Peter, Edelsbach, Messendorf, Raaba, Hart (Pfarre St. Peter), Wöbling, Waltendorf, Engelsdorf, Liebenau, Thondorf, Gössendorf, Hausmannstätten, Grambach, Fernitz, Gnaning, Mellach, St. Stefan am Gradkorn, Edelsgrub, Langegg, Mitterlassnitz, Nestelbach, Krumegg, St. Marein, Kumberg. Landesgericht Gratz.

Fronleiten (Markt) (Bezirksgericht), Rothleiten, Röthelstein, Mauritzen, Schrems, Tyrnau, Peggau (Markt), Feistritz (Markt), Uibelbach (Markt), Stübinggraben (Pfarre Uibelbach), Windhof, Tulvitz.

Voitsberg (Stadt), Klein-Wölniss, Gross-Wölniss, Kobwald, Arnstein, Tregist, Löbmingberg, Lobming, Södingsberg, Rassberg, Aichegg, Stallhofen, Muggauberg, Kalchberg, Thallein, Ligist (Markt), Grabenwarth, Steinberg, Ober-Wald, Unter-Wald, Gaisfeld, Krottendorf, Hallersdorf, Moosing, Köpling, Oberdorf, Hausdorf, Neudorf, Gasselberg, Mooskirchen (Markt), Gross-Söding, Klein-Söding, Fluttendorf, Neudorf (bei St. Johann), Pichling, Schadendorfberg, Kainach, Gallmansegg, Oswaldgraben, Kohlschwarz, Graden, Saala, Piber, Piberegg, Bärenbach, Hochtregist, Graden-Lankowitz, Höflach (Markt), Gradenberg-Lankowitz, Kirchberg, Lankowitz, Pichling (bei Köflach), Puchbach, Kemelberg, Gösnitz, Hirschegg-Piber, Hirschegg-Rein, Kreutzberg, Pack, Modriach, St. Martin, Edelschrott, Gaistthal, Stögersdorf.

10. Bezirkshauptmannschaft
Deutsch-Landsberg.

Osterwitz, Mitterspiel, Kloster, Hollenegg, Greith, Otternitz, St. Martiu, Aigen, Dietmannsdorf, Zairling, Krottendorf, Lebing, Freidorf, Bösenbach, Lassnitz, St. Florian (Markt). Unter-Bergel, Langegg, Hasreith, Grünau, Tanzelsdorf, Sulzhof, Nassau, **Deutsch-Landsberg** (Markt) (Bezirksgericht), Burgegg, Leibenfeld, Sulz, Trahütten, Krukenberg, Rostok, Gussendorf, Wettmannstetten, Schwamberg (Markt), Mainsdorf, Gressenberg. Wiel-Fresen, Michelganz, Lassenberg.

Mettersdorf, Neudorf, Grafendorf, Graggerer, St. Joseph, Tobisegg, Wetzelsdorf, Rossegg, Ettendorf, Stallhof, Kerbersdorf, Lasselsdorf, Rassach, Graschuh, Kothvogel, Gamsgebirg, Neurath, **Stainz** (Markt) (Bezirksgericht), Sierling, Wald, Trog, Greistorf, Gundersdorf. Zirknitz, St. Stephan, Pichling, Pirkhof, Gams, Vochera, Niedergams, Wildbach, Gerstorf, Lannach, Teipel, Blumegg, Breitenbach, Giessenberg, Wieselsdorf.

St. Ulrich (bei Eibiswald), **Eibiswald** (Markt) (Bezirksgericht), Pitschgau, Aibel, St. Oswald, Stammeregg, Kleinradl, Ober-Latein, Feisternitz, Sterglegg, Kornriegl, St. Peter, Limberg, Wies, Vordersdorf, Wernersdorf, Jagernigg, Ober-Hardt und Gasselsdorf.

11. Bezirkshauptmannschaft
Leibnitz.

Seggauberg, Aflenz, Retznei, Wagna, Leitring, **Leibnitz** (Markt) (Bezirksgericht), Himschuh, Ober-Fahrenbach, Nestelberg. Tilmitsch, Attenberg, Lang, Schirka, Steinriegl, Ehrenhausen (Markt), Wilitsch, Ottenberg, Rotsch, Gamlitz, St. Nicolai in Sausal, Flamberg, Ober-Jahring, Mitteregg, Waldschach, Grötsch. Höch, Brünngraben, Jerstorf, Strass (Markt), Unter-Vogau. St. Veit, Ober-Vogau, Gabersdorf, Landscha, Labuttendorf, Neutersdorf, St. Nicolai (ob Drussling), Neudorf, Spielfeld, Lipsch, St. Andrä.

Arnfels (Markt) (Bezirksgericht), St. Johann, Klein, Kappel, Leutschach (Markt), Gleinstätten.

Wilden (Markt) (Bezirksgericht), Weitendorf, Schönberg, Kainach, Unterhaus, Lebring, St. Magarethen, St. Georgen (Markt), Haslach, Badendorf, Hart, Stocking, Felgitsch, Feiting, Hengsberg, Schrötten, Flüssing, Preding (Markt), Tobis, Pöls, Petzendorf, Ragnitz, H. Kreuz, Pirching, Empersdorf, Edelstaudan, Rettenbach, Allerheiligen, Wutschdorf, St. Ulrich bei Waasen, Sukdull, Wolfsberg, Hainsdorf, Breitenfeld, Lappach.

12. Bezirkshauptmannschaft
Radkersburg.

Radkersburg (Stadt) (Bezirksgericht), Hummersdorf, Pridahof, Pfarrsdorf, Donnau, Dörfl, Saafeld, Sicheldorf, Dedenitz, Zelting, Goritz (Windisch-), Halbenrein, Dietzen, Donnersdorf, Ober-Purkla, Unter-Purkla, Drauchen, Hürth, Klöch, Pölten, Gruisla, Haseldorf, Weichselbaum, Radochen, Haselbach, Hof, Neusetz, Karla, Tieschen, Grösing, Pichla (Halbenrein), Patzen, Laasen, Jörgen, Abstall, Schöpfendorf, Schirmdorf, Sögersdorf, Leitersdorf, Plipitz, Plipitzberg.

Mureck (Markt) (Bezirksgericht), Weitersfeld, Pichla (Weinburg), Hainsdorf, Ober-Rakitsch, Unter-Rakitsch, Gossdorf, Süssenberg, Lugatz, Wiesenbach, Frattenberg, Frattendorf, Rosshof, Absberg, Prockersdorf, Graben, Seibersdorf, Nassau, Rosengrund, Stanz, Trassenberg, Wölling, Diepersdorf, Salsach, Spitz, Goritz (Deutsch-), Schrötten, Nägelsdorf, Hofstätten, Ratschendorf, Straden, Marktl, Hart, Wieden, Kronnersdorf, Schwabau, Waasen, Grabersdorf, Trösing, Dietersdorf, Wittmannsdorf, Edla, Bierbaum, Perbersdorf (Weinburg), Wiersdorf, Entschendorf, Ottersdorf, Zehensdorf, Rannersdorf, Mettersdorf, Landorf, Weinburg, Siebing, Rohrbach, Lichendorf, Unter-Schwarza, Ober-Schwarza, Seibersdorf (Vogau), Perbersdorf, (Strass).

13. Bezirkshauptmannschaft
Luttenberg.

Wollachnetzen, Slabotinzen, Wolfsdorf, Wudischofzen, Alt- und Neudorf, Igelsdorf, Kreutzdorf, Woretzen, Schlüsseldorf,

Lukaufzen, Logarofzen, Wernsee (Markt), Wantschen, Gerlova, Kristanzen, Urschendorf, Zween, Pristova, Pressika, Kummersberg, Steinberg, **Luttenberg** (Markt) (Bezirksgericht), Zesendorf, Malleggendorf, Altstrass, Godomerzen, Radislafzen, Wutschkofzen, Muratzen.

Ober-Radkersburg (Bezirksgericht), Pöllitschberg, Stainzthal, Kerschbach, Schrottendorf, Weigelsberg, Eibersdorf, Nussdorf, Woritschau, Radein, Richterofzen, Kapellenberg, Sulzdorf, Negau, Iswanzen (Unter-), Eich und Mauthdorf, Stanetinzen, Koslafzen, Grabonoschen, Kralofzen, St. Georgen, Terwegofzen, Galluschag, Murberg - Neusatz.

14. Bezirkshauptmannschaft

Pettau.

Pettau (Stadt) (Bezirksgericht), Hirschendorf, Wintersdorf, Kanischa, Kartschovina, Patzing, Podwinzen, Kitzerberg, Ragosnitz, Stadtberg, Wurmberg, Swetinzen, Destinzen, Lotschitschdorf, Juvanzen, Dollitschen, Wischberg, Ternovetzberg, Jantschendorf, Tristeldorf, Pichldorf, Ternovetzdorf, St. Marxen, Sabofzen, Perwenzen, Puchdorf, Meretinzen, Gajofzen, Steindorf, Kleindorf, St. Margarethen, Moschganzen, Formin, Mesgovetz, Worovetz, St. Lorenzen, Dragovitsch, Sagoretz, Satuschagg, St. Andrä, Pollenschlagg, Klappendorf, Slomdorf, Pobresch, St. Veit, Jurovetz, Rann, Haidin, Lanzendorf, Oberpristova, Ternovetz, Dreifaltigkeit, Dollena, Lichtenegg, Neukirchen, Sedlaschegg, Gruschkaberg, St. Barbara, Gruschkovetz, St. Elisabeth, Slattina, Gradisch, St. Andrä, Drafzen, Skorischniagg, Grossokitsch, Grosswarnitza, Sauritsch, Gorenzenberg, Türkenberg, Maria-Neustift (Markt), Zirkovetz, St. Johann, St. Martin, St Lorenzen, Monsberg, St. Wolfgang, Stoperzen, Pollauzen.

Michovetz, Tergovitsch, Zwetkofzen, Samuschen, Podgorzen, Sodinetz, Scharding, Runtschen, Lachonetz, Koratschitz, Bratenoschitz, Vitschanetz, Safzen, Ternofzen, Adrianzen, Jastrovetz, Frankofzen, Puschendorf, **Friedau** (Stadt) (Bezirksgericht), **Polstrau** (Markt), Obrisch, Hermanetz, **Haag**, Kulmberg, Hardegg, Littenberg, Michalofzen, St. Nikolai, Scherovinzen, Vellitschan, Vittan, Wrebronig, Schalofzen.

Schiltern, Kotschitsche, Dobrina, Nadolle, Tschernosische, St. Florian, Donatiberg, St. Rochus, **Rohitsch** (Markt) (Bezirksgericht), Oberkostreinitz, Unterkostreinitz, Untersetschovo, Sauerbrunn, Heiligenkreuz, Takatschovo, Wrestovetz, Plath, St. Hermagoras, Heiligen-Dreifaltigkeit, St. Katharina, Nimno, Reinkovetz.

15. Bezirkshauptmannschaft

Marburg.

Marburg (Stadt) (Bezirksgericht), Leitersberg, Kartschovin, St. Peter, Töpsau, Mettau, Aupersbach, Popersch, Zwettendorf, Lendorf, St. Nikolai, Brundorf, Kuschernig, Jakobsthal (Ober-), Jakobsthal (Unter-), Klappenberg, Schönwarth, Ploderberg, Jahring, Kanischa, Pöllitschdorf, Waigen, Wolfsthal, Pessnitzhofen, Wachsenberg, St. Margarethen, Tragutsch, Witschein, Platsch, Sulzthal, Wörtischberg, St. Georgen an der Pessnitz, Pessnitz, Jedloueg, St. Egydi, Speisenegg, Grasnitz, Zirknitz, Zierberg, Zellnitz, Possruck, St. Kunigund (Ober-), Gradischka, Ranzenberg, Dobreng, Täubling (Ober-), Täubling (Unter-), St. Martin, Ziglentzen, Feistritz, Lembach, Bergenthal, Pikerndorf, Rothwein, Kötsch (Unter-), Kötsch (Ober-), Pachern, Pivola, Wochau, Rogeis, Rosswein, Frauheim, Loka, Mauerbach, Rantsche, Jeschenzen, Skoggen, Schleinitz, Nussdorf, Kranichsfeld, Podova, Goritzen, Kreuz (Heiligen-), Schober, Gams, Rossbach, Tresternitz, Jellovest, Maria-Rast, Lobnitz, Feistritz, Zmoling, Zellnitz, Johannesberg, Slemen, Oberwalz, St. Margarethen, Zinsath, Kumen, St. Lorenzen (Markt), Rottenberg.

St. Leonhard (Markt) (Bezirksgericht), Schiltern, Scheriafzen (Ober-), Scheriafzen (Unter-), Samarko, Wellitschen (Ober-), Wellitschen (Unter-), Götsch, Wisch, Selzaberg, Tschernilenscheg, Oberwurz, Wintersbach, Jablanach, Schikarzen, Ragosnitz, Mittergasterei, Untergasterei, St. Georgen, Mallenberg, Schitanzen, Partin, Dreifaltigkeit, Schweindorf, Hanau, Burgstall (Unter-), Burgstall (Ober-), Rothschützen, Ledineg, Kremberg, Schützen, Benedicten, Dreikönig, Meichendorf, Rothschützen (Ober-), Triebein, Tronkau, Ossegg, Kirchberg, Tschaga, Wranga, Zoggendorf, Andrenzen, Smolinzen, Supetinzen.

Alpen, Puchberg, Deschnö, Ereiheim, Gabernigg, Güsskübel, Hölldorf, Hoschnitz, Hrastowetz, Jellovetz (mit dem Markte Maxau), Katsche, Kerschbach, Kohlberg, Krottendorf, Laporje, Luxendorf, Modrasche, Feistritz (Ober-), Lossnitz (Ober-), Obernau, Oberpulsgau, Ossel, Petschke, Pirkdorf, Pöltschach, Pogosche, Pretresch, Rittersberg, Scheutowetz, Schmeretzen, Schmidsberg, St. Anna, Stanosco, Stattenberg, St. Martin, Stoppno, Studenitz (Markt), St. Ulrich, Tainach, Unterlosnitz, Unterneudorf, Unterpulsgau, Verholle, **Windisch-Feistritz** (Markt) (Bezirksgericht), Woitina, Ziegelstadt.

16. Bezirkshauptmannschaft
Windischgratz.

Altenmarkt, Verche, Siele, Pametsch, Lechen, St. Martin bei Windischgratz, **Windischgratz** (Stadt) (Bezirksgericht), Gallavabuka, Podgoric, Rasswald, St. Nikolai bei Wiederdriess, Missling, St. Ilgen bei Turiak, St. Veit bei Waldegg, St. Johann ob Unter-Drauburg, Ottischnigberg.

Wöllan (Markt), Skalis, St. Johann am Weinberge, St. Egydi bei Schwarzenstein, **Schönstein** (Markt) (Bezirksgericht), Topolschitz, St. Florian, St. Martin an der Pack.

Mahrenberg (Markt) (Bezirksgericht), Oberfeising, Remschnigg, Fresen, Hohenmauthen (Markt), Gegenthal, St. Primon bei Hohenmauthen, Prenitzen, Soboth, Saldenhofen (Markt), St. Primon am Pachern, St. Daniel, Wuchern, Reifnig, Bösenwinkl, Johannesberg, St. Anton.

17. Bezirkshauptmannschaft
Cilli.

Cilli (Stadt) (Kreisgericht), Rann, Tüchern, St. Lorenzen in Pröschin, Sachsenfeld (Markt), Pletrovitsch, Greis, Guttendorf, Grosspiereschitz, Hochenegg (Markt), Sternstein, Weixeldorf, Neukirchen, Doberna, Lemberg bei Neuhaus, St. Martin im Rosenthale, St. Rosalia, St. Achazius, St. Primus, St. Georgen bei Reichenegg (Markt), Kostreinitz hei Montpreis, Swetina, St. Peter im Sannthale, St. Paul bei Pragwald.

Franz (Bezirksgericht), St. Hieronymi, St. Georgen bei Tabor, Frasslau (Markt), Gomilska, Burgdorf, Maria-Riegg, Heilenstein.

Tüffer (Markt) (Bezirksgericht), St. Christoph bei Tüffer, Trifail, Doll, Marindorf, St. Leonhard, Panetsche, St. Ruperti, Loka (Laak).

Erlachstein (Bezirksgericht), St. Marein, St. Veit bei Ponigl, Ponigl, Lemberg bei Plankenstein (Markt), St. Stephan, Obersüssenheim, Schleinitz, St. Jerne (St. Batholomä), Tinko, Sentjanz (St. Johann), St. Magdalena, Pristova, St. Emma, Vonarje, Sodnaves (Schöpfendorf), Roginskagorca, Gerlice, Katschjidol, Kristanverh, Hajnsko, Nesvisi, St. Vid (St. Veit).

Oberburg (Markt) (Bezirksgericht), Neustift, Sulzbach, Leutsch, Rietz (Markt), Kokarje, Laufen (Markt), Prassberg (Markt).

Gonobitz (Markt) (Bezirksgericht), Wösina, Groschoje, Verholle, Tepinadorf, Gonobitzdorf, Seitzdorf, Prelege, Rötschach, Oplonitz, Augenbachdorf, Koth, St. Kunegund, Padeschberg, Skomeru, Stranitzen, Lubnitzen, Paak, Unterdollitsch, Kosiak, Wresen, Weitenstein (Markt), Plankenstein, Heiligengeist, Oberlasche, St. Bartholomä, Feistenberg, St. Ursula, St. Egydi, Wesovitza.

18. Bezirkshauptmannschaft

Rann.

Brežce (Rann, Stadt) (Bezirksgericht), Zakót, Velki-Obrež (Gross-Obresch), Gaberje, Sela, Mostec (Brückl), Mihalovce, Loce, Rigonče (Rigelsdorf), Kapelen, Artici (Artisch), Gornji-Obrež (Ober-Obresch), Sromle, Videm, Sremič, Staraves (Altendorf), Starigrad (Altenhausen), Pesje (Hundsdorf), Dolniaves (Niederdorf), Pleterje, Annovec, Susica (Suschetz), Staraves (Altendorf), Brezovec (Birkdorf), Biakovje (Buchdorf), Drenoveć, Oresje (Nussdorf), Vitnaves (Wittmannsdorf), Piveče (Pischätz), Podgorje, Dednaves (Ditmannsdorf), Globoko, Blatno, Maliverth, Brezje, Bojzna, Pirsenberg, Paulovaves (Paulsberg).

Blanca, Zabukovje, **Sevenka** (Lichtenwald, Markt) (Bezirksgericht), Reichenburg (Markt), Ance, Gorica, Stolovnik, Rastez, Armesco, Brezje, Senovo.

Pilstan (Peilenstein, Markt), Zagorje, Straskagorča, Lopatca, Drenskorebro, **Kozje** (Drachenburg, Markt) (Bezirksgericht), Veternik, Zdole, Buce (Fautsch), Vrenskagorca, Sedlarjovo (Satteldorf), Verace, Lastinici (Lastnitsch), Virstein, Podsreda (Hörberg, Markt), Koprionica (Kopreinitz), Gorjane, Krizi (Kreutzen), Velkikamen, Merčnasela, St. Peter bei Königsberg, Planina (Montprcis, Markt), Paridol (Bärnthal), Loke (Lackdorf), Brezje (Birkenwald), Planinka (Planisdorf), Presikno, Golobinjek (Taubenbach), Suko (Trockenthal), St. Vid (St. Veit), Podčcteriek (Windisch-Landsberg, Markt), Imeno (Stadeldorf), Sopote.

Herzogthum Kärnthen.

Landesregierung und Landesgericht

in

Klagenfurt.

(Oberlandesgericht Gratz.)

Bezirkshauptmannschaften und Bezirksgerichte.

1. Bezirkshauptmannschaft
Klagenfurt.

St. Ruprecht, St. Martin, St. Peter, Grafenstein, Radsberg. Mieger, Ebenthal. Windisch, St. Michael, Ottmanach, Freudenberg, Hörtendorf, St. Thomas, Maria Saal, Annabüchl, Ponfeld. Lehndorf, St. Peter, Moosburg, St. Martin, Pörtschach, Krumpendorf, Keutschach, Schiefling, Viktring, Toppelsdorf, Köttmannsdorf, Ludmannsdorf, Oberdörfl, Wurdach. Landesgericht Klagenfurt.

Ferlach (Bezirksgericht), Unterferlach, Niederdörfl, Zell, Windisch-Bleiberg, Unterloibl, Weitzelsdorf, Feistritz.

Feldkirchen (Bezirksgericht), Reichenau, Himmelberg. Steindorf, St. Urban, Glanegg, Maria-Feicht, Tauchendorf, Klein St. Veit, Sittich, Gradisch, Albeck.

2. Bezirkshauptmannschaft
Völkermarkt.

Völkermarkt (Bezirksgericht), Griffen, Haimburg, Haimburgerberg, Diexerberg, Kaunz, St. Peter, Ruden, Greutschach, Wölfnitz, Pustritz, Haberberg, Greuth, Tainach, Töllerberg, Waisenberg und Steuergemeinde Eis aus der Ortsgemeinde Eis.

Tscherberg, Leifling, Moos, St. Margarethen, Feistritz, Loibach, Schwabegg, St. Daniel, **Bleiburg** (Stadt) (Bezirksgericht), Guttenstein, Köttulach, Prävali, Nauerschniggupf, Pfarrdorf, Fettengupf, Missdorf, Schwarzenbach.

Gallizien, St. Veit, Gablern, **Eberndorf** (Bezirksgericht), Klobasnitz, Sittersdorf, Kühnstorf.

Kappel (Bezirksgericht), Oberseeland, Koprein, Rechberg, Vellach.

3. Bezirkshauptmannschaft
Wolfsberg.

Schönweg, Ladnig, St. Michael, Thürn, St. Marein, Fischering, St. Andrä, Reisberg, Pölling, Eitweg, Gämmersdorf, St. Stefan, Hartelsberg, Weissenbach, **Wolfsberg** (Bezirksgericht), Wölch, Kamp, Gössl, Forst, Margarethen.

St. Peter, Reichenfels, **St. Leonhardt** (Bezirksgericht), Erzberg, Gräbern, Schiefling, Waldenstein, Preitenegg.

Kollnitz, Granitzthal, **St. Paul** (Bezirksgericht), Lägerbuch, die Steuergemeinden Hart und Wunderstetten aus der Ortsgemeinde Eis, Lavamünd, Magdalensberg, Weissenberg, Ettendorf, Steinberg, Herzogberg, Lindhof, Payerdorf, Lorenzenberg, Unterdrauburg, St. Vincenz.

4. Bezirkshauptmannschaft
St. Veit.

St. Veit (Bezirksgericht), Obermühlbach, Schaumboden, Pissweg, Glantschach, Feistritz, Hardegg, Pfannhof, Hörzendorf, St. Georgen am Längsee, Liemberg.

Wieting, Klein St. Paul, **Eberstein** (Bezirksgericht), Feistritz, St. Johann am Brückl, St. Philippen.

Metnitz, Grades, St. Salvator, **Friesach** (Bezirksgericht).

Griffen, Glödnitz, Weitensfeld, **Gurk** (Bezirksger.), Strassburg, **Althofen** (Bezirksgericht), Rabing, Hüttenberg, St. Johann am Pressen, Waitschach, St. Martin am Silberberg, Lölling, Guttaring, Traibach, Krasta, Silberegg.

5. Bezirkshauptmannschaft

Villach.

Villach (Bezirksgericht), St. Martin, Bleiberg, Heiligengeist, Arriach, Feld, Afritz, Treffen, Winklarn, Tobring, Sattendorf, Seebach, Vasach, Gratschach, Wernberg, Umberg, Finkenstein, Maria-Gail.

Paternion (Bezirksgericht), Ziebel, Kammering, Feistritz, Kellerberg, Kreuzen, Rukland, Stockenbei, Wiederschwing, Nikelsdorf, Ferndorf, Fresach, Mooswald, Weissenstein.

Rosek (Bezirksgericht), Velden.

Arnoldstein (Bezirksgericht), Hochenthurn, Emmersdorf.

Tarvis (Bezirksgericht), Saifnitz, Uggowitz, Malborgeth, Leopoldkirchen, Pontafel.

6. Bezirkshauptmannschaft

Spittal.

Spittal (Markt) (Bezirksgericht), Molzbichl, Edling, Baldramsdorf, Lendorf, Lieserhofen, Sachsenburg, Lind, Amlach, Pussarnitz.

Millstatt (Bezirksgericht), Radenthein, Kleinkirchheim, Seeboden, Treffling.

Trebessing, Malta, **Gmünd** (Stadt) (Bezirksgericht), Rennweg, Puchreit.

Techendorf, Bruggen, **Greifenburg** (Bezirksgericht), Dellach, Berg, Emberg, Steinfeld, Irrschen, Zwickenberg, Flatschberg, Oberdrauburg.

Kolbnitz, **Obervellach** (Bezirksgericht), Mühldorf.

Stall, **Winklern** (Bezirksgericht), Heiligen-Blut, Rangersdorf, Sagritz, Mitten, Dollach.

7. Bezirkshauptmannschaft

Hermagor.

Hermagor (Bezirksgericht), Möschach, Möderndorf, Lorenzen, Weissbriach, Egg, Görtschach, St. Stefan, Vorderberg, Rattendorf, Guggenberg, Waidegg, Tröppelach.

Kötschach (Bezirksgericht), Dellach, Kirchbach, Reisach, Mauthen, Liesing, St. Lorenzen, Luggau.

Herzogthum Krain.

Landesregierung und Landesgericht

in

Laibach.

(Oberlandesgericht Gratz.)

Bezirkshauptmannschaften, Kreisgericht und Bezirksgerichte.

1. Bezirkshauptmannschaft
Radmannsdorf.

Bresnitz, Dobrawa bei Kerschdorf, Feistritz, Kerschdorf bei Kropp, Kropp (Markt), Lanzowo, Laufen, Lees, Leschach. Mitterdorf, Möschnach, Obergörjach, **Radmannsdorf** (Stadt) (Bezirksgericht), Salosche, Steinbüchel, Veldes, Vigaun, Vormarkt.

Assling, Karnervellach, **Kronau** (Bezirksgericht), Lengenfeld, Ratschach, Weissenfels (Markt).

2. Bezirkshauptmannschaft
Krainburg.

Flödnig, St. Georgen, Goritsche, Höflein, Hrastje, St. Jodozi, **Krainburg** (landesfürstliche Stadt) (Bezirksgericht),

154

Mautschitz, Michelstetten, Naklas, Olscheuk, Predassl, Primskou, Strasische, Terstenik, Winklern, Zirklach.

St. Anna, Kaier, St. Katharina, Kreuz, **Neumarktl** (Markt) (Bezirksgericht).

Altenlack, Doleinawass, Dörfern, Eisnern, Godeschitz, **Lack** (Stadt) (Bezirksgericht), Osslitz, Neu-Pölland, Alt-Pölland, Salilog, Selzach, Sminz, Tratta, Tscheschenza, Zarz.

3. Bezirkshauptmannschaft

Stein.

Depelsdorf, Domschale, Dragomel, Goisd, Hometz, Hruschouka, Jarsche, Kaplawass, Klanz, Kreuz, Laak. Laake, Lachowitsch, Mannsburg, St. Martin, Mlaka, Moste, Möttnig (Markt), Münkendorf, Nasowitsch, Neul, Neuthal, Obertuchein, Palowitsch, Podgier, Podhruschko, Radomle, Saloch, Schmarza, **Stein** (landesfürstliche Stadt) (Bezirksgericht), Streine. Suchadole, Supaineniwe, Tersain, Theinitz, Uranschitz, Wisterschitza, Woditz, Wolfsbach.

Aich, St. Andrä, Bresovitz, Dousku, Dritai, Glogovitz, Goldenfeld, Grossdorf, **Egg ob Podpetsch** (Bezirksgericht), Jauchen, Kerstetten, Kertina, Kraxen, Lukowitz, Lustthal, Moräutsch, Oberfeld, St. Oswald, Petsch, Podretsche, Prewoje, Rafoltsche, Rowa, Trojana, Tschemschenik, Unterkoses.

4. Bezirkshauptmannschaft

Laibach.

Bresowitz, Brunndorf, Dobrawa, Dobruine, St. Georgen, Grosslup, Jeschza, Iggdorf, Igglack, Log, St. Marein, St. Martin bei Flödnigg, Mariafeld, Moste, Oberschischka, Piauzbüchel, Podgoritz, Schelimle, Tomischel, Tschernutsch, Unterschischka, St. Veit, Waitsch, Werbleue, Zwischenwässern. Landesgericht, Laibach.

Babnagora, Billichgratz, Blatnabresouza, Franzdorf, Gereuth, Horjul, St. Jobst, **Neu-Oberlaibach** (Markt) (Bezirksgericht), Podlipa, Presser, Rakitna, Saplana, Schönbrunn, Schwarzenberg, Setnik, Sibersche.

Illovagora. Bezirksgericht Weixelburg.

5. Bezirkshauptmannschaft
Gottschee.

Altlack, Buchberg, Büchel, Ebenthal, Friesach (Alt-), Göttenitz, **Gottschee** (Stadt) (Bezirksgericht), Graflinden, Hinterberg, Katzendorf, Kastel, Kotschen, Kumersdorf, Lienfeld, Malgern, Mitterdorf, Morawetz, Nesselthal, Obergrass, Obermösel, Ossiunitz, Reichenau, Reinthal, Rieg, Schwarzenbach. Selle, Skril, Snchor, Tiefenbach, Unterdeutschau, Unterlak.

Dane, Gora, Jnrjowitz, Laserbach, Niederdorf, Pölland (Gross-), **Reifnitz** (Markt) (Bezirksgericht), Schnschie, Soderschitz, Strug, Weinitz.

Auersperg (Markt), St. Georgen, **Grosslaschitz** (Bezirksgericht), Grossliplein, Kompale, Luscharie, Ossolnik, Podgora, Ratschna, Sagoritza, Widem.

6. Bezirkshauptmannschaft
Tschernembl.

Adleschitz, Doblitsche, Golek, Grüble, Kälbersberg, Loka, Maierle, Oberch, Petersdorf, Preloka, Radenz, Schweinberg, Stockendorf, Tanzberg, Thal, Tributsche, Tscheplach, **Tschernembl** (landesfürstliche Stadt) (Bezirksgericht), Unterberg, Vornschloss, Weinberg, Weinitz, Winkel, Wntorai.

Bojansdorf, Boschiakou, Dobraviz, Draschitz, Dulc, Grabronz, Gradaz, Hrast bei Jugorje, Kerschdorf, Krassinz, Lognitz, **Möttling** (landesfürstliche Stadt) (Bezirksgericht), Perbische, Podsemel, Primostek, Kadowitsch, Radowitza, Rosalnitz, Semitsch, Sleindorf, Sadjewerch, Strecklowitz, Wuschinsdorf.

7. Bezirkshauptmannschaft
Adelsberg.

Adelsberg (Markt) (Bezirksgericht), Altendorf, Altdirnbach, Dorn, Hrasche, Kaal, Koschana, Mautersdorf, Nadaineselu, Narein, Nussdorf, Ostroschnowerdu, Paltschie, Peteline, Rakitnik, Rodockendorf, Sagor, Saloch, Seuce, Slawina, Suchorje, Woutsche.

Bukowetz (Gross- und Klein-), Dobropole, Dornegg, **Feistritz** (Bezirksgericht), Grafenbrunn, Harje, Jablanitz, Janeschouberdu, Jassen, Koritenze, Kosese, Kühlenberg, Meretsche. Parje, Postejne, Prem, Roteschouberdu, Sagurie, Saretschje. Sartschitza, Schembie, Semon (Ober-), Semon (Unter), Smerje. Terptschaue, Tominje, Topolz, Tschele, Werbou, Watsch (Markt).

Britof, Bründl, Bukuje, Famle, Grosswerdu, Hrenowitz. Hruschuje, Landol, Lasche, St. Michael, Niederdorf, Ober-Urem, Präwald, Rakulik, **Senosetsch** (Markt), (Bezirksgericht), Senadole, Strane.

Budaine, Ersel, Gotsche, Losche, Planina, Podkraj, Podraga. Slap, Sturia, Urabce, Ustia, St. Veit, **Wippach** (Markt) (Bezirksgericht), Zoll.

Kaltenfeld, Stremza. Bezirksgericht Planina.

8. Bezirkshauptmannschaft
Planina.

Gartschareuz, Grachowu, Hotederschitz, Lase, Loitsch (Unter-). Maunitz, Niederdorf, Oberloitsch, **Planina** (Markt) (Bezirksgericht). Rakek, Scheraunitz, Ullaka, Wesulak, Vigaun, Zirknitz (Markt). Dolech, Godowitsch, **Idria** (Ober-, Stadt) (Bezirksgericht). Idria (Unter-), Lome, Sairach, Schwarzenberg, Tschekaunik. Werch, Woiska.

Altenmarkt, Babenfeld, Dane, heilige Dreifaltigkeit, heiliger Geist, Iggendorf, Kosarsche, **Laas** (landesfürstliche Stadt) (Bezirksgericht), Lipsein, Metule, Neudorf, Oberseedorf, Grossoblak, Obloschitz, Otawe, Podzirku, Radlek, Raune bei Topal. Struckeldorf, Studenz, St. Veit, Werchnik.

9. Bezirkshauptmannschaft
Rudolfswerth.

Altsaag, Dolniwerch, Eichenthal, St. Georgen, Hönigstein. Jurkendorf, St. Michael, **Rudolfswerth** (landesfürstliche Stadt) (Kreisgericht), Nussdorf, Oberfeld, Pechdorf, St. Peter, Pöllandl. Pretschna, Seitendorf, Stalldorf, Stoppitsch, Töplitz, Tschermoschitnz bei Stalldorf, Weindorf im Schloss Maichau, Weisskirchen, Werschlin, Wrussnitz.

Ambruss, Hinnach, Hof, Langenthor, Sagraz, **Seisenberg** (Markt) (Bezirksgericht).

Döbernik, Haidowitz, Kleinweiden, Moräutsch, Neudegg, Ponique, Sela bei Schönberg. St. Stefan, **Treffen** (Bezirksgericht).

10. Bezirkshauptmannschaft
Gurkfeld.

Arch, Bründel, **Gurkfeld** (Stadt) (Bezirksgericht), Munkendorf.

St. Crucis, Duor, **Ratschach** (Markt) (Bezirksgericht), Sauerstein.

Feistritz, St. Kanzian, St. Margarethen, Mariathal, **Nassenfuss** (Markt) (Bezirksgericht), St. Ruprecht, Tersische, Trebelno, Zirnik.

St. Barthelmä, Grossdolina, heiligen Kreuz, **Landstrass** (Stadt) (Bezirksgericht), Tschatesch.

11. Bezirkshauptmannschaft
Littai.

Arschische, Billichberg, Gradische, Hötitsch, Kandersch, Kolobrat, Kotredesch, Kresnitz, St. Lamprecht, **Littai** (Markt) (Bezirksgericht), St. Martin, Rossbüchel, Sagor, Trebeleu, Watsch.

Bösendorf, Bukovitz, Dedendol, Dob, Dobrawa, Draga, Feldsberg, Goreinawass, Grossgaber, Grosslak, Kreuzdorf, Leitsch. Leskouz, Mulau, Obergurk, Podborst, Politz, Prapretsche, Rodokendorf, Sagoritza, Schleinitz, Stockendorf, Shemenitz, St. Veith, Velkepctze, **Weixelburg** (landesfürstliche Stadt) (Bezirksgericht), Zheschenze.

Herzogthum Bukowina.

Landesregierung und Landesgericht

in

Czernowitz.

(Oberlandesgericht Lemberg.)

Bezirkshauptmannschaften und Bezirksgerichte.

---

1. Bezirkshauptmannschaft
Czernowitz.

Czahor, Hliboka, Kamena mit Spaski, Korowia, Kotulbański, Kuczurmare, Ludihorecza Camerale mit Monastiora, Łukawitza, Michalcze, Mihuczeny mit Kiczera, Mołodia mit Franzthal und Derelui, Ostritza, Preworokie, Ober-Stanestie am Sereth, Unter-Stanestie am Sereth, Pojenille, Tereszeny, Tristiana oder Dimka, Woloka Camerale am Sereth, Zuryn. Landesgericht Czernowitz.

Sadagora (Markt) (Bezirksgericht), Billa oder Bilka, Bojan, Buda, Czernawka, Dobronoutz, Gogolina oder Ober-Strojestie, Kołulostritza, Lehuczeny-Teutului, Lenczestie Camerale, Lenczesti Privat, Mahala Biała, Nowosielitza oder Unter-Strojestie, Rarańcze, Rarańcze Słobodzia, Rohózna, Ober-Szeroutz, Unter-Szeroutz oder Słobudka, Szubranetz, Toporoutz, Wasloutz, Zadobriuwka, Alt-Żuczka, Neu-Żuczka.

2. Bezirkshauptmannschaft
Kotzmann.

Kotzmann (Bezirksgericht), Berhometh am Pruth, Burdey oder Burdigeu, Chliwesti, Dawidesti, Duboutz, Hawrilesti, Juzenitz, Iwankoutz, Kliwodin, Laszkówka, Lużan, Maletynetz, Alt-Mamajesti, Neu-Mamajesti mit Strilecki Kat (Klucz), Nepolokoutz, Oroszeny, Oszechlib, Piedekoutz mit Zopeny, Rewakoutz, Rewna, Szjpenitz, Szyszkoutz, Stawczan, Suchowerka, Walawa, Witelówka.

Zastawna (Bezirksgericht), Babin mit Stefanówka, Bojańczuk, Boroutz, Brodok, Czarnypotok, Czinkieu, Doroszoutz, Horoszoutz, Jurkoutz, Kadobesti, Kisseleu, Kriszczatek, Kuczurmik, Kuleutz, Mitkeu, Mossoriówka, Okna, Ohnuth, Pohorloutz, Prilipcze mit Łuka, Repużenitz, Samuszyn, Toutry, Wassileu, Werboutz, Werenczanka, Zwiniecze mit Kostriszówka.

3. Bezirkshauptmannschaft
Wysznitz.

Wysznitz (Markt) (Bezirksgericht) mit Bahna, Czernohoże, Rewna und Wiszeńka, Berhometh am Sereth mit Łopuschna, Mihodra, Czireszenka, Mazury, Schipot mit Bursekeu, Ispas, Łukawetz am Sereth mit Maydan, Meschibrod mit Podzachariez, Mihowa mit Mega, Millie.

Putilla mit Stroronetz (Bezirksgericht), Kisseliceny, Toraki und Sergi, Płoska, Dichtenitz, Dołhopole oder Russisch-Kimpolung, Jabłonitza, Koniatyn, Petrasza oder Petrischeni, Rostoki, Stebny mit Stepki, Uście-Putilla mit Marinyczeny.

4. Bezirkshauptmannschaft
Storożinetz.

Storożinetz (Bezirksgericht), Banilla moldauisch am Sereth, Broskoutz, Budenitz, Cziresch mit Opajetz, Czudyn mit Neuhütte, Dawideny, Idzesti, Jordanesti, Kamenka mit Petrischanka, Karapcziu am Sereth mit Hatna, Komaresti, Komaresti Słobodzia, Korczesti, Krasnaputna Camerale mit Althütte,

Krasna-Ilskie mit Glashütte, Kupka, Panka, Petroutz am Sereth, Pressekareny, Ropcze, Suczaweny oder Pomesti, Zadowa.

Waszkoutz (Markt) am Czeremosz, Banilla russisch am Czeremosz, Banilla Słobodzia, Berbesti mit Ostra am Pruth, Bobesti, Czartoria, Draczinetz, Hlinitza, Kabesti, Kalinesti am Czeremosz, Karapźiu am Czeremosz, Kostesti, Ober-Stanéstie am Czeremosz, **Unter-Stanéstie** am Czeremosz (Bezirksgericht). Wilawcze, Wołoka am Czeremosz, Zamosti, Zeleneu mit Samsonówka, Pleśnitza.

5. Bezirkshauptmannschaft
Radautz.

Radautz (Markt) (Bezirksgericht) mit Wadu Władyki, Andrasfalva mit Mitoka, Badeutz, Bilka. Burla, Alt-Fratautz, Neu-Fratautz, Fürstenthal, Ober-Horodnik, Unter-Horodnik, Karlsberg, Mardzina, Ober-Mileszeutz, Putna (mit Kloster), Satulmare, Strascha, Suczawitza, Ober-Wików mit Biwoleria, Unter-Wików, Woytinell, Wołowetz, Seletin mit Frasin, Tomnatik, Ruska, Paltin, Płoska Camerale, Ulma, Ropoczel, Nesepitul, Bistritza mit Kirlibaba, Izwor mit Jarowitza, Sarata, Moldawa, Szypoł Camerale.

Solka (Bezirksgericht), Arbori mit Bodnareny, Balaczana. Botuschana, Glitt mit Lichtenberg, Jazłowetz, Keszwana. Komanestie, Ludihumora, Ober-Pertestie mit Neu-Solonetz oder Slowaken, Kaczyka, Unter-Pertestie, Pojeny.

6. Bezirkshauptmannschaft
Suczawa.

Suczawa (Stadt) (Bezirksgericht) mit Zamka Kuł, Alt-Itzkany und Szeptelic ossance mit Nemericzeny, Podeny, Hryatzka und Lisiaura, Bunesti, Bunincze, Chiliszeny, Danilla, Gaureny, Hatna mit Dormanesti, Jakobesti oder Fogodisten mit Góra solcze, Słebodzia oder Unter-Mileszeutz, St. Illie, Ipotesti, Neu-Itzkany, Kalinesti lui Jenaki mit Wasiliki, Kalinesti lui Kupareńko, Kostyna mit Berindesti, Liteny, Meredzey, Mihoweny, Miłoka dragomirna mit Lipoweny, Parhoutz, Petroutz bei Suczawa, Reusseny, Romanesti, Russ monastior, Russ plaratar mit Russ pojenilli, Sekuriczeny, Skeja, Solonetz, Strojesti bei Suczawa, Teszoutz, Todoresti mit Pietrosa, Uydesti, Zaharesti.

Gurahumora (Bezirksgericht), Bajaszesti mit Stanilesti oder Kornoluncze, Berkiszesti, Brajesti, Braszka, Dragojesti mit Lukaczesti und Folowanik, Dziemine mit Slatiora und Ostra an der Grenze, Illiszesti, Jozseffalva, Kapukimpolui, Kapukodrolui mit Baltinossa, Humora Kloster mit Bori, Plesz und Buchenhain oder Pojana Mikuli, Korlata, Mazanojesti mit Stescheroja, Stulpikany mit Plotonica, Dorothea, Negrilassa und Schwarzthal, Stupka, Walleszaka mit Bojassekul, Woranetz mit Bukschoja und Frasin.

7. Bezirkshauptmannschaft
Kimpolung.

Kimpolung (Markt) (Bezirksgericht) mit Briza, Gropana, Formosa, Fundul moldowi mit Luisenthal, Poschorita, Russ pe boul mit Freudenthal und Watra moldawitza, Russ moldawitza mit Czamorna und Ardziel, Sadowa (Ulma), Waleputna, Wama mit Eisenau.

Dorna watra mit Dorna kilie (Bezirksgericht), Dorna pe dzumaleu, Dorna kandreny mit Koszna, Jakobeny, Kirlibaba Kimpolunger Antheil, Pojana stampi mit Pilugani, Czokanesti.

8. Bezirkshauptmannschaft
Sereth.

Sereth (Stadt) (Bezirksgericht), Bahrynesti, Raincze, Balkoutz oder Laudonfalva, Banczesti, Botuszanitza, Czerepkoutz mit Beresti, Cibeny oder Isten Segits, Fontinaalba oder Białakiernica, Gerboutz, Graniczesti, Hadikfalva mit Turnesti, Kalafindesti, Kindcsti, Klimoutz, Muszenitza, Negostina, St. Onufri mit Draguszanka, Oprischeny oder Pancir, Rogoschesti mit Gura molnitza, Rudesti oder Gropana, Scherboutz, Ober-Synoutz, Unter-Synoutz, Stircze oder Berlince mit Słobodzia lui Dumka, Tereblesti, Waszkoutz am Sereth mit Percelówka, Wolczinetz.

Markgrafschaft Mähren.

Statthalterei, Oberlandesgericht u. Landesgericht

in

Brünn.

Bezirkshauptmannschaften, Kreis- und Bezirksgerichte.

1. Bezirkshauptmannschaft

Schönberg.

Aspendorf, Raigersdorf, Bartelsdorf, Radomil, Benke, Bladensdorf, Wenzelsdorf, Blaschke, Goldenfluss, Hohenfluss, Blauda, Bohutin, Bratersdorf, Eisenberg (Böhmisch-), Janauschendorf, Olleschau, Frankstadt, Geppersdorf, Pfählwies, Grumberg (Stadt), Grumberg (Vorstadt, Ober- und Niedergasse), Krummwasser, Halbseit, Nikles (Dorf), Nikles (Hof), Hermesdorf (Nieder-), Hermesdorf (Ober-), Hosterlitz, Kömeth, Märzdorf, Tschöderich, Kröneshof, Weikersdorf, Krumpisch, Liebesdorf, Rabenau, Rabenseifen, Schönthal, Rabersdorf, Wiesen, Reitendorf, **Schönberg** (Bezirksgericht), Schönbrunn, Tschimischl, Ullischen (Ober-), Ullischen (Unter-).

Altstadt (Bezirksgericht), Würben (Klein-), Ebersdorf, Platsch, Elbe, Ullersdorf (Neu-), Glasdörfl, Goldenstein, Hannsdorf, Heinzendorf (zu Ullersdorf), Heinzendorf (zu Goldenstein), Kratzdorf, Kunzendorf, Mohrau (Gross-), Mohrau (Klein-), Neudorf, Seibersdorf (Hohen-), Waltersdorf, Peterswald, Schlögelsdorf, Spieglitz, Spornhau, Stubenseifen, Weigelsdorf, Woitsdorf, Würben (Gross-).

Beckengrund, Buchelsdorf, Glasdorf, Lauterbach, Seibersdorf (Wüst-), Kleppel, Kozianau, **Wiesenberg** (Bezirksgericht). Philippsthal, Reitenhau, Märzdorf, Neudorf, Stollenhau, Marschendorf, Petersdorf, Primiswald, Winkelsdorf, Rudelsdorf, Ultersdorf, Wermsdorf, Stettenhof, Zöptau.

2. Bezirkshauptmannschaft

Hohenstadt.

Bohuslawitz, Brünnles, Budigsdorf, Drosenau, Dubitzko, Gestřabi (Gross-), Gestřabi (Klein-), Lupelle, Heilendorf (Gross-), Heilendorf (Klein-), Hniewke, Heinzendorf (Unter-), Hochstein, **Hohenstadt** (Stadt) (Bezirksgericht), Klösterle, Koleschau, Kosso, Krumpach, Lesche, Lesnitz, Lomigsdorf, Lussdorf, Nebes, Nemil, Piwoin, Pobutsch. Raabe, Rasel (Gross-), Rasel (Klein-), Rohle, Rowenz, Schmole, Schweine, Schwillbogen, Skalička, Steine, Strupschein, Tattenitz, Triebendorf (Gross-), Wazelsdorf, Wischehoř, Zautke (Klein-), Triebendorf.

Bukowitz, Buschin, Cerhof, Friese (Dorf), Friese (Hof), Hakelsdorf, Herautz, Jeedl, Jokelsdorf, Karlsdorf, Lenz (Dorf), Lenz (Hof), Rothwasser, **Schildberg** (Stadt) (Bezirksgericht), Schildberg (Lockergrund), Schildberg (Niedergasse), Schildberg (Obergasse), Hammerfeld, Schönau, Schönwald, Schreibendorf, Studinke, Weisswasser, Zborow, Zotkitl.

Allerheiligen, Poidel (Gross-), Aujezd, Žadlowitz, Aussee (Stadt), Aussee (Judenstadt), Bezdiek, Bezdiekow, Braune, Chirles, Chrises, Daubrawitz, Dreibuchen, Kaltenlautsch, Puschein, Dwacetin, Schweine, Vierhöfen, Kloppe, Kremetschau, Kwittein, Lechowitz, Pawlow, Lexen, Passek, Liebein, Loschitz (Stadt), Lukawetz, Mohrdörfl, Mierau (Grund), Mierau (Markt), Molletein (Alt-), Molletein (Neu-), Morawičan, **Müglitz** (Stadt), (Bez.-Ger.), Müglitz (Vorstadt), Ohrnes, Pollaitz, Pollain, Radnitz,

Ruppau, Schützendorf, Schwägersdorf (Nieder-), Schwägersdorf (Ober-), Steinmetz, Tritschein, Welleboř, Wesseli, Wolledorf.

3. Bezirkshauptmannschaft
Littau.

Assmeritz, Bilsko, Blažow. Kosow, Swanow, Busau, Hoff-nungsthal, Iřman, Cakow, Chořelitz, Chudwein, Dreihöfen, Dub-čan, Haniowitz, Hrabi, Oehlhütten (Roth-), Hradečna, Hunt-schowitz. Březe, Jeschow, Köllein, Kowařow, Lautsch, Lautschka. **Littau** (Stadt) (Bez.-Ger.), Michlowitz, Mirotein, Mnienik, Mesitz, Nakel, Neudorf, Obetzdorf, Obranitz, Oderlitz, Oehlhütten (zu Hradisch), Oehlhütten (Weiss-), Pateřin, Podoli, Roswadowitz, Rzimnitz, Schrein, Sawin, Schwarzbach, Senitz (Gross-), Senitz (Klein-), Slawietin, Sobatsch, Willimau, Wolleschnitz, Woz-dečko.

Aichen (Eichen), Salbnus, Aujezd, Dittersdorf, Dörfel, Star-zendorf, Ehlend, Einoth. Eisenberg (Deutsch-), Grätz, Haukowitz, Hliwitz, Königslosen, Karle, Knibitz, Langendorf (Ober-), Lan-gendorf (Unter-), Lepinke, Liebau (Böhmisch-), Liebau (Deutsch-) Loosen (Deutsch-), Schröffelsdorf, Markersdorf, Meedl, Merotein, Moskelle, **Neustadt** (Mähr., Stadt) (Bezirksgericht), Oskau, Pas-sek, Pinkaute, Pinke, Pirnik, Pissendorf, Pudelsdorf, Ryb-nik, Schönwald, Střelitz, Treublitz, Trübenz, Želchowitz.

Bohuslawitz, Brodek, Břesko, Březina, Jawořičko, Třeme-ničko, Wesseličko, Budenko, Czunin, Döschna, Dzbell, Hačok, Hluchow, Hrochow, Hwozd, Jessenctz, Kadeřin, Milkow, Ospilow. Klužinek, **Konitz** (Bezirksgericht), Krakowetz, Křemenetz, Stern-heim, Ladin, Laschkau, Ludmirau, Luka. Maleny, Str ažisko Neudorf, Ochos, Oehlhütten, Pientschin, Polom, Přemyslowitz, Rosenberg, Punkew, Rakau (Gross-), Rakau (Klein-), Runař, Schwanenberg, Sugdol, Wachtel, Woitiechow.

4. Bezirkshauptmannschaft
Sternberg.

Allhütten, Andersdorf, Babitz, Bladowitz, Böhmischhause, Boniovitz, Deutschhause, Dittersdorf, Dohle, Domeschau, Domstadl, Giebau, Gnoitz, Gobitschau, Komarn, Krokersdorf, Laschtian, Libusch, Lippein, Lodenitz (Deutsch-), Luschitz, Mautzendorf, Mühlgraben oder Lichtenthal, **Sternberg** (Stadt) (Bezirksgericht), Vorstadt Langgasse; Neustädter Vorstadt; Olmützer Vorstadt; Schlossberger Vorstadt), Neuhof, Petersdorf, Rietsch, Seibersdorf, Siebenhöfen, Sperbersdorf, Stachendorf, Stadl, Starnau, Stephanau, Tscheschdorf, Wächtersdorf, Żerotin.

Altliebe, Bärn, Brockersdorf, Christdorf, Gersdorf, Heidenpiltsch, Herzogwald, **Hof** (Stadt) (Bezirksgericht), Karlsberg, Kunzendorf, Maywald, Mödlitz, Hartau, Neudörfel, Neurode, Raudenberg, Raigersdorf, Waltersdorf (Neu).

Altendorf bei Bautsch, Altwasser, Bautsch, Bernhau, Dittersdorf, Drömsdorf, Kriegsdorf, **Liebau** (Stadt) (Bezirksgericht), Liebau (Vorstadt), Oehlstadtl, Göperzau, Gundersdorf, Herlsdorf, Liebenthal, Milbes, Neudorf, Neueigen, Nürnberg, Reisendorf, Rudelzau, Schmeil, Schönwald, Siegerzau, Waltersdorf.

5. Bezirkshauptmannschaft

Römerstadt.

Altendorf, Andersdorf, Arnsdorf, Bergstadt, Brandseifen, Braunseifen, Doberseik, Edersdorf, Eichhorn, Eulenberg, Friedland, Friedrichsdorf, Gierssig, Hangenstein, Herzogsdorf, Janowitz, Johnsdorf, Rosendorf, Irmsdorf, Karlsdorf, Kotzendorf, Kreutz, Kriegsdorf, Lobnig, Mohrau (Nieder-), Mohrau (Ober-), Neudorf, Neufang, Olbersdorf, Pirkau, Reschen, **Römerstadt** (Bezirksgericht), Stohl (Gross-), Stohl (Klein-), Tillendorf, Weigelsdorf, Zechan Zechitz.

6. Bezirkshauptmannschaft

Olmütz.

Beystroschitz, Bilkowitz, Biskupstwo, Bystrowan, Blatze, Bleich, Bollelautz, Břest, Břichotin, Bukowan, Charwat, Chomotau, Chwalkowitz, Czernowier, Hradisch, Czertorey, Dollein Dolloplas, Drahanowitz, Drahlow, Drozdein, Dub, Epperswang Grosswasser, Grügau, Habicht, Haslicht, Hatschein, Heiligberg,

Hlussowitz, Hodolein, Holitz, Hombok, Horka, Hřeptschein, Kiniček, Kirwein, Kožuschan, Crěmann, Krönau, Latein (Gross-), Lautschan, Lodenitz (Böhmisch-), Luschau, Lubienitz, Luděřow. Luttein, Majetein, Namiescht, Nebetein, Nedweis, Nelleschowitz. Nenakonitz, Neretein, Neustift, Nimlau, Nirklowitz, Ohnitz, **Olmütz** (Vorstadt, Neumittergasse, mit der Greinergasse, Vorstadt Laska) (Kreisgericht), Pawlowitz. Pobor. Posluchau, Powel, Přaslawitz, Přikas, Radikau, Rattay, Salzergut. Samotischek, Schnobolin, Suchonitz, Swisedlitz, Czechowitz, Czelechowitz, Tazal, Teynitschek, Teynitz (Gross-), Tieschetitz. Topolan. Toweř, Trussowitz, Tučap. Ustin, Weska, Wisternitz (Gross-). Wsisko, Żeruwek.

7. Bezirkshauptmannschaft
Prossnitz.

Bedihoscht, Břesowitz, Chehowitz, Czechuwek, Czelechowitz, Dietkowitz, Dobrochau, Držowitz, Dubau, Hradschan, Hrdibořitz, Hrubschitz, Keltschitz, Kobeřitz, Kralitz, Krasitz, Latein (Klein-), Olschan, Ottaslawitz (Ober-), Ottaslawitz (Unter-), Prödlitz, **Prossnitz** (Stadt) (Bezirksgericht) Vorstadt St. Anna; Brünner Vorstadt; Olmützer Vorstadt; Plumenauer Vorstadt), Smřitz, Suiehotitz, Stietowitz, Studenetz, Třeptschein, Urtschitz, Waischowitz, Witowitz, Wrahowitz, Wranowitz. Wrbatek. Żeschow.

Bausin, Bilowitz, Czech, Czechowitz, Domamyslitz, Drahan, Hartmanitz, Hradisko (Klein-), Kobelniček, Kosteletz, Krumsin. Křenuwek, Leschau, Luttotein, Myslowitz, Moskowitz, Ohrosin. Ottinowes, **Plumenau** (Bezirksgericht), Prostiowiček, Ptin, Rostein, Selautek, Służin, Sobiesuk, Stařechowitz, Stichowitz, Stinau, Wetzow, Żarowitz, Zdetin.

8. Bezirkshauptmannschaft
Weisskirchen.

Austi, Bartelsdorf, Bodenstadt (Stadt; obere Vorstadt: untere Vorstadt), Bölten, Czernotin, Daub, Hermitz, Litschl, Drahotusch, Fünfzighuben, Hermsdorf, Poschkau, Gaisdorf, Punkendorf, Heinrichswald, Hleis, Hrabuwka, Lhotka, Hustopetsch, Millotitz , Jesernik, Keltsch (Altstadt), Keltsch (Neustadt), Klogsdorf, Kunzendorf, Laudmer, Sponau, Liedenau, Lutschitz, Millenau, Mittelwald, Neudeck, Ohrensdorf, Olspitz, Opatowitz, Parschowitz, Podhorn, Pohl, Paruba, Radelsdorf, Rakow, Schmitzau, Skalička, Slawitsch, Speitsch, Tieschitz (Ober-), Tieschitz (Unter-), Ungerndorf, **Weisskirchen** (Stadt) (Bezirksgericht), Welka, Wysoka, Zbraschau, Zamrsk.

Aujezd (Gross-), Koslau, Prussinowitz, Stanimieřitz, Smržow, Aujezd (Unter-), Trnawka, Bohuslawek, Daskabat, Hlinsko, Hoskowitz, Laznik (Gross-), Laznik (Klein-), Lauczka, **Leipnik** (Bezirksgericht) (Stadt; obere Vorstadt; untere Vorstadt), Lhota, Lipnian, Nietschitz (Ober-), Nietschitz (Unter-), Ossek, Prossenitz (Gross-), Prossenitz (Klein-), Přestawlk, Radotin, Radwanitz, Schlok, Sobiechleb, Thein, Trschitz, Tuppetz, Wazanowitz, Wesseličko, Wiklek.

9. Bezirkshauptmannschaft
Neutitschein.

Alttitschein, Barnsdorf, Blattendorf, Blauendorf, Ehrenberg, Kojetein, Grafendorf, Halbendorf, Hostaschowitz, Hotzendorf, Hurka, Janowitz, Itschina, Jassenik (Deutsch-), Petersdorf (Gross-), Katzendorf, Liebisch, Murk, **Neutitschein** (Stadt) (Kreisgericht) obere Vorstadt; untere Vorstadt), Paltzendorf, Petřikowitz, Reimlich, Schönau, Seitendorf, Senftleben, Söhle, Stramberg (Stadt; obere Vorstadt; untere Vorstadt), Stramik, Wernsdorf, Wolfsdorf.

Bothenwald, **Fulnek** (Stadt)) (Bezirksgericht) (obere Vorstadt; (untere Vorstadt), Gerlsdorf, Wolfsdorf (Mährisch-), Würben (Neu- oder Goldseifen), Gentsch, Waltersdorf, Hausdorf, Jastersdorf, Klötten, Pohoř, Klantendorf, Schimmelsdorf, Kunewald, Seitendorf, Stachenwald, Zauchtl.

Benatek, **Freiberg** (Bezirksgericht), Weska, Drholetz, Engelswald, Lilien, Gurtendorf, Kattendorf, Klogsdorf, Köttnitz, Koschatka (Gross-), Mischi, Nesselsdorf, Olbersdorf (Klein-), Neuhübel, Partschendorf, Peterswald (Gross-), Peterswald (Klein-),

Sawersdorf (Gross-), Sedlnitz (Erb-), Sedlnitz (Lehen-), Trnawka, Wietřkowitz.

10. Bezirkshauptmannschaft
Mistek.

Bahno, Bauden, **Mistek** (Bezirksgericht), Braunsberg, Chlebowitz, Friedland, Fritschowitz, Hodoniowitz, Hajow, Kuntschitz (Klein-), Lhottka, Lotrinkowitz, Zelinkow, Metilowitz, Mysslik, Ostrawitz, Palkowitz, Pstruži, Richaltitz, Sklenau, Stařič (Alt-), Swiadniow, Żabna.

Altendorf, Biela (Alt-), Biela (Neu-), Ellgott, Hrabowa (Gross-), (Klein-), Hrabowa (Gross-), Krmelin, Neudorf, Oppersdorf, **Ostrau (Mährisch-)** (Bezirksgericht), Paskau (Dorf), Paskau (Markt), Proskowitz, Přiwos, Wischkowitz, Witkowitz, Zabřeh.

Bordowitz, Čeladna, **Frankstadt** (Bezirksgericht), Kozlowitz, Kuntschitz (Gross-), Lichnau, Tichau, Trojanowitz, Weltschowitz.

11. Bezirkshauptmannschaft
Meseritsch (Wallachisch-).

Binina, Bystřitz (Klein-), Branek, Brniow, Chorin, Hrachowetz, Jarcowa, Jassenitz, Juřinka, Kladerub, Komarowitz, Krasna, Krhowa, Krziwe, Kunowi, Lase, Laučka, Lhotka, Lhotta, Lhotta (Gross-), Lhotta (Klein-), Löschna, Mčenowitz, **Meseritsch** (Wallachisch-, Stadt; obere Vorstadt; untere Vorstadt) (Bezirksgericht), Niemetitz, Osnitz, Perna, Podoli, Politz, Politschna, Přiluk, Střitesch, Wesela, Wissoka, Żaschau.

Bečwa (Mittel-), Bečwa (Ober-), Bečwa (Unter-), Bystřitz (Gross-), Hażowitz, Hutisko, Karlowitz (Karlowitz - Wsetin), **Rožnau** (Bezirksgericht), Sollanetz, Tillowitz, Wigantitz, Witsche, Zubři.

Austi, Bystřička, Hallenkau, Hostialkow, Howiesi, Hrosenkau (Neu-), Jablunka, Jassenka, Johannowa, Katheřinitz, Leskowetz, Lhotta bei Lippthal, Mikulawka, Polanka, Pržno, Ratiboř, Rautzka, Roketnitz, Seninka, **Wsetin** (Bezirksgericht), Ziechow, Lippthal.

12. Bezirkshauptmannschaft
Brod (Ungarisch-).

Aujezd. Aujezd (Hřiwny), Banow, Biskupitz, Bystřitz, Bojkowitz, **Brod** (Ung.-, Stadt) (Bezirksgericht), Brod (Ung.-, Vorstadt), Březowa, Březuwek, Bzowa, Czastkow, Dobrkowitz, Dreslawitz, Dubraw, Hawřitz, Hratschowitz, Hrosenkau (Alt-), Kaniowitz, Kelnik, Kladna, Komnia, Korytna, Krhow, Lhotka, Loppenik, Luhatschowitz, Lutkowitz, Marschow, Nedachlebitz, Nezdenitz, Niwnitz, Orřechau (Gross-), Paschowitz, Podhradi, Polichno, Paslowitz, Prakschitz, Přečkowitz, Ruditz, Rzetechow, Schumitz, Strani, Suchalosa, Tieschau, Welletein, Weltschnau, Zahorowitz, Zlamanetz.

Bilnitz, Bohuslawitz, Brumow, Czechow, Diwnitz, Drnowitz, Halusitz, Hostietin, Hradek, Jestřabi, **Klobauk** (Bezirksgericht), Křekow, Latschnow, Lhota (Francowa), Lhota (Nedaschowa), Lhota (Wlachowa), Lidetschko oder Litsch (Unter-), Lippina, Litsch (Ober-), Lužna, Miroschow, Nawojna, Nedaschow, Newschowa, Petruwka, Pittin, Popukeř, Potetsch, Přikas, Pulčin, Roketnitz, Rudimow, Schanow, Senitz, Slawitschin, Smolina, Stittna, Stiudlow, Střelna, Wysokopole, Wlachowitz, Wrbietitz.

13. Bezirkshauptmannschaft
Hradisch (Ungarisch-).

Althütten, Altstadt, Babitz, Bilowitz, Borschitz, Břestek, Buchlowitz, Dörfel, **Hradisch** (Ung.-, Stadt) (Kreisgericht), Hustienowitz, Jaborowetz, Jalub, Jaroschau, Kniežpol, Kostellan, Kunowitz, Mačatitz, Mikowitz, Mistřitz, Nedakonitz, Ořechau, Wažan, Podoli, Poleschowitz, Poppowitz, Sallasch, Střibrnitz, Suschitz, Traplitz, Tupes, Tutschap, Wčerall, Wellehrad, Wežek, Zlechau.

Bisenz, Blattnitz (Gross-), Blattnitz (Klein-), Borschitz, Chilitz, Neudorf, Dolniemtsch, Hluk, Lauka, Lhotta (Ostra), Domanin, Temnitz, Horniemtsch, **Ostra** (Ung.) (Stadt) (Bezirksgericht), Ostra (Vorstadt), Kwatschitz, Millokoscht, Pisek, Slawkow, Wesseli (Stadt), Wesseli (Vorstadt), Zarazitz, Znorow.

Bohuslawitz, Břesnitz, Březolup, Halenkowitz, Jankowitz, Kar lowitz Lhotta (Gross-), Lhotta (Klein-), Scharow, Komarow, Ondřechowitz, Pohořelitz, Koschitz, Kudlowitz, Kwitkowitz, Luk, Mallenowitz, Mlatzow, **Napajedl** (Bezirksgericht), Otrokowitz, Pržna, Sazowitz, Spittinau, Swarow, Tetschowitz, Tlumatschau, Topolna, Zlin, Žuttaw.

14. Bezirkshauptmannschaft
Holleschau.

Bořenowitz, Chomisch, Dobrotitz, Drschtkowa, Freistadtl. Hlinsko, **Holleschau** (Stadt) (Bezirksgericht), Holleschau (Judenstadt), Hostischau, Jankowitz, Kaschawa, Količin, Kosteletz (zu Holleschau), Kosteletz (zu Lukow), Kurowitz, Lechotitz, Lhotka podkopna, Lukow (Gross-), Lukow (Klein-), Machowa. Martinitz, Mischkowitz, Mysločowitz, Nowosad, Plaćow, Ratzkowa, Oberdorf, Wittowa, Přilep, Rimnitz, Roschtin, Ratzlawitz. Stiepp, Střebetitz, Tučap, Unterdorf, Weltschkowa, Wschetul. Zahlenitz, Zahnaschowitz, Žeranowitz, Žopp.

Aujezd (Ober-), Babitz, Bezuchow, Bilawsko, Bischkowitz, **Bystřitz** (Bezirksgericht), Blasitz, Brusny, Chwalčow, Lhotta-Chwalčowa, Czech, Domażelitz, Dřewohostiz, Hradschan, Kladnik, Komarno, Křtomil, Lippowa, Laukow, Lhotta (Klein-), Lhotta-Podhradni, Lhotta-Radkowa, Liboswar, Lischna, Malhotitz, Mrlinek, Nahoschkowitz, Oprostowitz, Ossičko, Patzedluk, Pawlowitz, Prowodowitz, Přikaz, Radkow, Rainochowitz, Rausko, Rychlow, Rottalowitz, Schischma, Slawkow, Sowadina. Turowitz, Wittonitz, Wschechowitz, Žakowitz, Prussinek, Prussinowitz.

Aujezd, Bratřejow, Břzowa, Deschna, Hrobitz, Hwozdna. Jaroslawitz, Jassena, Klečuwka, Kudlow, Laučka, Lhotta (Ober-), Lhotta (Unter-), Lhotzko, Lippa, Lužkowitz, Luttonina, Neobusa, Ostrata, Pozdiechow, Prlow, Prowodow, Přiluk, Rakowa, Sehraditz, Slopna, Sluschowitz, Trnawa, Ublo, Wellikowa, Wessella. **Wisowitz** (Bezirksgericht), Wschemina, Zadweřitz, Želechowitz.

15. Bezirkshauptmannschaft
Kremsier.

Bařitz, Bezmirau, Bielow, Bilan, Bleich, **Kremsier** (Stadt) (Bezirksgericht), Kremsier (Judenstadt), Kremsier (Vorstadt, hintere Schmidtthor), Kremsier (Vorstadt Sladowina), Nowosad, Oskoll, Stiechowitz, Bojanowitz, Břest, Chrasstian, Chropin, Drahlow, Hradisko, Hullein (Stadt), Hullein (Vorstadt Kremsiergasse; Kremsier Vorstadt), Žabinck, Jarohniewitz, Kyselowitz, Kotojed, Kwassitz, Lutopetz, Mierutek, Minuwek, Neudorf, Niemtschitz, Poppowitz (Gross-), Postaupek, Prawtschitz, Rattai, Schelleschowitz, Sillimow, Skaschtitz, Sobielitz, Střižowitz, Tieschan (Gross-), Tieschnowitz, Trawnik, Wažan, Wrbkà, Zařič, Zalkowitz, Zlobitz.

Altendorf bei Niemtschitz, Aujczd, Beniow, Bochorz, Brodek, Buk, Czekin, Dluhonitz, Dobrtschitz, Hentschelsdorf, Kaiserswerth, Kanowsko, Kokor, Kozlowitz, Legsek, Lhota (Klein-) Lhota (Zabečni-), Lowieschitz, Lukowa, Moschtienitz (Ober-), Pentschitz (Gross-), Pentschitz (Klein-), Podoli, Popowitz, **Prerau** (Stadt; Vorstadt Dlaschkergasse; Vorstadt Schiřawagasse; Vorstadt Traubekergasse; Vorstadt Trawnikergasse) (Bezirksgericht), Pruss, Předmost, Přestawlk, Ratzlawitz, Roketnitz, Řikowitz, Sobischek, Suschitz, Tutschin, Wežek, Winar, Wlkosch, Žerawitz, Želatowitz, Zittow.

Aujezdsko, Chwalnow, Cetechowitz, Czwrtschowitz, Dietkowitz, Diwok, Dřinow, Honietitz, Hoschitz, Kostellan, Kunkowitz, Lebedau, Zdislawitz, Leysek, Lhotka, Lhotta, Littentschitz, Lubna, Medlan, Zborowitz, Morkowitz, Nietschitz, Nitkowitz, Patschlawitz, Pornitz, Potschenitz, Prasklitz, Roschtin, Skrschitz, Slizan, Sobiesuk, Strabenitz, Střilek, Tetetitz, Tieschanek, Traubek, Uhřitz, Wežek, Wleidol, Zastřizl, **Zdaunek** (Bezirksgericht), Zlamanka.

Biskupitz, Czeléitz, Dobromielitz, Doloplas am Hannafluss, Dřewnowitz, Eiwan, Hruschka, Klenowitz, Klopotowitz, **Kojetein** (Stadt; Kremsierer Vorstadt; Olmützer Vorstadt; Wischauer Vorstadt), (Bezirksgericht), Kowalowitz, Kowalowitz (zu Mořitz), Křenowitz, Loboditz, Mierowitz, Mořitz, Nezamyslitz, Niemtschitz, Obietkowitz, Oplocan, Ossitschan, Pawlowitz, Piwin, Politschek, Polkowitz, Popuwck, Rakodau, Wierowan, Srbetz, Střibrnitz, Tieschitz, Tischtin. Tobitschau (Stadt),

Tobitschau (Vorstadt), Breitengasse, Traubek, Tworowitz (Alt-), Uhřitschitz, Witschitz, Witzomielitz, Wrchoslawitz.

16. Bezirkshauptmannschaft
Wischau.

Boschkuwek, Brindlitz, Chwalkowitz, Dieditz, Drissitz, Drnowitz, Eywanowitz, Gundrum, Herotitz, Hobitschau, Hoschtitz, Jeschkowitz, Krasensko, Krečkowitz, Křižanowitz, Lhota, Lulisch, Malkowitz, Medlowitz, Nebstich, Nemojan, Nosalowitz, Ondratitz, Oppatowitz, Orlowitz, Pistowitz, Podiwitz, Poidom, Pruss (Deutsch-), Pruss (Mährisch-), Pustomieř, Ratschitz, Ratzlawitz (Gross-), Richtařow, Rybniček, Rosternitz, Ruprecht, Schwabenitz, Studnitz, Swonowitz, Topolan, Tučap, Važan, **Wischau** (Stadt) (Bezirksgericht), Wischau (Vorstadt), Želtsch.

Bohdalitz, Brankowitz, **Butschowitz** (Bezirksgericht), Chwalkowitz, Dobročkowitz, Dražowitz, Hwiezdlitz (Alt-), Hwiezdlitz (Neu-), Klobautschek, Kojatek, Kozlau, Kožuschitz, Kutscherau, Letonitz, Lettoschan, Lissowitz, Malkowitz (Deutsch-), Malinek, Marhöf, Mauchnitz, Milonitz, Nemohowitz, Nemotitz, Nessowitz, Newogitz, Pawlowitz, Podřežitz, Schardiček, Snowidek, Tschertschein, Urschitz, Witzomileitz.

Austerlitz (Stadt) (Bezirksgericht), Austerlitz (Vorstadt), Spitalgasse, Birnbaum, Blažowitz, Habrowan, Herspitz, Hodiejitz, Holubitz, Hostienitz, Hostieradek (Klein-), Jezera, Kobeřitz, Kowalowitz, Kraužek, Křenowitz, Křižanowitz, Lowtschitz (Klein-), Mileschowitz, Niemtschan, Nischkowitz, Olschan, Ottnitz, Posořitz, Pratze, Raschowitz, Raussnitz (Alt-), Raussnitz (Neu-) und Reschow, Scharatitz, Schumitz, Siwitz, Slawikowitz, Tschechen, Važan, Važan (zu Kritschen), Welspitz, Wittowitz, Zbeischow.

17. Bezirkshauptmannschaft
Gaya.

Aujezdetz, Blischitz, Bohuslawitz, Borschau, Břessowitz, Bukowan, Czeložnitz, **Gaya** (Stadt-) (Bezirksgericht), Hiesel, Hostiow, Jeschow, Jestřabitz, Keltschan, Koritschan, Kosteletz, Kunewald, Labud, Leskowetz, Medlowitz, Millotitz, Mistřin,

Morawan, Nietschitz, Ostwictiman, Scharditz, Sirowin, Skalka, Sobulek, Stawieschitz, Strażowitz, Stupawa, Swatobořitz, Watzenowitz, Wlkosch, Wrazow (Dorf), Žadowitz, Žerawitz.

Archlebau, Charlottenfeld, Dambořitz, Dražuwek, Lotwschitz (Gross-), Morein, Nasedlowitz, Nechwalin, Nenkowitz, Ostrowanek, Želletitz, **Steinitz** (Bezirksgericht), Uhřitz, Wieteřau, Žaroschitz.

18. Bezirkshauptmannschaft
Göding.

Bojanowitz (Unter-), Čejkowitz, Čejtsch, Dubnian, **Göding** (Bezirksgericht), Howoran, Josephsdorf, Lužitz, Mikulschitz, Mutienitz, Potworow (Alt-), Potworow (Neu-), Pruschanek, Ratischkowitz, Theresiendorf, Tieschitz.

Bilowitz, Birnbaum, Eisgrub, Kostel, Kostitz, Landshut, **Lundenburg** (Bezirksgericht), Neudek, Nendorf, Rampersdorf, Teinitz, Turnitz, Žižrow.

Jawornik, Kneždub, Kozojidek, Žerawin, Kuželau, Lhotta (Hrozna), Lhotta (Neu-), Twarozna (Lhotta), Lideřowitz, Lippau, Petrau, Radijow, Rohatetz, **Strážnitz** (Bezirksgericht), Suchow, Sudomieřitz, Tassow, Welka, Wrba (Gross-), Wrba (Klein-), Zwolnow.

19. Bezirkshauptmannschaft
Auspitz.

Auerschitz, **Auspitz** (Stadt) (Bezirksgericht), Auspitz (Vorstadt), Neu- und Schmiedgasse, Vorstadt Zeil, Quer- und Langegasse, Böhmendorf, Ober-Bojanowitz, Bořetitz, Gurdau, Kobyli, Neumühl, Niemtschitz (Klein-), Pawlowitz, Poppitz, Prittlach, Rakwitz, Saitz, Schakwitz, Steurowitz (Gross-), Steurowitz (Klein-), Tracht, Wrbitz.

Bohumielitz, Burkowan, Buschowitz, Brumowitz, Diwak, Grumwiř, Hostieradek, Kaschnitzdorf, **Klobauk** (Bezirksgericht), Morkuwek, Pollehraditz, Schittbořitz, Tieschan.

Aujezd, Branitz (Deutsch-), Branowitz, Bratschitz, Eibis Hollasitz, Hunkowitz, Kanitz, Křepitz, Kuprowitz, Latz, Laučka, Lautschitz, Walspitz, Mautnitz, Mielčan, Mödlau, Mönitz, Mohleis, Neudorf, Niemtschitz (Gross-), Niemtschitz (Klein-), Nikolschitz, Nusslau, Odrowitz, Oppatowitz, Ottmarau, Pausche, Pohrlitz, Poppowitz, Prahlitz, Priebitz, Prisnotitz, Raigern (Gross-), Raigern (Klein-), Rebeschowitz, Reichmannsdorf, Rohrbach, Rosalienfeld, Satschan, Schabschitz, **Seelowitz** (Gross-) (Bezirksger.), Serowitz, Soboutowitz, Tieschan, Třebomyslitz, Urspitz, Wojkowitz.

20. Bezirkshauptmannschaft
Nikolsburg.

Bergen, Bratelsbrunn, Dürnholz, Fröllersdorf, Guldenfurth, Guttenfeld, Klentnitz, Mariahilf, Millowitz, Muschau, Neusiedl, **Nikolsburg** (Stadt) (Bezirksgericht), Pardorf, Pausram, Pollau, Prerau (Neu-), Pulgram, Dannowitz (Unter-), Treskowitz, Voitelsbrunn, Weissstätten, Wisternitz (Ober-), Wisternitz (Unter-), Wostitz.

21. Bezirkshauptmannschaft
Kromau.

Aschmeritz, Babitz, Biskupska, Bochtitz, Böhmendorf, Budkowitz, Chlupitz, Damitz, Dobelitz, Dobřinsko, Dornfeld, Dubian (Unter-), Frainspitz, Kubschitz, Hosterlitz, Hrubschitz, Jamolitz, Jeseran, Iritz. Kaschnitzfeld, Knenitz (Deutsch-), Kodau, **Kromau** (Stadt) (Bezirksgericht), Lidmeritz, Lissnitz, Lodenitz, Marschowitz, Medlitz, Misslitz, Moratitz, Nispitz, Petrowitz, Polanka, Rakschitz, Ribnik, Rottigl, Schömitz, Seelowitz (Klein-), Skalitz, Socherl, Stignitz, Tullnitz, Wedrowitz, Weymyslitz, Wenzelsdorf, Wischenau, Wolframitz, Zabudowitz, Žbanitz.

Aujezd, Batschitz, Biehařowitz, Biskupitz, Chraustow, Czermakowitz, Dalleschitz, Dobronitz, Dubian (Ober-), Dukowan, Heřmanitz, **Hrottowitz** (Bezirksgericht), Kaunitz (Ober-), Klučau, Kordula, Křepitz, Kirhau, Latein, Lipnik, Lipmian, Littowan, Myslibořitz, Neudorf (böhmisch Hostassow), Pleschitz, Přeschowitz, Přeskatsch, Pulkau, Ratischowitz, Ratkowitz, Ratschitz, Rauchowan, Röschitz, Schamikowitz, Skrey, Slawietitz,

Stropeschin, Střebenitz , Stupeschitz, Taikowitz, Tulleschitz, Uderitz, Waltsch, Wodonetz, Zarubitz.

22. Bezirkshauptmannschaft
Znaim.

Baumöl, Bojanowitz, Bonitz, Borotitz, Brenditz, Černin, Dannowitz (Ober-), Dörflitz, Domschitz, Durchlass, Edelspitz, Edmitz, Essekle, Frainersdorf, Gaywitz, Gerstenfeld, Gnadlersdorf, Gurwitz, Hermannsdorf, Hödnitz, Jaispitz, Kaidling, Kallendorf, Konitz (Deutsch-), Krawska, Kukrowitz, Lechwitz, Maispitz (Gross-), Maispitz (Tief-), Mannsberg, Mramotitz, Mühlfrauen, Naschetitz, Neustift, Niemtschitz (Klein-), Niklowitz, Oblass, Olkowitz (Gross-), Panditz, Paulitz, Platsch, Plenkowitz, Pöltenberg, Poppitz, Pratsch, Prossmeritz, Pumlitz, Rausenbruk, Rudlitz, Schakwitz, Schallersdorf, Schattau, Selletitz, Střelitz, Tajadorf, Tajax (Klein-), Tasswitz, Tesswitz, Tesswitz an der Wiesen, Töstitz, Urban, Wainitz, Wairowitz, Weskau, Wewtschitz, Winau, Wolframnitzkirchen, Žerotitz, Žerutek, **Znaim** (Stadt) (Kreisgericht), Znaim (obere Vorstadt, untere Vorstadt), Zuckerhandel.

Aujezd (Gross-), Aujezd (Klein-), Babitz, Bauschitz, Blan, Blattnitz, Boninau, Boskowstein, **Budwitz** (Mährisch-, Stadt) (Bezirksgericht), Bullikowitz, Czastohostitz, Cidlin, Dieditz, Domamil, Franing (Ober-), Gröschelmauth, Hösting, Horka, Hornitz, Jakobau, Jarmeritz (Stadt), Jatzkau, Iřitz, Kojatitz, Komarowitz, Krenschitz, Las, Lažinka. Lažan (Ober-), Lažan (Unter-), Lessonitz, Lessunka, Lispitz (Dorf), Lispitz (Markt). Littohorn, Lukau, Martinkau, Meseritschko (Neu-), Milletitz, Nimtschdorf, Popowitz, Prokopsdorf, Přiložan, Přispach, Ratibořitz. Roskosch, Schidrowitz, Schebkowitz, Serowitz (Neu-), Stiepanowitz, Stiepkau, Watzanowitz, Wesze, Witschapp, Witzenitz, Wohraženitz, Žerkowitz.

Erdberg, Frischau, Gnaster-Oedung, Grafendorf, Grillowitz (Böhmisch-), Grillowitz (Klein-), Grussbach, Höflein, **Joslowitz** (Bezirksgericht), Křižowitz-Oedung, Leipertitz, Mitzmanns, Moskowitz-Oedung, Niemtschitz-Oedung, Olkowitz (Klein-),

Petrowitz-Oedung, Positz, Probitz, Rochowitz-Oedung, Schönau
Tajax (Gross-), Waltrowitz, Zlub, Moskowitz.

Chwalatitz, Deschau (Gross-), Deschau (Klein-), Edenthurm,
Frain (Bezirksgericht), Freystein, Fröschau (Ober-), Höslowitz,
Jasowitz, Kurlupp, Landschau, Liliendorf, Lugau, Milleschitz,
Petrein (Alt-), Petrein (Neu-), Pomitsch, Schaffa, Schiltern,
Schröffelsdorf, Stallek, Vöttau, Windschau, Wisokein, Zaisa,
Zblowitz.

23. Bezirkshauptmannschaft
Datschitz.

Bilkau, Borken, Brandlin, Budischkowitz, Butsch, Chlunz,
Chotiabuditz, **Datschitz** (Stadt) (Bezirksgericht), Dobrohoscht,
Hermantsch, Holleschitz, Hostes, Jenikau (Gross-), Jenikau
(Klein-), Jersitz, Kadoltz, Kinitz, Kirchwiedern, Laskes, Latein
(Ober-), Lenitz, Lhotta (Gross-), Lidhersch, Lipnitz, Lipolz,
Maneschowitz, Marquaretz, Marschau, Mayres, Modes, Muti-
schen, Mutten, Niemtschitz (Unter-), Pantschen (Gross-),
Pantschen (Klein-), Pastreich, Petschen, Qualitzen, Radisch
(Ober-), Radisch (Unter-), Radlitz, Ratkowitz, Reispitz, Rötschitz,
Rothenburg, Rudoletz (Böhmisch-), Schach, Sitzgras, Stallek,
Stoitzen, Thusing, Urbantsch, Walterschlag, Wesce, Wiedern
(Mitter-), Wolking, Wolfiř, Wolschan, Zlabings.

Althart, Bačkowitz, Baniowitz, Budkau, Dantschowitz, Dö-
schen, Elhotitz, Fratting, Frauendorf, Gdossau, Gösling, Haf-
nerluden, **Jamnitz** (Bezirksgericht), Iratitz, Ladonowitz, Lauka,
Laukowitz, Lom, Lospitz, Margarethen, Menhartitz, Mudlau,
Nespitz, Neuhart, Neuhof, Neustift, Oponeschitz, Pawlowitz,
Piesling, Plospitz, Podoli, Pullitz, Chualkowitz, Radotitz, Ran-
zern, Razowitz, Slawathen, Tiefenbach, Třebellowitz, Třebetitz,
Ungarschitz, Urwitz, Wenzelsdorf, Wispitz, Wostejkowitz,
Zoppanz.

Begkowetz, Bitowanky, Bohuslawitz, Bollikau, Borowna,
Časkowitz, Černitz, Danpie, Deitz (Gross-), Deitz (Klein-), Do-
maschin, Dubenky (Herrn-), Dubenky (Ober-), Dworce, Dworce
(Unter-), Jelmo, Hostietitz, Hungerleiden, Ihlawka, Indřicho-
witz, Kalíscht, Klatowetz, Krahultschi, Krassonitz, Lhotta

(Klein-), Lowietin, Marquartitz, Meseritschko (Ober-), Myslau-
Kirch, Myslau (Klein-), Myslau (Ober-), Mysletitz, Myslibof,
Mrakotin, Nepomuk, Newzehle, Niemtschitz (Ober-), Oberfeld,
Ořechau, Pailenz, Palupin, Pirnitz (Lang-), Poppelin, Praskoles,
Prosty, Ratkau, Reisch (Alt-), Reisch (Neu-), Rosetsch, Rosička
(Jungfern-), Ružena, Řasna, Řidelau, Saatz, Schachowitz, Zelle-
tau, Sedlatitz, Sedlejow, Skreichau, Sleibor, Steinkeller, Stra-
chonowitz, Strana, Studein, Studnitz, Sumrakau, Swietla, Swoj-
kowitz, **Teltsch** (Stadt) (Bezirksgericht), Teschen, Třeschtitz,
Urbanau, Walldorf, Wanau (Gross-), Wanau (Klein-), Wappo-
witz, Wesze, Wiedern (Hinter-), Willimetsch (zu Studein), Willimetsch (zu Neu-Reisch), Wystrčenowitz, Woleschna (Böh-
misch-), Woleschna (Ober-), Wolewtschitz, Wolschan, Wolschi,
Zdenkau, Zwolenowitz, Rosičky.

24. Bezirkshauptmannschaft
Iglau.

Arnoletz, Battelau, Schwabau, Spielau, Beranau (Gross-),
Bradletz, Jetzlau, Birnbaumhof, Misching, Bitowschitz (Ober-),
Bitowschitz (Unter-), Předwoř, Swatoslau, Wotin, Wrzanow,
Wiese, Břoze, Hrottow, Bukau, Jesowitz, Sollowitz, Czenkau,
Dürre, Falkenau, Mitteldorf, Otten, Fussdorf, Hossau, Ober-
goss, Gossau, Heinzendorf, Sachsenthal, Handelsdorf, Holzmühl,
Iglau (Stadt) (Kreisgericht), Frauen-Vorstadt; Pirnitzer-Vor-
stadt, Spital-Vorstadt), Waldhausen, Hasslitz, Pirnitz (Markt),
Hochdorf, Pistau, Poppitz, Höditz, Jamny, Rybny, Kamenitz,
Kniežitz, Rychlau, Wiska, Komarowitz, Prisnek, Ruprenz,
Kozlau, Ritirsko, Lhotta, Smrčny (Unter-), Lutschen, Neustift
(Klein-), Willenz, Meseritschko (Klein-), Nadiow, Neudorf, Pe-
trowitz, Puklitz, Porenz, Přimilkan, Střižau, Ranzern (Alt-),
Roschitz, Zeisau, Ratzau, Regens, Staj, Stannern, Studnitz
Hoch-), Studnitz (Klein-), Triesch, Wiese, Wolframs, Zuor
Kamenička.

25. Bezirkshauptmannschaft
Trebitsch.

Benetitz, Bochowitz, Branzaus, Budikowitz, Budischau,
Chlistau, Chlum, Časlawitz, Čechočowitz, Čechtin, Čichau,

Cichow, Cihalin. Cimieř, Heraltitz, Hostakow, Hwiezdonwitz.
Kamenna, Kauty, Kojetitz, Kožichowitz, Kralohow, Kratzowitz,
Laukowitz, Lhotta-Roth. Marquartitz, Mastnik, Narametsch,
Neudorf, Nikolowitz, Okraschowitz, Okřeschitz, Okřischko, Op-
patau, Petrowitz, Petruwek, Pirnitz (Klein-), Pirnitz (Neu-),
Pokojowitz, Pozdiatka, Pozoucow, Pröding, Platschow, Přibisla-
witz, Razerowitz, Radonin, Radoschow, Roketnitz, Řimau,
Řipow, Slawitz, Slawička, Smrčny (Ober-), Smrk, Sokoli,
Startsch, Stiemiech, Střižau, Střiteř, Swatoslau, Thein, **Tre-
bitsch** (Stadt) (Bezirksgericht), Trebitsch (Vorstadt, Neuhöfen,
Neuhöfen-Vorstadt), Unterkloster, Trnawa, Waldikau, Wiesto-
nowitz, Wilimowitz (Unter-), Wilimowitz (Ober-), Wladislau,
Zaschowitz.

Břeska, Březnik, Czastotitz, Czučitz, Gestřabi, Hartikowitz,
Heinrichsdorf, Hluboky, Jakubau, Jessenitz, Jedow, Jeneschau,
Ketkowitz, Kojatin, Koneschin, Koroslep, Koschkow, Kozlau.
Kraderup, Kralitz, Kramolin, Krokočin, Lhanitz, Lhottitz, Lud-
wigsdorf, Mohelno, Nalaučzan, **Namiescht** (Bezirksgericht),
Otraditz, Otzmanitz, Pischello, Popuwka, Pozdiatin, Putzow,
Rapotitz, Sedletz, Senohrad, Studenetz, Suditz, Třesow, Wanč,
Witzenitz, Wokaretz, Zahradka, Zniatka.

26. Bezirkshauptmannschaft

Meseritsch (Gross-).

Ballin, Batauchowitz, Bitesch (Gross-, Stadt), Bitesch
(Vorstadt Zahnitz), Bitesch (Vorstadt Rosengasse), Biteschka-
Ossowa, Bliskau, Bojanow. Borownik, Bory (Ober-), Bory (Un-
ter-), Břesky, Březnitz, Březy, Chlumek, Czikow, Dietkau.
Eisenberg, Engenfurth, Gutwasser, Hermannsschlag, Hermanitz
(Ober-), Heřmanitz (Unter-), Hodau, Hrbau, Hrozniatin, Jablo-
nau, Jersein, Iwowy, Kadoletz, Kniezowes. Kochanau, Kozlau,
Krasnowes, Křowi, Křemačow, Křižanau, Kundratitz, Kusky, La-
witschek, Lhotka, Lhotky, Libochau (Ober-), Martinitz, **Mese-
ritsch** (Gross-, Stadt) (Bezirksgericht), Milikau, Mileschin,
Moschtischt, Nebstich, Nihow, Nettin, Neudorf, Ondruschka,

Ořechau, Osłau, Ossowa. Pawlinau, Pawlow, Petrowitz. Pohořilek, Přetzkau, Přibislawitz, Pustina, Radenitz, Radnowes, Radostin, Ratzlawitz (Ober-), Ratzlawitz (Unter). Rausmirau, Rohy, Rosetsch, Rudikau, Schiborau, Skleny, Studnitz, Swaŕanau, Swiny, Tassau, Telečkau (Alt-), Telečkau (Neu-), Tscherna, Uržinau, Widonin, Wien, Wlćatin, Wlkau, Wollein (Markt), Wollein- (Ried-Pauschtin), Wolschi, Wosslawitz (Gross-), Wosslawitz (Klein-), Wossowa, Wottin, Zablati, Zahradischt, Zaseka, Zawist, Zhořetz-Franko, Zhořetz-Hinter, Zhoř-Holubi. Zhoŕ (Neu-), Zhoř-Stranetzka, Znctinek.

27. Bezirkshauptmannschaft

Neustadtl.

Bobrau (Ober-), Bobrau (Unter-), Bobruwka, Bohdaletz, Borownitz, Cikanka, Dainkowitz, Dlauhy, Dreibrunn, Frischau, Giřikowitz. Heraletz, Jaworek, Ingrowitz (Markt), Ingrowitz (Neu-), Kadau, Konikau, Krasna, Kratka, Křidla, Křižanky, Kuklik, Lischna, Marschowitz, Michow, Miroschau, Neudorf, **Neustadtl** (Stadt) (Bezirksgericht), Neustift, Niemetzky, Odranetz, Olleschna, Passek, Pawlowitz, Petrowitz, Podoli, Pohledetz, Radeschin, Radinowitz, Ratschitz, Rokytno, Studnitz, Řetschitz, Samotin, Spielkau, Swratka (zu Neustadtl), Swartka (zu Radeschin), Wietzau, Wlachowitz, Wřischt, Zubři.

Aujezd, Bohdalau, Březi, Butsch, Chraustow, Cikhaj. Frendl. Neudek, Kocanda, Hlinny, Hodischkau, Jamy. Kyjow, Kottlass, Lhotta, Matiejau, Obyčtau, Ostrau, Pokojow, Potschitek, Rudoletz (Deutsch-), **Saar** (Stadt) (Bezirksgericht), Saar (Schloss), Sazomin, Sklenny, Slawkowitz, Wattin, Wesseli (Neu-), Wysoky.

Albrechtitz, Bischowetz, Blažkow, Blažowitz, Bohunow. Borowetz, Branschow, Bratruschin, Bukow, **Bystřitz** (Bezirksgericht), Chudobin, Daletschin, Diwischow, Domanin (Gross-), Domanin (Klein-), Dwořischt, Habři, Hluboky, Hrdawes, Jablonow, Janowitz, Janowitz (Gross-), Janowitz (Klein-), Jemnitz, Josefsdorf, Kobylnitz, Karasein, Koroužna, Kowařow, Kozlow, Kundratitz, Lessenowitz, Lhotta, Libochau (Unter-), Lisek,

Liskowetz, Meziboř, Milasin, Mitrow, Morawetz, Nedwiezičko, Olleschinek, Olleschnička, Pawlowitz, Pernstein, Pikaretz. Pisetschny, Piwonitz, Radkow, Radkow, Rosička (Ober-), Rosička (Unter-), Rossoch, Rowny, Rožinka, Rožinka (Ober-), Rožna, Schwarec, Smrček, Stiepanau, Strachojow, Straschkau, Střiteř, Swola, Ubuschin (Gross-), Ubuschin (Klein-), Ujtschow, Untschin, Wesseli, Wežna, Wiechnow, Wittochow, Wojetein. Wojtiechow, Wrtieřiž, Ždanitz, Zlatkow.

28. Bezirkshauptmannschaft
Mährisch-Triebau.

Altstadt, Blosdorf, Bodelsdorf, Briesen, Dittersdorf, Oehrensdorf (Vorder-), Grünau, Johnsdorf, Krönau. Kunzendorf, Langenlutsch. Lohsen, Meziboř. Moligsdorf, Neudorf, Petersdorf, Petruwka, Pirkelsdorf, Pitschendorf, Pohler, Pohres, Porstendorf, Putzendorf, Ranigsdorf, Rattendorf, Rauden (Ober-). Rehsdorf, Reichenau, Rostitz, Schnekendorf, Seibelsdorf, **Triebau** (Mährisch-, Stadt) (Bezirksgericht), Triebau (Mährisch-, Vorstadt Josephstadt), Tschuschitz, Tirnau (Alt-), Tirnau (Markt), Undangs, Unrutz, Uttigsdorf, Wojes.

Briesau (Stadt), Chrostau, Glaselsdorf, Greifendorf, Heinzendorf (Ober-), Hermersdorf (Mährisch-) Lotschnau (Mährisch-), Mohren, Musslau, Oehlhütten-Chrostau, Rauden (Nieder-), Rausenstein, Rothmühl (Mährisch-), Stangendorf, Vierzighuben, Wiesen- (Mährisch-), **Zwittau** (Stadt) (Bezirksgericht), Zwittau (Vorstadt).

Albendorf, Bezdieč, Biskupitz, Borotin, Brosen, Brtiow, Březinek, Březinka, Cetkowitz, Deschna, Dörfles, Ehrendorf (Hinter-), **Gewitsch** (Stadt) (Bezirksgericht), Hartinkau, Hausbraunn, Jaromieřitz, Kladek, Kornitz, Lhotta-Korbelowa oder Oehlhütten, Gewitsch (Vorstadt), Lhotta-Skočowa, Liebstein, Mitterdorf, Mollein, Oehlhütten-Braun, Lhota-Horakowa, Oppatowitz, Raubanin, Rautka (Gross-), Rautka (Klein-), Rowen (Alt-), Rumberg, Schubiřow, Selsen, Slatina, Smolna, Smržow (Ober-), Stephanau, Swarow, Swietly, Ungerndorf, Wysoka.

29. Bezirkshauptmannschaft
Boskowitz.

Aujezd, Babolek, Bahna, Batschow, Beneschau **Boskowitz** (Stadt) (Bezirksgericht), Boskowitz (Judenstadt), Boskowitz (obere Vorstadt), Boskowitz (untere Vorstadt), Bukowa, Chlum, Chrudichrom, Drbalowitz, Hradkow, Jablonian, Knihnitz, Kochow, Kořenetz, Kradrob, Krchow, Lettowitz, Lhotta-Rapotina, Lipowa, Ludikow, Michow, Mladkow, Nowitschi, Obora, Okrauchla, Pamietitz, Podoli, Protiwanow, Repech, Schebetau, Setsch, Skalitz, Skrhow, Slatinka, Smržow, Střebetin. Suchy. Suditz, Swittawka, Trawnik, Walchow, Wanowitz, Ważan, Welenow, Wissek, Wratikow, Zbonek, Ždiarna.

Aujezd, Austup, Bedrichau, Bogenau, Boleschin, Bradleny Braslawetz, Brtiowy, Březitz, Chlum, Cerhof, Černowitz, Drnowitz, Hluboky, Hodonin, Jassinow, Klewetow, Kniežowisko, Kniezowes, Korouhwitz, Křenow, Křelin, Kunčinow, Kunitz, **Kunstadt** (Bezirksgericht), Lačnow, Lasinow, Lauka, Lhotka bei Lettowitz, Lhotka bei Lissitz, Lhotta, Lissitz. Makow, Meseritschko, Neyrow, Niklowitz, Oels, Petrow, Volom, Pořitsch (Mittel-), Pořitsch (Ober-), Pořitsch (Unter-), Prosetin, Rosička, Rossetsch, Rowetschin, Rossrein, Rutka, Sassina, Sčechow, Sebranitz, Sichotin, Skřip, Studlow, Stwolow, Sulikow, Sulkowetz, Tassowitz, Taubor, Tressny (Gross-), Tressny (Klein-), Vierhöfen, Wessela. Wiestin (Gross-), Wiestin (Klein-), Willimow, Wlkow, Wodierad, Ořechow, Wranowa, Wier, Zabludow, Žerutek.

Aujezd, Beykowitz, **Blansko** (Bezirksgericht), Brtiow, Czernahora, Daubrawitz, Gestřebi, Hausko, Hluboky, Holleschin, Holstein, Hořiss, Jedownitz, Jentsch, Karolin, Katharein (St.-), Klemow, Kordowitz, Klepatschow, Kuliřow, Kunitschek, Lažan, Lažanek, Lhotta (Klein-), Lhotta (Lang-), Lhotta (Ober-), Lhotta (Unter-), Lippowetz, Lubie, Millonitz, Mollenburg, Niemtschitz, Oleschna, Olomaučon, Ostrow, Petrowitz, Borstendorf, Raječko, Raitz, Rogendorf, Ruditz, Schebrow, Schoschuwka, Senetař, Slaup, Speschau, Sugdol, Teschow, Wawřinetz, Wesselitz, Wilimowitz, Zawist (oder Mausfall), Ždiar, Żernownik.

30. Bezirkshauptmannschaft
Brünn.

Adamsthal, Autiechau, Babitz, Belowitz. Bilowitz, Bysterz, Bohonitz, Bosenitz, Březina, Bukowin (Gross-), Bukowin (Klein-), Chirlitz, Ezernowitz, Ewanowitz, Gerspitz (Ober-), Gerspitz (Unter-). Habruwka, Hajan, Hollasek, Horakow, Hussowitz, Jehnitz, Jřikowitz, Jundorf. Kanitz, Kinitz (Klein-), Kiritein, Kobelnitz, Kohoutowitz, Komein, Kritschen, Kumrowitz. Latein, Lelekowitz, Leskau, Lösch, Malomieřitz, Maxdorf, Medlanko, Mödritz, Mokrau, Morbes, Nebowid, Nenowitz, Neudorf. Obřan. Ochos, Ořeschin, Barfuss, Popuwek, Priesenitz, Prosetsch, Pirschitz, Punt›witz, Radostitz, Rozdrojowitz, Řečkowitz, Řimanitz, Schebetein, Schimuitz, Schlappanitz, Schöllschitz, Sebrowitz, Sobieschitz, Sokolnitz, Strutz, Střelitz, Tellnitz. Tikowitz. Turas, Ubetz, Urhau (Gross-), Urhau (Klein-), Wellatitz, Wostopowitz, Wranau. Landesgericht Brünn.

Aujezd, Ausochi, Bieltsch, Bittischka (Eichborn), Blahoniow, Bor, Boratsch, Brauschkow. Bramow, Brusny, Březina, Bukowitz. Chliwsky, Chutschitz, Czernwier, Czepi (Ober-), Czepi (Unter-), Czižek, Daubrawnik, Deblin, Drahonin, Drasow, Gestřabi, Gurein, Hajek, Herotitz, Hollasitz, Hradčau, Hunin, Husle, Hwozdez, Jamny, Jestřabi, Ilmowy, Jantschowitz, Kally, Kattow. Kinitz (Mährisch-), Klokoči, Kozarow, Křižeptow, Křižinkau, Křižowitz, Laučka (Ober-), Laučka (Unter-), Lažanko, Lipuwka. Littawa, Lomnička, Lomnitz, Lubny, Malostowitz, Maniowa, Marschow, Nedweditz, Nelepetsch, Neudorf (zu Tischnowitz und Ossowa). Neudorf (zu Gurein), Nožiřow, Olschi. Ossik, Panow (Swatoslau), Pegschkow, Podoli, Prosatin, Radoschkow, Rakowy, Raschau, Rohozdetz, Rojetein, Řepka, Řikonin, Scherkowitz, Seyřek, Sentitz, Sinalow, Skalička, Skorotitz, Skryj, Stiepanowitz, Strhař, Střenchowy, Swinoschitz, **Tischowitz** (Stadt) (Bezirksgericht), Tischnowitz (Vorkloster), Tschebin, Wesseli, Witzkow, Wochoz, Wochantschitz, Wratislawka, Wschechowitz, **Zahradka**, Ždiaretz, Żelezny, Żernuwka, Zhoř.

Alexowitz, Aujezd, Babitz, Branitz (Böhmisch-), Domaschow **Eibenschitz** (Stadt) (Bezirksgericht), Eibenschitz (Vorstadt-Kanitz), Hlina, Hluboky, Jawurek, Kinitz (Deutsch-), Kurzweil oder Kratochwill, Letkowitz, Litostrow, Lukowan, Niemtschitz, Neslowitz, Neudorf, Oslawan, Padochau, Pendorf, Poppowitz, Přibram, Řitschan, Rossitz, Rutkau, Řeznowitz, Schwarzkirchen, Siluwka, Stanowisst, Tetschitz, Womitz, Zakřan Zbeschau, Zbraslau, Zhoř.

Herzogthum Schlesien.

Landesregierung und Landesgericht

in

Troppau.

(Oberlandesgericht Brünn.)

Bezirkshauptmannschaften, Kreisgericht und Bezirksgerichte.

Bielitz.

Batzdorf, Bielitz (Alt-), **Bielitz** (Stadt) (Bezirksgericht), Bielitz (niedere und obere Vorstadt), Bystray, Braunau, Czechowitz, Dzieditz, Ellgoth, Ernsdorf, Heinzendorf, Kamitz, Olisch (Ober-), Kurzwald (Ober-), Kurzwald (Nieder-), Lobnitz, **Matz-**dorf, Nickelsdorf, Ohlisch (Nieder-), Zabrzeg.

Bonkau, Chybi, Drahomyschl, Fröhlichshof, Illowitz, Landek, Mnich, Ochab (Gross-), Ochab (Klein-), Pruchna, Riegersdorf, **Schwarzwasser** (Stadt) (Bezirksgericht), Schwarzwasser (Burgrecht), Zablacz, Zaborz, Uchilany, Zarzicz, Zbitkau.

Baumgarten, Bielowisko, Blatnitz (Nieder-), Blatnitz (Ober), Brenna, Godischau, Golleschau, Groditz, Gurek (Gross-), Gurek (Klein-), Harbutowitz, Hermanitz, Jskrzitschin, Kisselau, Kitschitz, Kostkowitz, Kowaly, Kozakowitz (Nieder-), Kozakowitz (Ober-), Lazy, Lippowetz, Lonczka, Mendzisweci, Nerodzim, Perstez, Pogorsch, Rostrobitz, Samlovetz, **Skotschau** (Stadt) (Bezirksgericht), **Swientoschuwka**, Bierau, Ustron, Tokarnia, Weichsel, Wirszant, Willamowitz, Wischlitz, Zeislowitz.

2. Bezirkshauptmannschaft

Teschen.

Bazanowitz, Bludowitz (Nieder-), Dattin (Nieder-), Schumbarg, Żiwotitz, Bobrek, Bukowetz, Dobratitz, Domaslowitz, (Ober-), Domaslowitz (Nieder-), Kutzurowitz, Wallowez, Dzingelau, Ellgoth bei Hnojnik, Gradischt, Gutty, Haslach, Hnojnik, Koniakau bei Teschen, Mistrzowitz, Konskau, Kotzebenz, Ellgoth bei Teschen, Thiergarten, Kojkowitz, Guldau, Krasna, Mönnichhof, Lischna (Nieder-), Lischna (Ober-), Mosty, Niebory, Gumna, Ogrodzon, Boguschowitz, Pastwisk, Kalembitz, Brzezuwta, Marklowitz, Pogwizdau, Punzau, Roppitz, Rzeka, Blogotitz, Schibitz, Schebischowitz (Ober-), Schebischowitz (Nieder-), Pietrau, Smilowitz, Nakowetz, Stanislowitz, **Teschen** (Stadt; (Kreisgericht), Teschen, obere Vorstadt; Freistädter Vorstadt) Brandeis, Steinplatz, Tierliczko, Toschonowitz (Nieder-), Trzanowitz (Ober-), Trziniez, Trzitiesch, Wilopoli, Zamarsk, Zukau (Ober-), Zukau (Nieder-), Kotty.

Althammer, Altstadt, Bartelsdorf, Baschka, Bludowitz (Ober-), Zermanitz, Bludowitz (Mittel-), Brusowitz, Dobrau, Ellgoth (Ober- und Unter-), **Friedeck** (Bezirksgericht), Janowitz, Krassna, Kunzendorf (Gross-), Leskowetz, Lubno, Malenowitz, Morawka, Neudorf, Noschowitz, Neuhof, Pazdierna, Prażma, Prżno, Raschkowitz, Rattimau, Rakowetz, Rzepischt, Schönhof, Kaniowitz, Sedlischt, Skalitz, Dattin (Ober-), Wenzlowitz, Wojkowitz.

Bystrzitz, Bozonowitz, Bukowetz, Grudek, Istebna, **Jablunkau** (Stadt) (Bez.-Ger.), Biala, Burgrecht, Pioseczna, Joworzinka, Karpentna Koniakau, Kossarzisk, Liżbiz, Lomna, Millikau, Mosty, Nawsi, Niedek, Oldrzichowitz, Piosek, Tira, Wendrin.

3. Bezirkshauptmannschaft
Freistadt.

Albersdorf, Altstadt, Dombrau, **Freistadt** (Stadt) (Bezirksgericht), Freistadt obere Vorstadt, Freistadt niedere Vorstadt)
Karwin, Solza, Katschitz (Ober-), Katschitz (Nieder-), Otrem-
bau, Kuntschitz (Gross-), Rudnik, Kuntschitz (Klein-), Marklowitz (Nieder-), Marklowitz (Ober-), Lazy, Orlau, Paremba, Petrowitz, Piersna, Zawada, Darkau, Raj, Seibersdorf (Nieder-),
Seibersdorf (Ober-), Steinau, Suchau (Ober-), Suchau (Nieder-),
Suchau (Mittel-), Lonkau.

Deutschleuten, Skrzeczan, Dittmansdorf, Konkolna, Herzma-
nitz, Hruschau, Muglinau, **Oderberg** (Bezirksgericht), Michal-
kowitz, Kuntschitz (Klein-), Ostrau (Polnisch-), Zamost, Peterswald, Polnischleuten, Pudlau, Wirbitz, Lippina, Radwanitz,
Reichwaldau, Zablac, Kopitau, Schönichel, Wilmersdorf.

4. Bezirkshauptmannschaft
Troppau.

Benkowitz, Bohutschowitz, Branka, Gobitschau, Illescho-
witz, Chwalkowitz, Domadrau, Lippin, Dorfteschen, Gilschwitz,
Glomnitz, Grätz, Hrabin, Jaktar, Wlastowitz, Jamnitz, Jarko-
witz, Jeschkowitz, Kailowetz, Katharein, Köhlersdorf, Komarau,
Kreuzendorf, Leitersdorf, Lodnitz, Skrochowitz, Tabor, Milo-
stowitz, Mladezko, Mokrolasetz, Dirżkowitz, Neplachowitz, Neuhof, Niklowitz, Oehlhütten, Altendorf, Podoli, Podwihaw, Ra-
duń, Schlaukau, Schönstein, Sedlnitz (Neu-), Zlatnik, Ellgoth,
Smolkau, Stettin, Stablowitz, Stiebrowitz, Kamenec Stremplo-
witz, Sucholazec, Tiefengrund, Palhanetz, Wamrowitz, Wrscho-
witz, Zimrowitz. Landesgericht Troppau.

Briesau, Dittersdorf, Jantsch, Glockersdorf (Gross-), Glo-
ckersdorf (Klein-), Hirschdorf, Kreuzberg, Lublitz, (Alt- und
Neu-), Markersdorft (Böhmisch-), Meltsch, Morawitz, Olbersdorf,
Rattkau, Schwansdorf, Tschirm, **Wigstadtl** (Stadt) (Bezirks-
gericht), Wigstadl (Niederdorf und Oberdorf), Zechsdorf (Alt-),
Nitschenau, Zechsdorf (Neu-).

Altstadt, Bielau, Kyjowitz, Laubias, Bittau, Brawin, Kylowitz, Luck, Olbersdorf (Gross-), Petrowitz, Polom (Wüst-), Schlatten, Skřip, Jakubschowitz, Tirn, Tieschkowitz, **Wagstadt** (Stadt, dann obere und niedere Vorstad) (Bezirksgericht), Radnitz, Hrabstwin, Wischkowitz, Zeiske.

Dobischwald, Heinzendorf, Hermsdorf (Gross-), Hermsdorf (Klein-), Jaksdorf, Kamitz, Kunzendorf, Lautsch, Neudörfel, Mankendorf, **Odrau** (Bezirksgericht), Petersdorf (Klein-), Taschendorf, Werdenberg, Wessidl, Dörfel, Wolfsdorf.

Beislawitz, Brosdorf, Budischowitz, Diethau, Dobroslawitz, Ellgoth (Ober- und Klein-), Chabischau, **Königsberg** (Bezirksgericht), Martinau, Plessna (Alt- und Neu-). Polom (Gross-), Polanka (Ober- und Nieder-), Wenzelsdorf, Poruba. Puskowetz, Schönbrunn, Schönfeld, Stauding, Stiebnig, Střebowitz, Wolmersdorf, Wressin.

· 5. Bezirkshauptmannschaft
Jägerndorf.
Aubelu, Bransdorf, Braunsdorf, Adamsthal, Burgersdorf. (Alt-), Friedersdorf. **Jägerndorf** (Stadt) (Bezirksgericht), Jägerndorf (Leobschützer Vorstadt), Jägerndorf (obere Vorstadt), Jägerndorf (Troppauer Vorstadt), Karlsthal, Burgersdorf (Neu-) Kronsdorf, Lobenstein, Pikau, Raden (Gross-), Seifersdorf, Taubnitz, Weisskirch, Krotendorf, Komeise, Mössnig, Wiese.

Geppersdorf, Schönwiese, Gotschdorf, Bressel (Klein-), Kammer (Alt-), Heindorf, Heinzendorf, Hillersdorf, Hirschberg. Langendorf, Kreuzberg, Kuttelberg, Langwasser (Alt-), Neudörfel, **Olbersdorf** (Stadt) (Bezirksgericht), Reigelsdorf (Alt-), Burgwiese, Tropplowitz, Wallstein (Gross-), Verlorenwasser.

Arnsdorf, Füllstein, Kawarn, Matzdorf. Grosse, Glemkau, Paulowitz (Deutsch-), Heunersdorf, **Hotzenplotz** (Stadt) (Bezirksgericht), Stubendorf, Johannesthal, Liebenthal, Karlsdorf, Neudörfel, Paulowitz (Nieder-) Butschafka, Paulowitz (Ober-), Petersdorf, Maidelberg. Pittarn, Seitendorf, Zottig, Rausen, Rosswald (Markt), Rosswald (Dorf), Neuwald. Peischdorf, Pilgersdorf, Weine, Röversdorf, Batzdorf oder Bartelsdorf, **Weissak.**

6. Bezirkshauptmannschaft
Freudenthal.

Altstadt, Altwasser, Breitenan, Markersdorf, Dittersdorf, Engelsberg, Dürrseifen, Ebersdorf, **Freudenthal** (Stadt) (Bezirksgericht), Freudenthal (Jägerndorf, Neisser und Olmützer Vorstadt), Langenberg, Lichtenwerden, Ludwigsthal, Messendorf, Milkendorf, Mohrau (Klein-), Neudörfel, Schreiberseifen, Spillendorf, Vogelseifen (Alt- und Neu-), Wiedergrün, Wildgrub (Nieder- und Ober-), Wokendorf, Würbenthal.

Benisch (Stadt) (Bezirksgericht), Boidensdorf, Brätersdorf, Eckersdorf, Erbersdorf, Freihermsdorf, Herrlitz (Gross-), Herrlitz (Klein-), Koschendorf, Lichten, Raase, Seitendorf, Hartau, Spachendorf, Zattig, Zossen.

7. Bezirkshauptmannschaft
Freiwaldau.

Adelsdorf, Böhmischdorf, Sandhübel, Breitenfurth, Kaltseifen, Buchelsdorf, Frankenhau, **Freiwaldau** (Stadt) (Bezirksgericht), Gröditz, Neudorf, Kohlsdorf, Kunzendorf (Gross-), Lindewiese (Nieder-), Lindewiese (Ober-), Niklasdorf, Saubsdorf, Thomasdorf.

Buchsdorf, Barzdorf, Hermsdorf (Ober-), Gostitz (Ober-), Hundorf, **Jauernig** (Stadt) (Bezirksgericht), Jauernig (Dorf), Krautenwalde, Sorgsdorf, Forst (Nieder-), Waldek, Weissbach, Kamitz - Ueberschar, Weisswasser (Markt), Wildschitz, Niederwald, Woitzdorf, Wilmsdorf (Neu-).

Domsdorf, Friedeberg (Stadt), Grosse (Gross-), Grosse (Klein-), Grosse (Voigts-), Haugsdorf, Gurschdorf, Jungferndorf, Petersdorf, Rothwasser (Nieder-), Rothwasser (Alt-), Rothwasser (Neu-), Schwarzwasser, Schroppengrund, Sätzdorf, **Weidenau** (Stadt) (Bezirksgericht).

Einsiedel, Endersdorf, Grund (Ober-), Grund (Nieder-), Hermannstadt, **Zuckmantel** (Bezirksgericht).

Gefürstete
Grafschaft Tirol
und Land
Vorarlberg.

Statthalterei, Oberlandesgericht u. Landesgericht
in
Innsbruck.
Bezirkshauptmannschaften, Kreis- und Bezirksgerichte.

A. Tirol.

1. Bezirkshauptmannschaft
Innsbruck.

Wilten, Hötting, Ambras, Aldrans, Lans, Sistrans, Patsch, Igels, Vill, Mutters, Natters, Völs, Kemathen, Götzens, Birgitz, Axams, Grünzens, Sellrain, Gries und St. Sigmund. Landesgericht Innsbruck.

Mieders (Bezirksgericht), Vulpmes, Neustift, Telfes mit Kreit, Schönberg und Ellbögen.

Telfs (Bezirksgericht), Pfanenhofen, Oberhofen, Flaurling, Polling, Hatting, Leutasch. Ranggen, Ober- mit Unter-Perfuss, Zirl, Pettnau, Seefeld, Scharnitz, Reith und Inzing.

Steinach (Bezirksgericht), Matrei, Mühlbachl, Pfonds, Naris, Vals, Schmirn, Gries, Obernberg, Trins und Gschnitz.

Hall (Bezirksgericht), Mühlau, Arzl, Rum, Thaur, Gampas, Absam, Mils, Baumkirchen, Fritzens, Terfens, Wald, Ampass, Rinn, Tulfes, Volders, Gross- und Klein-Volderberg, Wattens, Wattenberg, Vöglsberg, Kolsass und Kolsassberg.

2. Bezirkshauptmannschaft
Schwatz.

Schwatz (Bezirksgericht), Weerberg, Weer, Pill, Vomp, Stans, Jenbach, Eben, Achenthal, Wiesing, Strass, Buch und Gallzein.

Fügen (Bezirksgericht), Fügenberg, Pongratzenberg, Hart, Stumm, Stummerberg, Gattererberg, Ried, Uderns und Schlitters.

Zell (Bezirksgericht), Aschau, Brandberg, Distelberg, Finkenberg, Gerlos, Gerlosberg, Heinzenberg, Kaltenbach, Leimach, Mairhofen, Ramsberg, Rohrberg, Schwendau, Schwendberg, Tux und Zellenberg.

3. Bezirkshauptmannschaft
Kufstein.

Kufstein (Bezirksgericht), Ebbs, Buchberg, Niederndorf, mit Ebbsterberg und Rettenschöss, Erl, Walchsee, Pirchmoos, Bromberg, Stockach, Hauming, Scheffan, Ellmau mit Riesen und Weisach, Kirchbichl, Wörgl, Häring, Schwoich, Langkampfen, Thierberg, Thiersee, Mariastein und Angath.

Rattenberg (Bezirksgericht), Brixlegg, Reith, Alpach, Brugg, Radfeld, Kundl, Wörgl, Wild-Schönau, Angerberg, Kramsach Brandenberg, Steinberg und Münster.

4. Bezirkshauptmannschaft
Kitzbichl.

Kitzbichl (Stadtgemeinde) (Bezirksgericht), Kitzbichl (Landgemeinde), Jochberg, Aurach, Reith, Going, St. Johann, Kirchdorf, Waidring, Kössen, Schwent, Fieberbrunn, Hochfilzen, St. Jacob und St. Ulrich.

Hopfgarten (Bezirksgericht), Itter, Westendorf, Brixen und Kirchberg.

5. Bezirkshauptmannschaft

Landeck.

Landeck (Bezirksgericht), Schönwies, Flies, Zams, Stans, Gries, Pians, Strengen, Flirsch, Pettneu, Nasserein, Kaisers, See, Kappl, Ischgl, Manthon und Galtür.

Ried (Bezirksgericht), Prutz, Faggen, Kauns, Kaunserberg, Kaunserthal, Fendels, Tösens, Serfaus, Fiss und Ladis.

Nauders (Bezirksgericht), Pfunds, Spiss, Reschen, Graun, Langtaufers und Haid.

6. Bezirkshauptmannschaft

Imst.

Imst (Bezirksgericht), Karrösten, Arzl, Wenns, Jerzens, Pitzthal, Imsterberg, Wils. Tarrenz, Nasselreith, Pfafflar und Gramais.

Silz (Bezirksgericht), Stams, Rietz, Untermieming, Wildermieming, Obsteig, Haiming, Karres, Roppen, Sautens, Oetz, Umhausen, Lengenfeld, Sölden und Vent.

7. Bezirkshauptmannschaft

Reutte.

Reutte (Bezirksgericht), Breitenwang, Ehenbichl, Pflach, Pinswang, Heiterwang, Bichlbach, Lermoos, Lieberwier, Ehrwald, Forchach, Stauzach, Hinterhornbach, Elmen, Heselgehr, Elbigenalp, Stockach, Holzgau, Steeg, Nessenwängle, Grähn, Zöblen, Thanheim, Schattwald, Jungholz, Lech, Wengle, Höfen, Weisenbach, Vorderhornbach, Berwang, Bils nnd Mussau.

8. Bezirkshauptmannschaft

Brixen.

Brixen (Bezirksgericht), Pfefferberg, Albeins, Sarns, Milland, Neustift, Schalders, Vahrn, Natz, Viums, Raas, Elras, Kranewitt, Lisen, St. Andrä, St. Leonhard, Afers, Mühlbach,

Rodeneck, Schabs, Aicha, Spinges, Vals, Meransen, Niedervintl, Weithenthal und Pfunders,

Sterzing (Bezirksgericht), Tschöfs, Strassberg, Gossensass, Pflersch, Brenner, Pfiisch, Wiesen, Trens, Mauls, Mittewald, Stilfes, Reifenstein, Jaufenthal, Ratschings, Mareith, Riednaun, Telfes, Thuins.

9. Bezirkshauptmannschaft
Botzen.

Botzen (Kreisgericht), Zwölf-Malgreien, Gries, Leifers, Karneid, Gummer, Steinegg. Welschnofen, Tiers, Jenesien, Afing, Flaas, Mölten, Terlan, Vilpian, Deutsehnofen, Eggenthal, Petersberg, Ritten, Wangen.

Sarnthal (Bezirksgericht), Pens, Reinswald, Durnholz.

Kastelruth (Bezirksgericht), Völs, St. Ulrich, St. Christian, Wolkenstein.

Neumarkt (Bezirksgericht), Branzoll, Auer, Montan, Aldein, Laag, Salurn, Gfrill.

Kaltern (Bezirksgericht), Eppan, Pfatten, Tramin, Kurtatsch, Margreid, Kurtinig, Unterfennberg.

Klausen (Bezirksgericht), Feldthurns, Latzfons, Kollmann, Trostburg, Barbian, Villanders, Villnös, Theis, Gufidaun, Loyen, St. Peter, hinter Loyen.

10. Bezirkshauptmannschaft
Meran.

Meran (Bezirksgericht), Untermais, Obermais, Burgstall, Gargazon, Vöran, Hafling, Schöna, Riffian, Kurns, Tirol, Gratsch, Algund, Partschins, Naturns, Plaus.

Glurns (Bezirksgericht), Mals, Burgeis, Schleis, Schlinig Laatsch, Taufers, Lichtenberg, Brad, Stilfs, Schluderns, Matsch, Plenail, Tartsch.

Schlanders (Bezirksgericht), Tschengels, Eirs, Tanas, Laas, Alliz, Kortsch, Göflan, Sonnenberg, Nördersberg, Vetzan, Goldrain, Morter, Martell, Latschinig, Latsch, Tarsch, Vorberg, Trumsberg, Tannenberg, Marein, Kastelbelt, Tscharsch, Gallsaun, Freiberg, Staben, Tabland.

St. Leonhard, St. Martin, Mors und Stuls, **Passeier** (Bezirksgericht), Platt und Pfelders, Rabenstein, Walten.

Lana (Bezirksgericht), Tisens, Nals, Andrian, Ulten, Forst, Marling,

11. Bezirkshauptmannschaft
Bruneck,

Bruneck (Bezirksgericht), Dietenheim, Luns, Percha, Unterwielenbach, Nasen, Wielenberg, Aschbach, Oberwielenbach, Platten, Tesselberg, Aufhofen, St. Georgen, Steegen, Walchhorn, Reischach, Reiperting, Stephansdorf, St. Martin, Moos, St. Lorenzen, Saalen, Onach, Hörschwang, Ellen, Michaelsburgen, Götzenberg, Monthal, Kienberg, Runggen, Pflaurenz, Sonnenburg, Fassing, Lothen und Kniepass, Greinwalden, Pfalzen, Issing, Hofern, Pichlern, Terenten, Margen, Obervintl, St. Sigmund, Ehrenburg, Schnecker, Getzenberg, Kiens.

Taufers (Bezirksgericht), Mühlbach, Gais, Nenhaus, Lannebach, Uttenheim, Lappach, Mühlwald, Mühlen, Kemathen, Prettau, St. Peter, St. Jacob, St. Johann, Luttach, Weisenbach, Rein, Achhornach, Drittlsand, Sand.

Enneberg (Bezirksgericht), St. Martin, Wengen, Abtei, Corvara, Kollfuschg.

Welsberg (Bezirksgericht), Taisten, Pichl, St. Martin in Gsiess, St. Magdalena, Toblach, Niederndorf, Prags, St. Veit, Ollang, Niederrasen, Antholz.

12. Bezirkshauptmannschaft
Ampezzo.

Ampezzo (Bezirksgericht).

Buchenstein (Bezirksgericht), (Livinallongo), Colle St. Lucia.

13. Bezirkshauptmannschaft
Lienz.

Lienz (Bezirksgericht), Lavaut, Tristach, Amlach, Leisach, Patriasdorf, Thurn, Oberlienz, Oberdrum, Glanz, Schlaiten,

194

Ainet, Alkus, Gwabl, St. Johann in Wald, Obergaimberg,
Untergaimberg, Nussdorf, Obernussdorf, Dölsach, Stribach,
Göriach, Iselsberg, Stronach, Gödnach, Görtschach, Burgfrieden,
Schrottendorf, Dörfla, Penzendorf, Thal, Anras, Asch, Winkel,
Unterried, Oberried, Asling, Oberasling, Kosten, Burg und
Vergein, Banberg, Nikolsdorf, Lengberg, Nörsach.

Windischmatrei (Bezirksgericht), Virgen, Pregratten,
Hopfgarten, St. Veit, St. Jacob, Kals.

Sillian (Bezirksgericht), Sillianerberg, Panzendorf, Arnbach,
Winnbach, Vierschach, Innichen, Innichberg, Wahlen, Sexten,
Ausservillgraten, Innervillgraten, Tessenberg, Abfaltersbach.
Strassen, Kartitsch, Obertilliach, Untertilliach.

14. Bezirkshauptmannschaft

Trient.

Trient (Kreisgericht), Mattarello, Romagnano, Ravina, Sar-
dagna, Gardolo, Villamontagna, Montevaccino, Cognola, Vigolo,
Vattaro, Povo.

Vezzano (Bezirksgericht), Cavedine, Lasino, Calovino,
Margone, Fraveggio, Sopramonte, Terlago, Baselga, Vigolo,
Cadine, Lon, Ciago, Ranzo, Padergnone, Covelo.

Lavis (Bezirksgericht), Giovo, St, Michele oder Welsch-
michael, Faedo, Meano.

Cembra (Bezirksgericht), Taver, Grumes, Lisignago, Valda,
Grauno, Sover, Segonzano, Sevignano.

Civezzano (Bezirksgericht), Fornace, Albiano, Pine.

Pergine (Bezirksgericht), Frassilongo, Viarago, Canezza,
Serso, Fierozzo, Palù, Madrano, Vigalzano, S. Orsola, Roncogno,
Castasavino, Susà, Castagnè, Ischia, Vignola, Falesina, Nogarè,
Tenna.

Mezzolombardo (Bezirksgericht), Mezzotedesco, Denno,
Campo, Termon, Quetta, Dercolo, Lover, Spormaggiore, Spor-
minore, Cavedago, Andalo, Molveno, Faj, Zambana, Nave di
S. Rocco, Grumo, Roveré della Luna, Massi di Vigo, Vigo,
Toss, Dardine, Mollaro, Torra, Segno, Vion, Prio, Vervò
Tuenetto,

15. Bezirkshauptmannschaft

Borgo.

Borgo (Bezirksgericht), Castelnuovo, Carzano, Telve, Telve di sopra, Torcegno, Ronchi, Roncegno, Novaledo.

Levico (Bezirksgericht), Caldonazzo, Centa, Vattaro, Bosentino, Lavarone, Pedemonte, Cassoto, Luserna.

Strigno (Bezirksgericht), Scurelle, Spera, Samone, Bieno, Pieve Tesino, Cinte, Tesino, Castello, Tesino, Grigno, Ospedaletto, Villa, Fracena.

16. Bezirkshauptmannschaft

Cles.

Cles (Bezirksgericht), Mechel, Tuenno, Tassullo, Terres, Flavon, Cunnero, Dermullo, Tajo, Tres, Corredo, Sfruz, Smarano, Tavon, St. Zeno, Banco, Casez, Salter, Revò, Romallo, Cagno, Rumo, Proves, Cis, Livo, Preghena, Bresimo, Nano.

Fondo (Bezirksgericht)), Sarnonico, Cavareno, Malosco, Ruffrè, Ronzone, Amblar, Don, Romeno, Dambel, Sejo, Vasio, Brez, Cloz, Castelfondo, Lauregno, Senale.

Malè (Bezirksgericht), Croviana, Monclassico, Presson, Dimaro, Caricata, Deggiano, Almazzago, Mastellina, Mestriago, Piano, Mezzana, Pellizzano, Ossana, Vermiglio, Comasino, Celentino, Celedizzo, Cogolo, Pejo, Termenago, Castello, Ortisé, Menás, Bolentina, Montés, Rabbi, Magrás, Armago, Terzolas, Samoclevo, Caldés, Cavizzano, S. Giacomo, Bozzana.

17. Bezirkshauptmannschaft

Cavalese,

Cavalese (Bezirksgericht), Predazzo, Moena, Ziano, Panchia, Tessero, Varena, Dajano, Carranno, Castello, Trodena, Forno, St. Lugano, Anterivo, Rover, Capriano, Stramentizzo, Valfloriana.

Fassa (Bezirksgericht), Soraga, Pozza, Perra, Mazzin, Campitello, Canazei.

18. Bezirkshauptmannschaft
Roveredo.

Velarsa, Trambilleno, Noriglio,Terragnolo,Volano,Marco,Calliano,Besenello, Folgaria, **Roveredo**(Kreisgericht), Lizzana,Tacco.

Ala (Bezirksgericht), Avio, Borghetto, Serravalle, Chizzola, Pilcante, Ronchi.

Mori (Bezirksgericht), Brentonico, Valle, Pannone, Varano, Chienis, Ronzo, Manzano, Nomesino.

Nogaredo (Bezirksgericht), Villa, Lagarina, Brancolino, Sasso, Noarna, Folas, Reviano, Nomi, Pedersano, Piazzo, Pomarolo, Aldeno, Castellano, Cimone, Garniga, Isera, Marano, Patone, Lenzina.

19. Bezirkshauptmannschaft
Tione.

Tione (Bezirksgericht), Roncone, Lardaro, Breguzzo, Bolbeno, Zuclo, Saone, Preore, Montagne, Ragoli, Coltura, Bondo, Massimeno, Bozenago, Verdesina, Villa, Javrè, Darè, Vigo, Pelugo, Borzago, Mortaso, Fisto, Strembo, Caderzone, Giustino, Pinzolo, Carisolo.

Stenico (Bezirksgericht), Seo, Silemo, Premione, Villa di Banale, Tavado, St. Lorenzo oder Sette ville del Banale, Dorsino, Andogna, Comano, Godenzo, Poja, Lundo, Vigo, Campo, Favrio, Fiavè, Ballino, Stumiaga, Dasindo, Carès, Comighello, Tignazone, Duvredo, Madice, Bono, Cavrasto, Rango, Balbiedo, Larido.

Condino (Bezirksgericht), Storo, Cimego, Castello, Brione, Creto, Daone, Praso, Bersone, Prezzo, Cologna, Strada, Por, Agrone, Darzo, Ladrone, Bondone, Turano, Magasa, Armo, Moerna, Persone, Belone.

20. Bezirkshauptmannschaft
Riva.

Riva (Bezirksgericht), Tenno, Ville del Monte, Pranzo, Cologna, Nago, Tiarno di sopra, Tiarno di sotto, Bezzecca, Lenzumo, Enguiso, Locca, Pieve, Mezzolago, Molina, Legos, Barcesino, Prè, Biacesa, Pregasina.

Arco (Bezirksgericht), Oltresarca, Romarzollo, Drò, Drena.

21. Bezirkshauptmannschaft
Priemiero.

Priemiero (Bezirksgericht), Fiera, Transacqua, Tonadico, Siror, Mezzano, Imner, Canal S. Bovo, Sagron, Miss, Cainari.

B. Vorarlberg.

22. Bezirkshauptmannschaft
Feldkirch.

Feldkirch (Kreisgericht), Altach, Altenstadt, Düns, Dünserberg, Fraxern, Göfis, Götzis, Klaus, Koblach, Laterns, Mäder, Meiningen, Nofels, Rankweil, Röns, Röthis, Schlins, Schiefis, Sulz, Tifis, Tosters, Uebersaxen, Viktorsberg, Weiler, Zwischenwasser, Sateins.

Dornbirn (Bezirksgericht), Hohenems, Ebnit, Lustenau, Höchst, Fussach, Gaissau.

23. Bezirkshauptmannschaft
Bregenz.

Bregenz (Bezirksgericht), Buch. Fluh, Hard, Hohenweiler, Hörbranz, Lauterach, Langen, Lochau, Mögers, Rieden, Riefensberg, Schwarzach, Steusberg, Sulzberg, Wolfurt, Alberschwende.

Bezau (Bezirksgericht), Andelsbuch, Au Bizau, Egg, Hittisau, Krumbach, Lingenau, Oberlangenegg, Unterlangenegg, Mellau, Mittelberg, Reute, Bolgenach, Schnepfau, Schoppernau, Schwarzenberg, Siebratsgfell, Schröcken, Warth, Hochkrummbach.

24. Bezirkshauptmannschaft
Bludenz.

Bludenz (Bezirksgericht), Innerbratz, Dalaas, Klösterle, Lech, Bürs, Bürserberg, Brand, Nüziders, Nenzing, Frastanz, Ludesch, Thüringen, Bludesch, Thüringenberg, St. Gerold, Blons, Sonntag, Raggal, Fontanella, Damüls.

Schruns (Montafon) (Bezirksgericht), Stallehr, Lorüns, St. Antoni, Vandans, Bartolomäberg, Silberthal, Schruns, Tschaguns, St. Gallenkirch, Gaschurn.

Markgrafschaft Istrien,

dann

gefürstete Grafschaft

Görz und Gradisca.

(Küstenland.)

Statthalterei, Oberlandesgericht u. Landesgericht

in

Triest.

Bezirkshauptmannschaften, Kreis- und Bezirksgerichte.

A. Görz und Gradisca.

1. Bezirkshauptmannschaft
Tolmein.

Tolmein (Bezirksgericht), Grahova, Karfreit, S. Lucia, Prapetna del monte, Paniqua, Tolmein, Woltschach.
Flitsch (Bezirksgericht), Mittelbreth, Soča, Trenta.
Kirchheim (Bezirksgericht), S. Veitsberg.

2. Bezirkshauptmannschaft
Görz.

Görz (Kreisgericht), Chiapovano, Dornberg, S. Florian, Gargaro, S. Peter, Peuma, Quisca, Ranziano, Merna, Salcano, Schönpass, Ternova.

Anicova, Bainsizza, S. Lorenzo, **Canale** (Bezirksgericht), Cau, Desela, Lokavitz, Ronzina.

Camigna, Cernizza, **Haidenschaft** (Bezirksgericht), H. Kreuz, Locavitz, Reiffenberg, Samaria.

3. Bezirkshauptmannschaft
Gradisca.

Farra, **Gradisca** (Bezirksgericht), Mariano, Romans, Sagrado, Versa, Vilesse.

Bigliana, Brazzano, Copriva, **Cormons** (Bezirksgericht), Dolegna, S. Lorenzo, Lucinico, Medea, Moraro.

Ajello, Aquileja, Belvedere, Campolongo, **Cervignano** (Bezirksgericht), Fiumicello, Grado, Isola Morosini, Joanniz, Muscoli, Perteole, Ruda, Scodovacca, Terzo, Topogliano, Villavisentina, Visco, S. Vito.

S. Canziano, Doberdo, Duino, Fogliano, **Monfalcone** (Bezirksgericht), Oppacchiasella, S. Pietro, Ronchi, Staranzano, Turiaco.

4. Bezirkshauptmannschaft
Sessana.

Duttoule, Nakla, Rodik, **Sessana** (Bezirksgericht), Skoppa, Sgoniko, Tomay.

Auber, Brestovizza, Berie, **Comen** (Bezirksgericht), S. Daniel, Gabrovizza, Gorianska, Kopriva, Mauchigna, Nabresina, S. Pollay, Pliscovizza, Sella Skerbina, Stiak, Tomnizza, Velikidol, Voischizza.

B. Istrien.

5. Bezirkshauptmannschaft
Capod'istria.

S. Antonio, Bolliunz, Borst, **Capod'istria** (Bezirksgericht), Carcauze, Covedo, Christoglie, Cernikal, Dollina, Grocana, Monte,

Muggia, Marcsego, Ospo, Oscisla, Paugnana, Plavia, Popecchio, Rizmanje, Trusche, Villa de Cani.

Pirano (Bezirksgericht), Castelvencre, Corte de Isola, Isola, S. Pietro dell'amata.

Colmo, Danne, Dolegnavas, Draguch, Lanischie, **Pinguente** (Bezirksgericht), Rachitovich, Racizze, Rozzo, Salise, Slum, Soccrza, Sovignaco.

6. Bezirkshauptmannschaft

Parenzo.

S. Lorenzo, Orsera, **Parenzo** (Bezirksgericht), Torre, Vellanova.

Ceppich, **Montona** (Bezirksgericht), Portole, Visignana. Visinada.

Buje (Bezirksgericht), Castagna, Cittanuova, Grisignana. Materia, Monniano, Piemonte, Umago, Verteneglio.

7. Bezirkshauptmannschaft

Pola.

Altura, Fasana, Galesano, Medolino, Peroi, **Pola** (Bezirks-gericht).

Canfanaro, **Rovigno** (Kreisgericht), Valle, Villa di Rovigno. Barhana, Carnizza, **Dignano** (Bez.-Ger.), Marzana, S. Vincenti.

8. Bezirkshauptmannschaft

Pisino. (Mitterburg.)

Antignana, Borutto, Boglinno, Brest, Coschierga, Cherbune, Coridico, Gallignana, Gherdosella, Gamino, Gollogorizza, Gradigne, Lindaro, **Mitterburg** (Bezirksgericht), Novacco, Paas, Pedena, S. Pietro in Selve, Previs, Lamasco, Sarez, Sussegnevizza, Terviso, Vermo, Vragna.

Albona (Bezirksgericht), Berdo, Ceppich, Chernizza, Cerovizza, Chersano, Cosgliaco, Cugn, S. Domenica, Fianona, Sumberg, Vettica, Villanuova, Vlacovo.

9. Bezirkshauptmannschaft

Volosca.

Bersez, Castua, Lovrana, Moschenizze, Veprinaz, **Volosca**
(Bezirksgericht).
Castelnuovo (Bezirksgericht), Materia, Jelschane.

10. Bezirkshauptmannschaft

Lussin.

Lussinpiccolo (Bezirksgericht), Lussingrande, Ossero.
Cherso (Bezirksgericht).
Bescanuove, Castelmuschio, Cornicchia, Dobasnizza, Do-
brigno, S. Fosca, Ponte valle di Besca, **Veglia** (Bezirksgericht),
Verbenico.

Berichtigungen.